北京大学德国研究中心（ZDS）主办
Zeitschrift des Zentrums für Deutschlandstudien der Peking Universität

Deutschlandstudien
Peking Universität
Band 9

北大德国研究

（第九卷）

主　　　编　黄燎宇
本卷执行主编　谷　裕

图书在版编目(CIP)数据

北大德国研究.第九卷/黄燎宇主编.—北京:北京大学出版社,2021.7
ISBN 978-7-301-32229-1

Ⅰ.①北… Ⅱ.①黄… Ⅲ.①德国—研究 Ⅳ.①K516.07

中国版本图书馆CIP数据核字(2021)第108192号

书　　　名	北大德国研究(第九卷)
	BEIDA DEGUO YANJIU(DI-JIU JUAN)
著作责任者	黄燎宇　主编
责任编辑	朱房煦
标准书号	ISBN 978-7-301-32229-1
出版发行	北京大学出版社
地　　　址	北京市海淀区成府路205号　100871
网　　　址	http://www.pup.cn　新浪微博:@北京大学出版社
电子信箱	zhufangxu@yeah.net
电　　　话	邮购部 010-62752015　发行部 010-62750672　编辑部 010-62754382
印　刷　者	北京虎彩文化传播有限公司
经　销　者	新华书店
	730毫米×980毫米　16开本　16印张　245千字
	2021年7月第1版　2021年7月第1次印刷
定　　　价	68.00元

未经许可,不得以任何方式复制或抄袭本书之部分或全部内容。
版权所有,侵权必究
举报电话: 010-62752024　电子信箱: fd@pup.pku.edu.cn
图书如有印装质量问题,请与出版部联系,电话: 010-62756370

编 委 会

主编:黄燎宇

本卷执行主编:谷 裕

编委(按姓氏拼音排序):

　　甘超英　韩水法　黄燎宇　李　维　连玉如

　　王　建　王世洲　徐　健　徐龙飞　许德峰

编务:徐　旖

编 者 的 话

《北大德国研究(第九卷)》即将出版。2020年发生了很多令人难忘的事件,是我们在设计本卷和为本卷组稿时不曾预料的。我们组稿的出发点,首先是纪念世界反法西斯战争胜利75周年。

对于本卷主题,我们四下顾望,发现几十年过去,我国学界对第二次世界大战的研究基本仍停留于介绍和对二手文献的评述。除个别学者外,学界几乎并未展开基于原始资料和多学科的深入细致的研究,遑论独立而有建树的成果。也因此,我们希望通过这卷小书,抛砖引玉,调动起更为细化的实证性的,因此也更为艰深但无疑更富启发和借鉴意义的研究。

本卷尽力罗致和汇集了国内最新和最为出色的研究成果。秦明瑞文选用德国新近研究成果,从政治制度、政党权力方面,全面再现了第三帝国时期纳粹上台的全过程。虽然其中涉及的很多问题对于中国学界并不陌生,但从政党政治出发的如此细致的分析和描述,实属首例。而胡蔚文则从德国著名小说家德布林的回忆录出发,通过细致的文本分析与精彩的文学阐释指出,流亡乃是一种历史见证,同时在形而上的意义上象征着现代人的无根的生存境遇,而只有在写作中方能发现反抗与救赎之道。这对理解德语流亡文学的全景具有重要意义。

与纳粹上台、第二次世界大战进程相伴而生的现象,是德国及德占区的抵抗运动。无论"白玫瑰小组"还是冯·施陶芬贝格参与的军事暗杀,借助影视传播早已让人耳熟能详。然而其背后缘由何在、动机如何,却远非大众媒体所示。李维文以档案资料为依据,对之进行了深度揭示。作为专事第二次世界大战研究的作者,他在与市民和军官抵抗运动的对比中,系统塑造、特别突出了德国共产党的抵抗运动，彰显了德国共产党为反法西斯所做的重要贡献。这为我们认识和了解第二次世界大战时期的德国抵抗运动打开了全新视野。而荷兰学者德武夫文则为我们展现了纳粹占领期间荷兰抵抗文学如何借用德语文学经典素材反映纳粹统治的残酷，为国内学界更为全面的二战研究补充了重要材料。

与秦文对政治体制、政党政治文化的研究相呼应，毛明超文聚焦纳粹体制的法律框架，从魏玛共和国和第三帝国时期重要的国际法、宪法学家施米特的法学思想出发，考察纳粹如何与法学互动，最后实现"权在法上"。毛文最大的亮点、最重要的学术贡献，在于首次摘译了施米特多部尚无中译本的论著中的部分段落，听译出既无发表更无译文的"元首讲话"，为施米特和第三帝国研究提供了很多第一手资料——该首译之功，不仅将增进研究的客观性，而且指示出建立学术自信的一个重要前提：拥有和掌握原始文献。北大德国研究中心在读学生宋昊的文章围绕纳粹的劳工政策展开，具体而言是如何通过对工人实施"休闲"政策，来提高生产效率，使之更好地服务于军备。这无疑让我们首次从工人阶层、具体社会生活层面，透视了纳粹的思想、主张以及背后隐藏的备战动机。

谈第二次世界大战时不可回避的一个问题是罪责与对罪责的反思。对此本卷单辟一个版块"罪责与罪责反思"进行讨论。不仅如此，北大德国研究中心还有计划地与其他机构合作，举办研讨会、报告会，把罪责和克服历史的话题放到德国与东部邻国的和解、日本的认责等大框架下进行对比观察和思考。韩东育文由"沟口雄三之问"引出部分日本学者有关第二次世界大战的"说辞"，安尼文详细勾勒了战后德国罪责反思话语、其中的关键词及其历史背景和内涵。毛明超听写整理的报告内容极为丰富，包含了中德奥四位教授的视角和观点，既涉及中日韩关系，又论及战后德国与波兰、德奥与捷克的和解。由此我们深刻认识到，当今的政治格局很大程度上不过是某段历史的延伸。本部分既呈现了严谨的学术报告，又有情境描述，并有学者之间的碰撞、问题之间的映照。

2019年秋，北大德国研究中心依例与德、日、韩同行举办工作坊，此次议题为"东亚的合作与未来——以德国与欧洲的经验为镜"，探讨东亚近代以来对德国以及欧洲经验的借鉴。我们从中择选三篇具有代表性的报告：一为德国塞尔教授从德国角度看东北亚的合作与未来，一为韩国申光荣教授在东西方对比、中

编 者 的 话

《北大德国研究(第九卷)》即将出版。2020年发生了很多令人难忘的事件,是我们在设计本卷和为本卷组稿时不曾预料的。我们组稿的出发点,首先是纪念世界反法西斯战争胜利75周年。

对于本卷主题,我们四下顾望,发现几十年过去,我国学界对第二次世界大战的研究基本仍停留于介绍和对二手文献的评述。除个别学者外,学界几乎并未展开基于原始资料和多学科的深入细致的研究,遑论独立而有建树的成果。也因此,我们希望通过这卷小书,抛砖引玉,调动起更为细化的实证性的,因此也更为艰深但无疑更富启发和借鉴意义的研究。

本卷尽力罗致和汇集了国内最新和最为出色的研究成果。秦明瑞文选用德国新近研究成果,从政治制度、政党权力方面,全面再现了第三帝国时期纳粹上台的全过程。虽然其中涉及的很多问题对于中国学界并不陌生,但从政党政治出发的如此细致的分析和描述,实属首例。而胡蔚文则从德国著名小说家德布林的回忆录出发,通过细致的文本分析与精彩的文学阐释指出,流亡乃是一种历史见证,同时在形而上的意义上象征着现代人的无根的生存境遇,而只有在写作中方能发现反抗与救赎之道。这对理解德语流亡文学的全景具有重要意义。

与纳粹上台、第二次世界大战进程相伴而生的现象,是德国及德占区的抵抗运动。无论"白玫瑰小组"还是冯·施陶芬贝格参与的军事暗杀,借助影视传播早已让人耳熟能详。然而其背后缘由何在、动机如何,却远非大众媒体所示。李维文以档案资料为依据,对之进行了深度揭示。作为专事第二次世界大战研究的作者,他在与市民和军官抵抗运动的对比中,系统塑造、特别突出了德国共产党的抵抗运动,彰显了德国共产党为反法西斯所做的重要贡献。这为我们认识和了解第二次世界大战时期的德国抵抗运动打开了全新视野。而荷兰学者德武夫文则为我们展现了纳粹占领期间荷兰抵抗文学如何借用德语文学经典素材反映纳粹统治的残酷,为国内学界更为全面的二战研究补充了重要材料。

与秦文对政治体制、政党政治文化的研究相呼应,毛明超文聚焦纳粹体制的法律框架,从魏玛共和国和第三帝国时期重要的国际法、宪法学家施米特的法学思想出发,考察纳粹如何与法学互动,最后实现"权在法上"。毛文最大的亮点、最重要的学术贡献,在于首次摘译了施米特多部尚无中译本的论著中的部分段落,听译出既无发表更无译文的"元首讲话",为施米特和第三帝国研究提供了很多第一手资料——该首译之功,不仅将增进研究的客观性,而且指示出建立学术自信的一个重要前提:拥有和掌握原始文献。北大德国研究中心在读学生宋昊的文章围绕纳粹的劳工政策展开,具体而言是如何通过对工人实施"休闲"政策,来提高生产效率,使之更好地服务于军备。这无疑让我们首次从工人阶层、具体社会生活层面,透视了纳粹的思想、主张以及背后隐藏的备战动机。

谈第二次世界大战时不可回避的一个问题是罪责与对罪责的反思。对此本卷单辟一个版块"罪责与罪责反思"进行讨论。不仅如此,北大德国研究中心还有计划地与其他机构合作,举办研讨会、报告会,把罪责和克服历史的话题放到德国与东部邻国的和解、日本的认责等大框架下进行对比观察和思考。韩东育文由"沟口雄三之问"引出部分日本学者有关第二次世界大战的"说辞",安尼文详细勾勒了战后德国罪责反思话语、其中的关键词及其历史背景和内涵。毛明超听写整理的报告内容极为丰富,包含了中德奥四位教授的视角和观点,既涉及中日韩关系,又论及战后德国与波兰、德奥与捷克的和解。由此我们深刻认识到,当今的政治格局很大程度上不过是某段历史的延伸。本部分既呈现了严谨的学术报告,又有情境描述,并有学者之间的碰撞、问题之间的映照。

2019年秋,北大德国研究中心依例与德、日、韩同行举办工作坊,此次议题为"东亚的合作与未来——以德国与欧洲的经验为镜",探讨东亚近代以来对德国以及欧洲经验的借鉴。我们从中择选三篇具有代表性的报告:一为德国塞尔教授从德国角度看东北亚的合作与未来,一为韩国申光荣教授在东西方对比、中日韩对比中对当下社会问题的考察,一为日本平松英人博士谈日本在社会福利实践方面对德国等国的借鉴。

如果说我们的选文大多偏重历史和人文视角,那么这三篇则提供了很好的平衡——三篇均立足历史,以现行政策、法规为依据,探讨当下焦点社会问题。在审稿过程中,日、韩两国学者的治学态度和社会关怀,激起我们的感佩之心;他们对中国当下社会问题的了解和洞察,超出我们的想象。

最后,也是我们每次都引以为傲且隆重推出的,是两位青年学者的成果。他们不仅代表了各专业的学术前沿,而且共同填补了到目前为止西学研究中的一个弱项:细致的实证研究。基于旺盛的学术热情和充分的语言能力,新生代逐渐开辟出与宏观思想史研究不同的路径,使得我们对德国的认识从抽象到具体,从思想到实践,步步加深、完善,所获得的影像越来越立体、多彩和鲜活。

两篇文章的选题均令人耳目一新:赫佳妮文融汇海外汉学方法,利用中西文文献,探讨了中国的拼音改革与近代政治富国理念的关系,认为在文字改革叙事中,德国充当了模范。李倩文以多种德国法学著作、法律条文为基础,研究了德国尤其是第三帝国期间,检查系统与警察系统之间的关系。这实际上涉及法律与国家权力间的制衡与博弈。两篇文章的作者均为北大德国研究中心的毕业生。

谨以本卷支持青年学者披荆斩棘,继续开拓德国研究新天地,反哺现有的研究,让我们更好地理解欧洲,应对世界格局变幻,维护世界和平;更以此卷纪念世界反法西斯战争胜利75周年,希望通过对纳粹夺权、战后反思的研究,时刻警醒世人,把战争扼杀在萌芽状态。

Vorbemerkungen der Herausgeber

Vorliegend ist der neunte Band der *Deutschlandstudien der Peking Universität*. Im Jahre 2020 sind viele unerwartete Ereignisse in China und auf der Welt passiert, die wir bei der Planung und Redaktion dieses Bandes nicht vorhersehen konnten. Den Ausgangspunkt der Konzeption stellt in erster Linie die Erinnerung an den 75. Jahrestag vom Ende des Zweiten Weltkriegs.

Nach einer Rundschau haben wir bezüglich unseres Themas festgestellt, dass die Forschung über den Zweiten Weltkrieg hierzulande in den vergangenen Jahrzehnten nur selten über Einführungen und Kommentare von Sekundärliteratur hinausgegangen sind. Eine eingehende, interdisziplinär ausgerichtete Analyse auf Grundlage zeitgenössischer Materialien wurde kaum entfaltet, außer bei einer Handvoll Wissenschaftler. Selbstverständige und aufschlussreiche Forschungsergebnisse sind ebenfalls selten zu verzeichnen. Von daher hoffen wir mit diesem kleinen Band einen ersten Schritt zu wagen, um einen ausdifferenzierteren, verstärkt positivistischen Blick zu ermöglichen, und eine zwar viel schwierigere, aber zweifelsohne sehr einleuchtende Forschung über das genannte Thema einzuleiten.

Bei der Redaktion des vorliegenden Bandes setzten die Herausgeber sich dafür ein, die aktuellsten und ausgezeichnetsten Forschungsbeiträge zusammenzutragen. Der Beitrag von QIN Mingrui greift die neusten Forschungsergebnisse aus Deutschland auf, und rekapituliert aus systemrelevanter und parteipolitischer Perspektive umfassend den Verlauf der Machtergreifung durch die Nationalsozialisten.

Obwohl der akademischen Gemeinschaft Chinas viele der hier behandelten Fragestellungen nicht unbekannt sind, so dürfen QINs Beschreibung und Analysen aus dem Standpunkt der Parteipolitik in ihrer Detailliertheit dennoch als einzigartig bezeichnet werden. Der Beitrag von HU Wei geht von dem Memoire des berühmten deutschen Romanciers Alfred Döblin aus. Kraft detaillierter Textanalyse und überzeugender Interpretation weist HU darauf hin, dass der Exil zum einen eine Form des historischen Zeugens sei und zum anderen metaphysisch die Wurzellosigkeit des modernenn Lebens symbolisiere. Sowohl der Widerstand als auch die Erlösung sei nur im Akt des Schreibens zu finden. Ihr Aufsatz lässt sich durchaus als einen Schlüssel fürs Verständnis der deutschsprachigen Exilliteratur betrachten.

Zeitlich parallel zu der Machtergreifung und dem Gang des Zweiten Weltkriegs geschahen auch die Widerstandsbewegungen in Deutschland. Sei es die „Weiße Rose" oder der militärische Putschversuch von Graf Stauffenberg: Dank medialer Verbreitung ist man heutzutage mit solchen Heldengeschichten bestens vertraut. Allerdings sind die Motive und Hintergründe der Widerstandsbewegungen oft viel komplexer als in den Massenmedien dargestellt werden. Der Beitrag LI Weis führt uns dies eingehend vor Augen anhand von überlieferten Dokumenten und Amtsunterlagen. Der zivile Widerstand mit demjenigen der Wehrmacht-Offiziere miteinander vergleichend stellt LI Wei als Experte über den Zweiten Weltkrieg den Widerstand der Kommunistischen Partei Deutschlands und akzentuiert mit Nachdruck deren Leistung für den gesamten antifaschistischen Kampf weltweit. Sein Beitrag eröffnet uns einen neuen Horizont in Bezug auf die Erforschung von den Widerstandsbewegungen während des Zweiten Weltkriegs. Des Weiteren zeigt der Beitrag des niederländischen Kollegen Dewulf, wie die Widerstandsliteratur in den Niederlanden während der Nazi-Besatzung die deutschsprachige Literaturklassik mobilisiert, um ein Kontrastbild von der Grausamkeit der Nazis zu vergegenwärtigen. Das ist eine bedeutende Ergänzung von Materialien für eine umfassendere Erforschung des Zweiten Kriegs.

Mit dem Beitrag QINs über das politische System und die parteipolitische Kultur übereinstimmend setzt der Beitrag von MAO Mingchao seinen Fokus auf die rechtlichen Rahmenbedingungen des Nazi-Regimes. Er geht von den Theorien des bedeutenden Völker- und Staatsrechtlers Carl Schmitt aus und untersucht die Wechselwirkung zwischen der nationalsozialistischen Ideologie mit der Rechtswissenschaft, deren Charekter als „Macht über Gesetz" zusammengefasst werden kann. Der wichtigste Beitrag von MAOs Aufsatz besteht darin, dass er zum ersten Mal Passagen aus Carl Schmitts unübersetzten Schriten ins Chinesische überträgt, und die weder veröffentlichte noch übersetzte „Führer-Rede" transkribiert, und damit Textdokumente für die wissenschaftliche Auseinandersetzung mit Schmitt und dem Dritten Reich zur Verfügung stellt. Diese Leistung der ersten übersetzung fördert nicht nur die Objektivität der Forschung, sondern sie weist auch auf eine schlüssige Voraussetzung des wissenschaftlichen Selbstbewusstseins hin: nämlich den Besitz von authentischen Quellen. Der Beitrag von SONG Hao kreist um die Arbeiterpolitik des nationalsozialistischen Deutschland. Er untersucht nämlich den Versuch Nazis, durch Freizeitgestaltungen die Produktionseffizienz der Arbeitnehmer zu steigern, sodass sie sich besser der Rüstungsindustrie und der Wiederbewaffnung dienen konnten. Das erlaubt uns zum ersten Mal von dem Standpunkt der arbeitenden Schicht, von der Sichtweise eines konkreten Lebensquerschnitts die Ideologie, Forderung und die dahinter stehenden Motive der Nazis durchzuschauen.

Ein unausweichliches Thema in der Auseinandersetzung mit dem Zweiten Weltkrieg ist die Schuldfrage. Deshalb beinhaltet dieser Band ein Sonderheft über die „Schuldfrage und Reflexion über die Verantwortung". Darüber hinaus arbeitet das Zentrum für Deutschlandstudien bewusst mit anderen Institutionen zusammen und hat Workshops oder Vorträge gemeinsam organisiert, um den Themenkomplex von Schuldfrage und Vergangenheitsbewältigung vor den Hintergrund der Versöhnung Deutschlands mit seinen östlichen Nachbarstaaten, sowie der zaghaften Bekenntnis Japans zu seiner Kriegsschuld zu stellen. Der Beitrag von HAN Dongyu nimmt die Frage des japanischen Historikers MIZOGUCHI Yuzo als Anlass für eine kritische

Betrachtung einiger Ausreden japanischer Intellektuellen über den Zweiten Weltkrieg. Der Beitrag von AN Ni umreißt den Diskurs über die Reflexion von Schuldfrage in der Nachkriegszeit und hebt insbesondere die Stichwörter, deren historische überlieferung sowie deren Gehalt hervor. MAO Mingchao transkribiert und übersetzt vier Vorträge aus einem chinesisch-deutsch-österreichischen Workshop, deren Themen von Beziehungen zwischen China, Japan und Südkorea bis hin zu der Versöhnung Deutschlands und österreichs mit Polen und Tschechien reichen. Dadurch lässt sich erkennen, dass die heutige politische Lage in vielfacher Hinsicht nichts anderes als die Weiterführung eines bestimmten historischen Abschnitts ist. Dieser Teil schließt nicht nur ernste wissenschaftliche Vorträge, sondern auch Skizzierungen von Lagerbildern ein, und gibt die anregende Zusammenkunft von Wissenschaftlern und Fragestellungen wieder.

Des Weiteren hat das ZDS traditionsgemäß eine ostasiatische Zentrenkonferenz mit Kolleginnen und Kollegen aus Japan, Südkorea und Deutschland gemeinsam durchgeführt. Das Thema der diesmaligen Konferenz lautete „Zusammenarbeit und Zukunft Ostasiens—Im Spiegel deutscher und europäischer Erfahrungen". Diskutiert wurde über die Lehren, die Ostasien in der Moderne aus den Erfahrungen von Deutschland und Europa gezogen hat. Aus den Vorträgen werden hier drei repräsentative ausgewählt. Der erste stammt von dem ungarisch-deutschen Politologen György SZÉLL, der aus einer deutschen Perspektive die Kooperation und Zukunft von Nordostasien beobachtet. Der zweite ist von dem südkoreanischen Soziologen SHIN Kwang-Yeong und befasst sich mit den vergleichenden Reflexionen über aktuelle gesellschaftliche Probleme. Der Dritte wird von dem japanischen Soziologen HIRAMATSU Hideto verfasst, der die Nachahmung der japanischen Sozialpolitik von der deutschen Erfahrung behandelt.

Während wir unseren Akzent bei der Auswahl der Beiträge vornehmlich auf historische und geisteswissenschaftliche Perspektive setzen, bieten diese drei Texte einen wunderbaren Ausgleich, weil sie auf der Geschichte basierend von den geltenden Politiken und Regelungen ausgehen, und sich mit den aktuellen gesellschaftlichen Themen auseinandersetzen. Insbesondere sind die wissenschaftliche Einstellung und die soziale Anteilnahme der japanischen und südkoreanischen KollegInnen bewunderungswert. Ihre Kenntnis und Einsicht über die eigentlichen Probleme der chinesischen Gesellschaft überschreiten längst unsere Vorstellung.

Zu guter Letzt sind zwei Beiträge unseren wissenschaftlichen Nachwuchs, auf den wir jedes Mal sehr stolz sind, besonders hervorzuheben. Sie verkörpern nicht nur den neuesten Forschungstand ihres jeweiligen Fachs, sondern füllen gemeinsam eine Lücke in der bisherigen Abendlandforschung: das Fehlen einer detaillierten positivistischen Untersuchung. Aufgrund von warmer akademischer Leidenschaft und hinreichenden Sprachkenntnissen hat eine neue Generation einen Weg angetreten, der mit dem großangelegten ideengeschichtlichen Ansatz vollkommen verschieden ist. Dank ihrer Arbeit werden unsere allgemeinen Kenntnisse über Deutschland konkreter, praxisbezogener, bei jedem Schritt eingehender und umfassender, und das daraus gewonnene Image immer ausdifferenzierter, bunter und lebendiger.

Die Themenwahl der zwei Beiträge wirken schon erfrischend. Bei dem Beitrag von HE Jiani, die sich der Methodik der ausländischen Sinologie bedient, geht es um das Verhältnis zwischen der Pinyin-Reform und der neuzeitliche Idee von einer politischen Belebung der Nation. Anhand chinesischer und fremdsprachlicher Quellen kommt HE zum Ergebnis, dass Deutschland in dem chinesischen Diskurs der Schriftenform die Rolle des Musters gespielt hat. LI Qian befasst sich in ihrem Beitrag auf der Grundlage von zahlreichen juristischen Werken und Gesetzbüchern mit der Beziehung der Staatsanwaltschaft mit der Polizei insbesondere im Dritten Reich. Im Kern geht es um die Konkurrenz und Ausbalancierung von juristischer und staatspolitischer Macht. Die beiden Verfasserinnen sind Alumni des Zentrums für Deutschlandstudien der Peking Universität.

Möge dieser Band eine Unterstützung für die jungen Akademikerinnen und Akademiker werden, damit sie alle Hindernisse vor ihnen bewältigen und einen neuen Horizont der Deutschlandforschung erarbeiten können. Davon kann die aktuelle Forschungslage sehr viel profitieren. Die Leistung unserer NachwuchswissenschaftlerInnen ermöglich uns, Europa besser zu verstehen, mit der sich verändernden Weltlage umzugehen und den Frieden der Welt zu verteidigen. Dieser Band sei auch ein Andenken an dem 75. Jahrestag vom Sieg des weltweiten antifaschistischen Kriegs. Möge die Forschung über die Machtergreifung und die Reflexion der Nachkriegszeit eine Mahnung für die Welt sein und den Krieg noch im Keime zu verhindern.

目　录

第二次世界大战

通向战争之路
　　——第三帝国时期德国的政治状况和政治文化 …………… 秦明瑞　　3

纳粹德国的抵抗运动 ………………………………………………… 李　维　 28

德布林的《命运之旅》
　　——流亡、写作与救赎 ………………………………………… 胡　蔚　 40

"权在法上"
　　——施米特学说与纳粹政策 …………………………………… 毛明超　 54

荷兰抵抗文学的德国与德国人形象（1940—1945）
　　………………………… 杰罗恩·德武夫（朱房煦　李牧翰 译）　 77

重整军备与"快乐"生产
　　——纳粹党工人休闲政策探源 ………………………………… 宋　昊　 96

罪责与罪责反思

"沟口雄三之问"与部分日本学者的二战说辞 ………………… 韩东育　111

克服与重建
　　——战后德国罪责反思话语 …………………………………… 安　尼　125

二战之后如何克服历史
　　——德国与东邻的和解及中日关系 ················ 毛明超　整理　　145

以德国为鉴

东北亚的合作与未来
　　——以欧洲与德国经验为鉴 ············ 乔治·塞尔（陈　维 译）　　173
成功的悖论和对新东亚的探索
　　 ································· 申光荣（解英华 译）　　182
1880—1930年日本社会福利实践
　　——对德国及他国经验的认识与转化
　　 ································· 平松英人（李　慧 译）　　197

青年学者·学术前沿

高识字率的神话
　　——清末文字改革叙事中的德国形象 ················ 赫佳妮　　209
德国检警关系考 ·· 李　倩　　224

Inhaltsverzeichnis

Der Zweite Weltkrieg

Der Weg zum Krieg. Der Zustand der Politik und die politische
  Kultur des Dritten Reichs ·················· QIN Mingrui 3
Die Widerstandsbewegungen in Nazi-Deutschland ········· LI Wei 28
Döblins *Schicksalsreise*. Exil, Schreiben und Erlösung ········ HU Wei 40
Macht über Gesetz. Die Lehre Carl Schmitts und die Politik der Nazis
  ·················· MAO Mingchao 54
Das Bild Deutschlands und der Deutschen in der niederländischen
  Widerstandsliteratur (1940—1945)
  ········ Jereon DEWULF, übersetzt von ZHU Fangxu und LI Muhan 77
Wiederbewaffnung und Produktion mit „Freude". Untersuchung der
  Freizeitpolitik der NSDAP für die Arbeiter ········· SONG Hao 96

Schuld und Schuldreflexion

Mizokuchi Yuzos Frage und Ausrede einiger japanischer Intellektuelle
  für den Zweiten Weltkrieg ·················· HAN Dongyu 111

Bewältigung und Wiederaufbau. Der Diskurs der Schuldreflexion in
Deutschland der Nachkriegszeit ················ AN Ni 125

Vergangenheitsbewältigung nach dem Zweiten Weltkrieg. Deutschlands
Aussöhnung mit seinen östlichen Nachbarn und Chinas Beziehung
zu Japan ······ Übersetzt und zusammengestellt von MAO Mingchao 145

Das Spiegelbild Deutschland

Die Zusammenarbeit und Zukunft des Nordostasiens. Im Spiegel der
europäischen und deutschen Erfahrungen
················ György SZÉLL, übersetzt von CHEN Wei 173

Die Paradoxie des Erfolgs und der Versuch eines neuen Ostasiens
················ SHIN Kwang-Yeong, übersetzt von XIE Yinghua 182

Die Praxis der öffentlichen Wohlfahrtspflege in Japan (1880—1930). Die
Wahrnehmung und Translation der Erfahrungen Deutschlands und
anderer Länder ········ HIRAMATSU Hideto, übersetzt von LI Hui 197

Wissenschaftlicher Nachwuchs—Aktueller Forschungsstand

Das Mythos der hohen Alphabetisierungsrate. Das Deutschlandbild im
Diskurs der Schriftenreform am Ende der Qing-Dynastie
················ HE Jiani 209

Untersuchung des Verhältnisses zwischen der Staatsanwaltschaft und
der Polizei in Deutschland ················ LI Qian 224

第二次世界大战

通向战争之路

——第三帝国时期德国的政治状况和政治文化

秦明瑞

内容提要:本文尝试通过考察第三帝国时期德国的政治状况和政治文化来理解其发动第二次世界大战的基础。在国家社会主义(纳粹主义)这一纲领的指导下,纳粹党完成了一系列政治系统要素的建构,也形成了统一的政治文化。为了实现这一纲领,希特勒及其纳粹党通过一系列暴力行动和社会政策将德国变成了独裁元首国家,将德国人民整合进了同质的族民共同体。在此基础之上,希特勒的第三帝国得以准备并发动第二次世界大战。

关键词:国家社会主义　元首国家　党国一体化　社会一体化　族民共同体

一、导　言

20世纪最为重要的两大事件可能是两次世界大战,而德国却是这两次大战的发动者和(或)主战国。这种现象与德国社会自身的发展密切相关。德国学术界比较一致的观点是,德国现代的一些主要发展要素构成了其发动战争的基础:一是高度发达的军备经济,二是人数众多的专家所具有的知识和技术,三是对大众具有煽动作用的意识形态,即社会达尔文主义、民族主义和种族主义。[1] 而"国家社会主

---

[1] Hans Ulrich Wehler, *Deutsche Gesellschaftsgeschichte*, Bd. 4, München: C. H. Beck Verlag, 2003, S. XVIII-XIX.

义"(Nationalsozialismus,俗称"纳粹主义")是关键现象。有学者表示,如果认为经济因素决定了1914年到1945年的德国历史(也被称为"第二次三十年战争"),那么我们就无法理解这三十多年。只有从国家社会主义的起源和特征入手,将"国家社会主义历史化",才能真正理解这三十年。也就是说,国家社会主义并不是来自德国以外的某种丑恶事物,突然不可预见地闯入了内部完好的德国生活世界;国家社会主义不可被视为难以控制的异体或漂浮物,不可理解地处于德国历史的长河中。相反,对具有元首独裁等特征的国家社会主义,应首先尽可能地在德国近代历史语境和条件下加以理解。在此,并不否认欧洲共同的发展,以及一些超越民族的现象,如法西斯主义,在德国的影响。① 对发动第二次世界大战的第三帝国的研究来说②,对政治体制的分析应该放在对经济、社会结构和文化描写之前,因为在德国当时经历的极权主义革命,即国家社会主义革命的过程中,希特勒独裁的政治体系为第三帝国的建立和第二次世界大战的发动创造了决定性的框架条件。③

第一次世界大战结束后,德国陷入了极端困难的危机状况。君主制政体的合法性完全被冲垮;战争的失败使民众陷入沮丧;十一月革命④、鲁尔区起

---

① Hans Ulrich Wehler, *Deutsche Gesellschaftsgeschichte*, Bd. 4, München: C. H. Beck Verlag, 2003, S. XXII.

② "第三帝国"(Drittes Reich)是来自基督千年帝国说(Chiliasmus)的一个概念,由意大利神学家弗洛里斯的约阿希姆(Joachim von Fiore, Joachim von Floris, 1130—1202)提出。1923年,德国政治学家默勒·范登布鲁克(Moeller van den Bruck)在其主要著作《第三帝国》(*Das Dritte Reich*)中预言,在神圣罗马帝国(第一帝国)和俾斯麦帝国(第二帝国)之后,将会在"种族思想"(Rassenseele)的基础上出现一个"第三帝国"。后来,希特勒偶尔用这一概念来指称他所代表的"德意志国家社会主义工人党"(Nationalsozialistische Deutsche Arbeiterpartei,简称"国社党",即"纳粹党")建立的"新秩序"(Neue Ordnung)。在学术界,这一概念普遍被用来指称纳粹时期(1933—1945)的德国。参见 *Meyers Grosses Taschenlexikon*, Bd. 5, Mannheim u. a.: BI-Taschenbuchverlag, 1987, S. 332。

③ Wehler, *Deutsche Gesellschaftsgeschichte*, Bd. 4, S. 597.

④ 1918年9月,在前线告急和国内形势危急的局势下,德军总参谋长兴登堡(Paul von Beneckendorff und von Hindenburg)元帅强烈要求政府跟协约国开始停战谈判,同时在国内引进议会制。10月4日,首相巴登亲王(Prinz Max von Baden)召开内阁会议,决定向协约国请求停战。10月23日,美国总统威尔逊提出了停战条件,即德皇逊位和德国实行西方民主制。10月29日,德军命令威廉港和基尔港的海军舰队出港迎战英军舰队,引发水兵起义。很快,其他军港的水兵和一些城市的工人纷纷起义。11月7日,慕尼黑共和国宣告成立;11月8日,布伦瑞克共和国宣告成立。11月9日,柏林爆发工人起义和总罢工,巴登亲王宣告废除威廉二世的皇帝封号,社会民主党退出帝国政府,组建以该党主席弗里德里希·艾伯特(Friedrich Ebert)为总理的新政府,该党执委会成员谢德曼(Philipp Scheidemann)宣告德意志共和国(1919年后称为魏玛共和国)成立。随后,各地政府和行政机构被工兵苏维埃接管。史称这一系列事件为"十一月革命"。参见 Wolfgang Weismantel, „Die Republik von Weimar: Eine deutsche Demokratie ohne Demokraten?", in: *Deutsche Geschichte. Republik und Diktatur 1918-1945*, Bd. 11, hrsg. v. Heinrich Pleticha, Gütersloh: Bertelsmann Lexikon Verlag, 1993, S. 28。

义①、巴伐利亚和德国中部地区的暴力冲突,以及《凡尔赛和约》的谈判等事件,都给德国蒙上了昏暗的阴影。②

在这一情景中,德国有过建立现代民主共和国家的机会,也建立了这样一个国家,即魏玛共和国。魏玛共和国只有不足十五年的历史,是德国第一个共和国。但是,这一共和国在名义上延续至1945年5月8日,因为希特勒政权放弃了解散魏玛共和国的行动。这一时期的德国充满了矛盾情感。一方面,第二帝国于1918年被一系列革命和起义所终结,此后的德国经历了一些深层次的变革,但魏玛共和国仍然处于20世纪德国历史的连续性中。德国的经济、社会结构和文化制度仍然在延续。但是,在政治领域,德国却经历了彻底的变革。德国的政治制度、民众的政治心态、调控人们行为的各种世界观和主要的政治理念等都经历了深刻的变化。当然,可能有一些假象在掩盖这种变化。比如,1848年以来形成的政党体系一直延续到了1928年,政治领导人在这一时期整体上也无重大变化,社会精英也没有被替换,等等。但是,不可否认的是,德国的政治制度从半威权的君主制过渡到了民主的共和制。在议会中,政治精英的更换大规模地发生了。当然,随着左翼和右翼政党的兴起以及世界观斗争的激化,德国的民主政治受到了阻滞。总之,这一时期德国的政治处于连贯和中断这两个极端的纠缠状况中。③

魏玛共和国之前德国的统治秩序可以被称为"包含高度现代要素的诸侯国

---

① 1920年3月12日,德意志祖国党(Deutsche Vaterlandspartei)的创始人、魏玛共和国的反对者沃尔夫冈·卡普(Wolfgang Kapp)因不满政府接受《凡尔赛和约》而发动政变,率陆军数千人进驻柏林,致使政府逃亡至德累斯顿,后又逃至斯图加特。卡普趁机接管了政权。卡普暴动第二天,柏林工人开始罢工,3月15日总罢工席卷全国。3月17日,卡普逃出柏林。由于卡普等政变者未受到惩罚,鲁尔区的工人继续罢工抗议,致使总理古斯塔夫·鲍尔(Gustav Bauer)和国防部部长古斯塔夫·诺斯克(Gustav Noske)辞职。随后,国防军和志愿团部队开进鲁尔区,武力镇压起义工人和共产党组织的"鲁尔红军"。史称这一事件为"鲁尔起义"(Ruhraufstand)。参见 Weismantel, „Die Republik von Weimar: Eine deutsche Demokratie ohne Demokraten?", S. 45, 53。

② 1918年11月7日,德国独立社会民主党(Unabhängige Sozialdemokratische Partei Deutschlands)主席库尔特·艾斯纳(Kurt Eisner)宣告巴伐利亚共和国成立并担任政府总理,后被诬陷为"十一月罪犯"。1919年2月21日,艾斯纳被前巴伐利亚王军近卫布伦团少尉阿尔科·瓦莱伯爵(Graf Arco-Valley)谋杀。随后,由工人、农民和士兵苏维埃组成的巴伐利亚共产主义苏维埃共和国成立。在争夺政权的过程中,巴伐利亚红军与志愿军发生武装冲突。在中部的图林根和萨克森等地,也发生了由共产主义者和社会主义者组成的政府与魏玛政府军队之间的武装斗争。参见 Weismantel, „Die Republik von Weimar: Eine deutsche Demokratie ohne Demokraten?", S. 53。

③ Wehler, *Deutsche Gesellschaftsgeschichte*, Bd. 4, S. 229-230.

家体系"①。这一旧制度崩溃以后,德国经历了短暂的稳定的议会民主制,即魏玛共和国的政治制度。在长期积累且急剧扩大的危机现象的压力下,这一制度开始瓦解。在该制度的废墟上兴起了第三帝国的专制制度,后者完全摧毁了魏玛共和国的国家制度。

魏玛共和国的崩溃和第三帝国的建立导致了悲剧性结果,第三帝国带来了世界历史层面的后果。第三帝国只用了六年多时间就完成了另一场大战的准备,并且基本上有计划地发动了这场战争,给德国、欧洲乃至全世界都带来了深重的灾难。

以下将通过考察第三帝国时期德国的政治状况和政治文化来理解其发动第二次世界大战的基础。国家社会主义(纳粹主义)是第三帝国的政治总纲领。在这一纲领的指导下,纳粹党完成了一系列政治系统要素的建构②,也形成了统一的政治文化,使最广大的民众接受了纳粹主义的主要思想。可以说,第三帝国时期德国的政治文化主要包含在这一政治纲领中。为了实现这一纲领,希特勒及其纳粹党通过一系列暴力行动和貌似为人民谋福祉的社会政策,将德国变成了独裁的元首国家,将德国人民整合进了同质的族民共同体(Volksgemeinschaft)③。在国家有效地实行元首意志和人民同心协力地为纳粹事业效劳服务的基础上,希特勒的第三帝国得以有计划地准备并发动第二次世界大战。

二、纳粹主义的意识形态和政治纲领

纳粹主义是第一次世界大战后德国所面临的危机处境的产物。德国当时所

---

① Wehler, *Deutsche Gesellschaftsgeschichte*, Bd. 4, S. 229.
② 纳粹党在1919年1月成立时名为"德意志工人党"(Deutsche Arbeiterpartei),1920年更名为"德意志国家社会主义工人党"。
③ "族民共同体"的德文为 Volksgemeinschaft,由 Volk 和 Gemeinschaft 两个词组合而成。Volk 中文一般译为"人民""民族""人群""群众""人们""平民""老百姓"等(参见潘再平等编著:《新德汉词典》(第三版),上海译文出版社,2010年,第1470页);Gemeinschaft 则译为"组织""集体""团体""联盟""共同体"等(同上书,第521页)。由于希特勒及其纳粹党建构的是日耳曼血统的德意志民族的共同体,所以笔者认为将此概念译为"族民共同体"比较恰当。

面临的社会、经济和政治危机重叠在一起,给尚未扎根于民众意识中的共和制带来了很大冲击。当时的危机有多种:一是工业社会的同一性危机,其在第二帝国后期不断加剧;二是第一次世界大战的失败和《凡尔赛和约》的签订给德国民众带来的民族耻辱感;三是十一月革命和潜在的共产主义革命带来的社会和经济震荡;四是以通货膨胀、战争赔款、萧条和大众失业为特征的持续的经济危机。

纳粹党有效利用了这一多重危机的处境。它在德国的成功基于两个因素,一是以极端性和矛盾性为特征的政治纲领和统治风格,二是拥有代表其意识形态的克里斯马式的领袖人物希特勒。[①] 希特勒能唤起民众,使很多德国人相信美好未来,首先是因为他是一战后德国危机气氛的代表和传播者。他具有煽动者的本能,能够令人信服地将自己的恐惧与其时代的集体恐惧联系在一起,代表和扩散这种恐惧,然后在政治上利用它实现自己的目标。随着魏玛共和国的资产阶级自由主义的国家和社会秩序陷入困境,这种恐惧的政治意义在扩大。

在纳粹党产生之前的德国,一些重要的政治和意识形态潮流和党派已经出现,自由主义、保守主义、社会主义和共产主义等意识形态都早已出现和广泛传播,基督教人民党、社会民主党、共产党等党派都已经发展壮大,社会中的很多领域也都被动员和组织起来。[②] 在此背景下,纳粹主义作为后起的政治和社会运动是一种"反对运动"(Anti-Bewegung)。一方面,它激进地排斥既存的政治价值和党派;另一方面,它试图将政治对手的一些思维和行动要素综合进自身的意识形态体系,为己所用。

纳粹主义意识形态的核心内容是由一些反题构成的,包括反马克思主义、反自由主义、反议会主义、反犹主义、反资本主义、反保守主义等。其所建构的对立意识形态则包括极端的民族主义和国家社会主义;其培养和组织的实现这些理

[①] "克里斯马"(Charisma)是马克斯·韦伯提出和系统论证的一个统治社会学概念。它指的是某个人物具有的超常能力和魅力。基于它们,此人被其追随者视为具有超自然和超人力量和特质的,或者被神派遣的,或者作为榜样的"领袖"。克里斯马的有效性取决于这一领袖人物为被统治者带来福祉的能力。在此能力被证明时,追随者会自愿地崇拜他,会出自上帝的启示、对英雄的崇拜和对领袖的信任而认可他。而当其无法证明这种能力时,其克里斯马也就消失了。参见 Max Weber, *Wirtschaft und Gesellschaft. Grundriss der verstehenden Soziologie*, Tübingen: J. C. B. Mohr (Paul Siebeck), 1986, S. 140。

[②] Hans Fenske, *Deutsche Parteiengeschichte*, Paderborn u. a.: Schöningh, 1994, S. 17f., 151-201.

想的人群则为一种新的精英群体。这一群体的特征是对纳粹主义的信仰,对元首的忠诚和服从,具有行动和斗争意志,是纯种的日耳曼人并因而拥有该人种特有的强健身体,等等。这类设想在第一次世界大战前已经以不同的形式出现过,但是,战败和战后的十一月革命使它们在民众中获得了广泛的影响,也变得更加极端。当时,在德国出现的包括纳粹党在内的许多党派参与的民族抗议和维新运动都以这些设想为共同的思想基础。① 这些政治党派和团体追求的共同目标是民族复兴和民族强大,他们设想的实现这一目标的手段是振兴德意志民族、民族国家和保守主义。

对希特勒个人来说,种族理论支撑的民族主义和生物学意义上的反犹主义构成了其世界观的核心内容。在其早期演讲和作品中,这些内容就反复出现。在德国和欧洲历史上,反犹主义和民族主义思想长期存在,但是,希特勒及其纳粹党将传统的部族的、反犹的、民族主义的思想极端化了,将犹太人全部视为世界的敌人和败坏力量,将犹太民族视为所有衰败和嬗变的始作俑者。更进一步,希特勒认为犹太人有一个世界性的阴谋计划,其最终实施方案是布尔什维克。通过这一认识,希特勒激进地反对马克思主义,提出了纳粹党的政治目标,即清除马克思主义世界观。实现这一目标的手段是运用最无情的力量和决心发动和开展反马克思主义的运动,以十倍于马克思主义运动的力量来对抗它。对纳粹主义来说,其所发动和领导的反对运动是永恒的种系斗争之历史规律的表现,这种斗争决定日耳曼种族的生死存亡,决定其复兴或衰败。②

希特勒及其纳粹党的世界观建立在社会达尔文主义的思想基础上。③ 这一思想将社会中的优胜劣汰斗争视为生命规律,而纳粹主义则从中得出了一种历史悲观论的种族观,认同"强者权利"观点,发展出了其"种族保护"纲领,试图通

---

① Hans Fenske, *Deutsche Parteiengeschichte*, Paderborn u. a.: Schöningh, 1994, S. 80.
② Wehler, *Deutsche Gesellschaftsgeschichte*, Bd. 4, S. 652f.; Christian Schwaabe, *Die deutsche Modernitätskrise. Politische Kultur und Mentalität von der Reichsgründung bis zur Wiedervereinigung*, München: Wilhelm Fink Verlag, 2005, S. 334; Hans-Ulrich Thamer, „Grundlagen des Nationalsozialismus", in: *Deutsche Geschichte. Republik und Diktatur 1918-1945*, Bd. 11, S. 172-174; Fenske, *Deutsche Parteiengeschichte*, S. 180f.
③ Schwaabe, *Die deutsche Modernitätskrise. Politische Kultur und Mentalität von der Reichsgründung bis zur Wiedervereinigung*, S. 337; Thamer, „Grundlagen des Nationalsozialismus", S. 174; Wehler, *Deutsche Gesellschaftsgeschichte*, Bd. 4, S. 652f.

过对异族的斗争,占领他们的土地,乃至消灭他们,从而保护日耳曼民族,扩大其生存空间,促进其发展壮大。

这一纲领直接指向战争。而要在第一次世界大战刚刚过去的和平时期使战争重新获得意义,纳粹党最好的策略是发动内战,这样既可以延续战争,又可以通过战争夺取政权。

希特勒及其纳粹党想建立的是种族国家,用以取代传统的弱小的、按西方模式建立起来的德意志民族国家,即魏玛共和国。在此,种族理论和生存空间教条构成了其内外政治方案制定的基础。在其1925年完成的低劣作品《我的奋斗》中,希特勒即勾画了这一政治纲领。在此之前,希特勒追求的外交目标是修正《凡尔赛和约》给德国施加的一系列限制,使德意志民族变得重新强大。[①] 而在《我的奋斗》一书中,希特勒则将生存空间和反犹主义观点联系在一起并将其极端化了。[②] 他明确主张在德国以东地区获得土地,并将此目标与消灭布尔什维克主义和消灭犹太人捆绑在一起。[③] 这一主张虽然很低级和野蛮,但它在民众中却具有煽动革命热情的影响力。其最终指向的目标是根据千年帝国的终极设想建立一个纯种日耳曼人的乌托邦,实现这一目标的手段是"血土政治"(Blut und Boden)——即通过流血战争掠夺土地,因为这个帝国将由一个具有霸权地位的农业民族构成,这个民族的成员以统治者种族的方式而生存;在这个部族—种族的帝国,经济和物资的限制将永远消失。

希特勒及其纳粹党的这一政治纲领具有双重面向。一方面,它具有极端反动的、返祖的、反现代的特征;另一方面,它又主张发起平民主义的革新运动,利用最现代的群众动员手段和最现代的工业技术——尤其是军工技术——实现这一纲领。对纳粹党党员和纳粹主义的追随者来说,这一纲领的极端性和明确性使他们具有了为"族民纯化"(völkische Gesundung)和革新而奋斗的决心。普通民众因战后的革命和危机陷入了无助的贫困和恐慌状态,急切盼望革新和部族

---

① Fenske, *Deutsche Parteiengeschichte*, S. 80.
② Schwaabe, *Die deutsche Modernitätskrise. Politische Kultur und Mentalität von der Reichsgründung bis zur Wiedervereinigung*, S. 336.
③ Ebd.

意义上的民族振兴,而希特勒及其纳粹党则似乎最能满足这一愿望,因为希特勒及其纳粹党的煽动和整合能力是德意志民族党和社会主义党派等当时的主要政党都不具有的。

三、独裁的元首国家

1. 夺权

希特勒上台之前,在德国政界存在两个阵营,一个是左翼阵营,一个是右翼阵营。①

右翼阵营主要由哈尔茨堡阵线(Harzburger Front)组成。该阵线是由大地主、大企业主、国防军、大官僚和德意志民族党的大市民构成的异质联合体。1930年以后,这一阵线拒绝魏玛政权,追求的政治目标是以威权的方式改造国家和社会。在这一前提下,它甚至有预谋地默认希特勒政权,认为可以为自身的政治目标利用希特勒及其所领导的群众运动,因而对时局感到满意。其追随者在呼唤一个救星,呼唤第二个俾斯麦出现,但并没有明确的前进道路。该阵线低估了希特勒这个克里斯马式人物窃取无限权力的野心。②

对左翼阵营来说,希特勒只是发动运动的囚徒。该阵营不相信希特勒会像墨索里尼那样建立起法西斯政权,而更坚信柏林会是红色之都。当时,不仅社会民主党和德国共产党普遍持有对未来的这种乐观态度,而且其普通追随者和党内重要知识分子如阿图尔·罗森贝格(Arthur Rosenberg)和弗朗茨·博克瑙(Franz Borkenau)也都如此。

1933年1月30日,总统兴登堡任命希特勒为总理。这样,希特勒合法地掌握了德国的政府权力。但是,在这个主要由保守党组成的联合政府中,只有三个

---

① Manfred Funke, „Republik im Untergang. Die Zerstörung des Parlamentarismus als Vorbereitung der Diktatur", in: Karl Dietrich Bracher u. a., *Die Weimarer Republik 1918-1933. Politik, Wirtschaft, Gesellschaft*, Bonn: Bundeszentrale für politische Bildung, 1987, S. 505f.

② Wehler, *Deutsche Gesellschaftsgeschichte*, Bd. 4, S. 600f.

部级官员来自希特勒的纳粹党,即内政部部长威廉·弗里克(Wilhelm Frick),时任普鲁士州临时内政部部长、无政府职务的空头部长赫尔曼·戈林(Hermann Göring),以及3月13日始担任人民启蒙和宣传部部长的约瑟夫·戈培尔(Joseph Goebbels)。副总理弗兰茨·冯·巴本(Franz von Papen)、经济和农业部部长阿尔弗雷德·胡根贝格(Alfred Hugenberg)、外交部部长康斯坦丁·冯·诺伊拉特(Konstantin von Neurath)以及财政部部长、司法部部长、邮电和交通部部长、劳动部部长、国防部部长等则为保守党德意志民族人民党(Deutschnationale Volkspartei,DNVP)的要员。由于这几位要员大都来自贵族家庭,所以冯·巴本的内阁被称为"男爵内阁"。他们站在希特勒的对立面,试图钳制其权力。① 但是,这些保守派的政治家以及左派阵营都低估了希特勒的野心和能量。当时的保守派试图利用民族起义(nationale Erhebung)这样的群众运动复辟威权统治。在这一点上,希特勒及其同僚与保守派是一致的。但是,希特勒的纳粹主义除了具有保守的、传统主义的特征外,还追求通过革命的群众运动实现更大的目标,即反马克思主义的、反议会民主制的、民族主义的政治纲领。这一点却是保守派当时未预料到的。左派则认为希特勒政府无法控制工人运动。他们认为,俾斯麦限制工人运动的《社会主义者法》都未能扼杀工人运动,希特勒当然做不到这一点。②

从担任总理到1934年8月初,希特勒夺取所有政治权力和巩固这些权力的第一阶段得以展开。希特勒的这一行动是与当时德国的主要党派、国防军、官僚集团和愿意吹捧他的公众舆论合作进行的。

在希特勒上台前的最后时刻,他已经实现了解散国会的目标。1933年2月1日,希特勒违反联合执政的约定,促使兴登堡发布紧急命令,解散国会,在五周内重新选举国会。希特勒希望通过新的选举在国会中增加支持他的35个议席,从而占有国会的多数议席。这样,他就可以为其政治纲领获得大多数议会成员

---

① Wehler,*Deutsche Gesellschaftsgeschichte*,Bd.4,S.600;赫尔弗里德·明克勒:《德国人和他们的神话》,李维、范鸿译,商务印书馆,2017年,第270页以下诸页;Hans-Ulrich Thamer, „Das ‚Dritte Reich' ", in: *Deutsche Geschichte. Republik und Diktatur 1918-1945*, Bd. 11, S. 190。

② Wehler,*Deutsche Gesellschaftsgeschichte*,Bd.4,S.601。

的支持,也为实现其垄断统治权的目标奠定民众基础,使其权力在表面上具有合法性。同时,希特勒宣称要通过制定一部授权法将国会的立法权转移给政府内阁。①

在其掌权的初期,希特勒及其纳粹同僚采取了一种双重策略来夺取和巩固政权,即法律手段和暴力、宣传和恐怖行动并用。首先,纳粹党肆无忌惮地使用和扩大了合法的暴力工具,也发动了受国家保护的恐怖行动和街头暴力革命。当时,德国最大的联邦州普鲁士的内政部部长戈林占有首都柏林等地区的警察控制权。除此之外,他组建了一支5万人规模的辅警队伍,其中4万人属于冲锋队和党卫军。这支队伍是纳粹党"党军",却拥有合法行使暴力的权力。它为希特勒夺取和巩固绝对权力发挥了至关重要的作用。②

纳粹党貌似合法的暴力和恐怖行动主要用于迫害和清洗政治对手,尤其是社会主义者和共产主义者。对社会主义者和共产主义者的迫害得到了联合执政的保守派的同意,也得到了大多数民众的支持。由于看清了保守派和民众的这种政治态度,希特勒在国会选举过程中提出的政治口号是"对马克思主义宣战"。在实现这一目标时,纳粹党运用权力政治的、制度性的和紧急状态法的工具压制和打击左翼党派。但是,支持纳粹行动的保守党派和大多数民众都没有预料到的是,纳粹党在夺取和巩固政权的第二阶段会运用这些工具对付其他党派和团体。即使其在打击左翼党派时做出了明显违法的行动,保守党派和民众也没有提出反对意见。

除了反马克思主义作为政治观的基础外,纳粹政体还巧妙地运用《魏玛宪法》第48条规定的"总统颁发紧急命令权"来采取一系列"合法地"破坏民主法制秩序的行动,比如阻止其他政党的政治活动、限制新闻自由、强制行政机构服从。1933年1月31日,德国共产党呼吁全国总罢工。希特勒说服兴登堡总统于2月4日颁发了"保护德国人民"的命令,从而拥有了限制社会主义者和共产主义

---

① Wehler, *Deutsche Gesellschaftsgeschichte*, Bd. 4, S. 603.
② Martin Loiperdinger, „Nationalsozialistische Gelöbnisrituale im Parteitagsfilm, 'Triumph des Willens'", in: *Politische Kultur in Deutschland. Bilanz und Perspektiven der Forschung*, hrsg. v. Dirk Berg-Schlosser, Jakob Schissler, Opladen: Westdeutscher Verlag, 1987, S. 138.

者的宣传机构的法律依据。在3月15日前的一个多月内,希特勒政府发布了针对这类媒体的170多项禁令。受害者群体虽然在理论上具有诉诸法律而维权的可能,但是,普鲁士和其他多个联邦州的政权当时已被纳粹党接管,其司法和执法部门已被纳粹分子控制。因此,纳粹分子的暴力恐怖行动实际上被合法化了。2月6日,另一项紧急命令宣布解散普鲁士政府,将政权移交给希特勒的干将戈林。戈林则在短期内安排纳粹分子和保守派成员接管了普鲁士的重要行政部门,使它们变成了执行纳粹党命令的工具。

2月27日夜晚发生的柏林国会纵火案,加速了纳粹党对政治对手的迫害。[①] 利用这一事件,希特勒和戈林促使兴登堡总统在第二天发布了关于"保卫人民与国家"的紧急命令(简称《国会纵火案法令》),为纳粹政府大规模地迫害政治对手、制造紧急状态奠定了合法基础。这一命令将德国置入了永久紧急状态。在纵火案发生的当晚,戈林下令逮捕了德国共产党的国会议员,查禁了该党的新闻媒体,也下达了社会民主党新闻媒体停业14天的命令。到3月15日,共有7784人根据纵火案紧急命令被捕,其中95%的人为共产党员。

实际上,《国会纵火案法令》为"警察国家"的肆意行为和纳粹的恐怖行动打开了大门。纳粹党随后促成的《授权法》取代了《魏玛宪法》,构成了第三帝国的宪法基础,尽管《魏玛宪法》形式上直到1945年5月才被废除。在《授权法》的基础上,纳粹党颁布了《紧急状态法》。这一法令取消了公民的所有基本权利,包括新闻出版自由权和人身自由权。自此,被逮捕者失去了依法维权的可能,警察的行动不必有内政部的授权,纳粹党也可以介入各联邦州的安全措施和政治决策,对一些罪犯可以处以死刑。

通过制造"合法的非法状态"和采取恐怖手段,纳粹党为其在1933年3月5日的国会大选中取得有利的选举结果创造了条件。在这次大选中,参选民众创

---

① 对刑侦学和历史学来说,该案的真相至今无定论。纳粹党认为这是德国共产党的阴谋,但随着嫌疑人迪米特洛夫(G. M. Dimitrow)和托尔格勒(E. Torgler)被帝国法院宣布无罪,这一怀疑并未得到证实。德国共产党等党派认为是冲锋队在戈林知情的情况下纵火,这一指控也没有足够的证据支持。认为是荷兰人范德卢贝(Marinus van der Lubbe)独自所为的观点也被置疑。比较:*Meyers Grosses Taschenlexikon*, Bd. 18, S.158; Wehler, *Deutsche Gesellschaftsgeschichte*, Bd. 4, S.604; Heinrich August Winkler, *Der lange Weg nach Westen. Deutsche Geschichte II: Vom „Dritten Reich" bis zur Wiedervereinigung*, München: Verlag C. H. Beck, 2014, S. 9f.

纪录地达到了选民的88%。尽管社会民主党和德国共产党这两大左翼党派处于纳粹政体的迫害之中，其传统选民也处于被纳粹分子恐吓的状况中，两党还是分别获得了18.3%（1932年11月大选中得票20.4%）和12.3%（1932年11月大选中得票16.9%）的选票。希特勒的纳粹党得票43.9%，与其联合执政的保守党获得了8%的选票。两党共同拥有51.9%的选票，可以依法组成联合政府。3月7日，希特勒在内阁会议上得意地称，这次大选相当于有利于其政府的一次革命。①

这次大选给纳粹党带来了两个直接的有利后果：一是数以百万计的人（尤其是官员和教师）为了升官而加入纳粹党，使纳粹党的党员由1932年的150万增加到了1933年5月1日的310万和1934年底的450万；二是希特勒有了加速夺取尚未被纳粹党控制的一些联邦州的权力、彻底废除议会和履行宪法职责的所有监督机构的底气。他完成这些步骤的工具是国会纵火案紧急命令和3月21日颁布的《反阴谋法》、3月23日通过的《授权法》等法案。

2. 党国一体化

纳粹政体对各联邦州（地方）的控制和对党派的控制在史学上被称为"一体化"（Gleichschaltung）。② 通过对各联邦州的一体化，纳粹党旨在解散由各联邦州的代表组成的参议院，同时在全国范围内控制警察，从而顺利实行独裁统治。在国会大选中，纳粹党在南部的一些州赢得了很多选票。通过发动群众集会、煽动群众悬挂纳粹党旗而引起民众与州政府的冲突，纳粹党得以以维护公共秩序和安全为由、以《国会纵火案法令》为基础解散这些州政府，委派专员取代这些政府。专员掌控地方政权的手段不仅违反当时德国的宪法即《魏玛宪法》，也标志着纳粹党开始运用特殊机构夺取政权。1933年3月31日，纳粹政府颁布的《各州与国家一体化法》则完全终止了各州的自主权。自此，各州合法选举的主要领导和合法雇用的官员很快被纳粹分子取代，州长由纳粹党的"大区领袖"（Gaulei-

---

① Wehler, *Deutsche Gesellschaftsgeschichte*, Bd. 4, S. 605.
② Gunther Mai, *Die Weimarer Republik*, München: Verlag C. H. Beck, 2009, S. 124f.; Wehler, *Deutsche Gesellschaftsgeschichte*, Bd. 4, S. 606.

ter)担任,州政府各部部长由冲锋队领导担任。但是,这种形式上的一体化并没有使纳粹党的中央和地方政权和谐运行。相反,党政之间的权限矛盾和冲突时有发生。① 一些大区领袖试图集地方党政领导权于一身而专权。为了限制地方权力,纳粹政府于 1933 年 4 月 7 日颁布了《第二部各州与国家一体化法》,通过向各州派遣总督,制衡各州的权力。

对党派的控制与权力垄断是一致的。除了通过 1933 年 3 月的大选前后针对德国共产党和社会民主党等政党的一系列恐怖暴力行动来实行外,纳粹党通过 1933 年 7 月 14 日颁发的禁止建立新党派的法令使自己成了唯一合法的政党。而由于希特勒取得了该党的绝对领导地位,德国也就变成了"元首国家"。关于"纳粹党高于国家"的统治体制,希特勒在 1934 年 9 月的一次讲话中做了明确表达:"不是国家命令我们,而是我们命令国家。不是国家创造了我们,而是我们为我们自己创造了我们的国家。"②

3. 社会一体化

社会的一体化是从清除工会开始的。对纳粹党来说,工会的力量很可怕。因此,它对付工会的手段比较温和而狡诈,主要还是软硬兼施。

在纳粹党组织部长和后来担任"德意志劳动阵线"头目的罗伯特·莱伊(Robert Ley)的领导下,纳粹党成立了一个美其名曰"德意志劳动保护行动委员会"(Aktionskomitee zum Schutz der deutschen Arbeit)的组织,准备用以针对工会可能发起的暴力行动。在施行暴力行动前,纳粹党首先完成了一次欺骗性的表演。它将国际劳动节宣传为"国家劳动庆祝日"。在德国历史上,这是政府首次如此重视劳动节。1933 年 5 月 1 日,政府在全国范围内举行了一些大规模的庆典。通过在庆典上露面,希特勒表明他跟德国工人属于同一阵线,是人民的儿子。当时,德国工会害怕纳粹冲锋队的迫害,已经向纳粹党表忠心,承诺缩小自己的权力范围,即只在工人的社会福利领域发挥影响。希特勒及其党羽的表

---

① Thamer,„Das ›Dritte Reich'",S. 205.
② Ebd.,S. 207.

演使工会错误地认为可以建立统一工会,即在工人利益问题上可以跟政府和企业达成一致。

令工会意想不到的是,纳粹冲锋队和党卫军在5月2日即发动了摧毁工会的暴力行动。在全国范围内,工会办公楼被冲锋队和党卫军占领,工会领袖被保护性拘留。工会的中低层干部暂时可以在"纳粹党企业支部"的监督下继续工作。但是,纳粹党稍后成立的"德意志劳动阵线"却接管了所有工会成员和财产。至此,工会被摧毁,工人参与工资和福利协商的权利被终止。①

纳粹当局针对工会的暴力行动基本上没有引起工会和个人的反抗,这一点在今天看来很难理解。但是,德国史学家们认为,导致这一局面出现的原因有两点:一是战后德国的经济危机和大众失业使工会和工人运动陷入了停滞状态,工会势力被严重削弱;二是在面临危机的情况下,工会对包括纳粹党在内的保守势力产生了幻想,具有与其共克时艰的愿望,低估了纳粹主义对工会的破坏性。②

与工人的遭遇有些类似,德国农民也被纳粹政体控制在了其垄断组织"德国粮食总会"(Reichsnährstand)中。在此过程中,农民更加没有反抗。实际上,在其掌权前,纳粹党已经分化瓦解了很多农民组织,以至于在其掌权后农民们高举纳粹旗帜满怀希望地投入了纳粹政体的怀抱。

第三帝国建立前成立的工业联合会也被纳粹党一体化了。但是,这类组织的一体化没有工人和农民的组织被一体化得彻底。这主要也基于两个因素。一是它们本身具有较强大的社会和经济力量,纳粹党未能简单粗暴地取缔其组织。当时,德国政府相当需要大工业为其大规模的扩军服务,因此对工业组织采取的是温和的一体化策略。二是工业联合会采取了一些有效的策略来避免纳粹党的社会激进成分侵入其自身管理。这样,德国工业联合会只是

---

① 纳粹党清除工人群体中异己分子的行动的彻底性,可从一位柏林女性讲述的经历中窥见。据这位1906年出生的女性回忆,她丈夫1933年5月1日在胸前挂了一朵红色石竹,表示工人阶级有勇气维护自身权益,被其所在公司的老板看见。这位纳粹党党员老板立即将其解雇,使其陷入了长达两年的失业状况。Sibylle Meyer, Eva Schulze, *Wie wir das alles geschafft haben. Alleinstehende Frauen berichten über ihr Leben nach 1945*, München: Deutscher Taschenbuch Verlag, 1988, S. 13f.

② Heinrich August Winkler, *Der Weg in die Katastrophe. Arbeiter und Arbeiterbewegung in der Weimarer Republik. 1930-1933*, Berlin, Bonn: Dietz Verlag, 1987, S. 321f.; Schwaabe, *Die deutsche Modernitätskrise. Politische Kultur und Mentalität von der Reichsgründung bis zur Wiedervereinigung*, S. 330.

更换了一下名称以配合纳粹政体的要求,即将"德意志帝国工业联合会"改成了"全国德意志工业协会"(Reichsstand der deutschen Industrie),而各经济和专业小组的负责人并没有更换。尽管如此,纳粹政体还是实现了国家对工业的调控和监督。

4. 清除党内对立派

在政党、州和社会组织这三个层面实现一体化以后,希特勒要垄断和巩固其政权,还需要清除纳粹党内部的反对势力。①

1933年7月,希特勒及其党羽宣布,纳粹革命已经完成,即纳粹党已经全面掌握了德国政权。在这个过程中,冲锋队发动街头冲突和流血事件,为夺权起到重要作用。在这个过程完成后,为了巩固政权,希特勒采用的是一种偏向于保守势力的温和策略,即与大企业、管理部门和军队中的传统精英结成权力联盟。这样,冲锋队的革命和暴力潜能就对他本人构成了威胁。

此时,冲锋队头目恩斯特·罗姆(Ernst Röhm)建议希特勒将冲锋队与国防军合并成民兵,由罗姆本人领导,以便谋取兵权。这一建议与希特勒的扩军和备战计划相冲突。希特勒想控制冲锋队,同时保证国防军对武器的垄断权。为了达到这一目的,希特勒于1934年6月策划了一系列针对罗姆及其同谋以及其他政敌的行动,既清除了政敌又掌握了兵权。但是,他对外公布的镇压罗姆等人的理由却是,他们的同性恋行为有损德意志民族的尊严和良俗。事实上,在此之前的很长时间里,希特勒已经了解罗姆等人的同性恋情况,但却一直在重用他们为夺权而实施暴力恐怖行动。尽管如此,德国民众几乎一边倒地称赞希特勒为德意志民族的良俗卫士。②

事后,希特勒的内阁又对外声称这一行动是针对"罗姆政变"的国家防卫行动。在这一基础上,希特勒获得了国会授予的最高司法权。这样,魏玛共和国实

---

① Wehler, *Deutsche Gesellschaftsgeschichte*, Bd. 4, S. 635; Thamer, „Das ‚Dritte Reich'", S. 209.

② Wehler, *Deutsche Gesellschaftsgeschichte*, Bd. 4, S. 638; Thamer, „Das ‚Dritte Reich'", S. 210f.

行的法制国家、司法独立、分权等现代国家原则被彻底摧毁了。德国当时著名的宪法学家卡尔·施米特(Carl Schmitt)为此做的辩护可能代表了很多民众的想法:"如果领袖在危险时刻运用他的领导权作为最高法官直接制定法律,那么,他是在保护法律免受最糟糕的滥用。"①

解决冲锋队问题的直接后果是,党卫军摆脱了冲锋队的控制,变成了元首希特勒的政治工具;国防军垄断了武器控制权,也被完全置于希特勒的控制之下。兴登堡去世的当天,希特勒同时担任了总统和总理,接受了军队的效忠宣誓,并自此自称为"元首和总理"。军队不再效忠于宪法和祖国,而是只忠于希特勒个人。这样,到 1933 年夏季,希特勒将德国变成了一党制国家;而在 1934 年夏季,他则完全巩固了自己的党政军大权。

在实现了夺取和巩固权力的目标后,纳粹党开始将其能量投入到更宽泛的政治和社会领域。这些领域是在夺权过程中开启的,纳粹党也不可能将其置于极权统治的范围之外。这一渗透和扩张过程使纳粹党及其组织的影响面越来越广,也使纳粹统治得以成为独立的政治体系。这一体系主要包括两大板块:一是纳粹党的政治组织,二是其暴力工具如党卫军、国家中央保安局和盖世太保等。通过让党卫军渗透警察系统,纳粹党为进一步获得国家权力创造了条件。1936 到 1937 年间,党卫军垄断了警察权,不受国家法律乃至纳粹党的约束,而是只服从希特勒个人的指挥,完全变成了元首的暴力工具。

纳粹统治的独立化使纳粹党得以完全抛开联合执政的保守党派,同时放弃前期对党内和党外的温和态度。为了发动对外战争,希特勒制定了德国经济自给的方针。在其获得独立统治地位后,原本反对这一方针的国家银行行长兼经济部部长希亚尔马·沙赫特(Hjalmar Schacht)及大企业主都被迫服从他。国防军和外交部也完全被他控制,变成了实现其外交和种族政治目标的工具。

5. 元首国家

对纳粹主义的意识形态和组织来说,元首原则与种族理论和国家社会主义

---

① Wehler, *Deutsche Gesellschaftsgeschichte*, Bd. 4, S. 652; Winkler, *Der lange Weg nach Westen. Deutsche Geschichte II: Vom ‚Dritten Reich' bis zur Wiedervereinigung*, S. 37.

一样具有构造性的和整合性的意义。元首原则既包括军队威权的要素,也包括虚假民主和虚假平等的要素。也就是说,一方面,元首希特勒及其追随者可以在社会政治决策过程中运用军队的领导和决策模式;另一方面,元首及其作为新精英群体的党羽,不必经过以财产和受教育程度为基础的选拔过程而占据其职位和地位,而是通过实干精神、英雄主义和实现自身意志的能力来占有"强者的权力"。① 同时,元首代表着纳粹意识形态,是其传播者和解释者。他将这一意识形态中互相矛盾的要素整合在一起,也在政治和组织实践中应用这一意识形态。这使得元首希特勒在纳粹党内的地位得以稳固。希特勒在意识形态和党纲制定方面取得绝对领导权后,纳粹党内不再允许有意识形态之争。

由上述可见,元首原则是与自由主义、议会制和民主制相对立的最极端的意识形态。元首与意识形态的同一化直接决定了纳粹党的组织发展。早在1923年,希特勒就要求纳粹党实践他的意识形态思想,但不久后他因政变失败而被捕。1925年被释放后,希特勒的主张被确立为纳粹党组织的领导原则。这一目标的实现在很大程度上得益于希特勒的演讲艺术和煽动能力。这种艺术和能力使普通民众拥护他、支持他,从而使他在党内的地位得以合法化。同时,希特勒善于使用最先进的现代技术扩大其在民众中的影响。广播和电影宣传了他的政治主张,塑造了他的形象,飞机则将他快速地送到全国各地,使民众觉得他是前所未有的无处不在的亲民元首。而在纳粹党成为大众党派后,元首无所不能的神话则更加令人深信不疑了。②

实际上,元首希特勒与其追随者的关系主要建立在克里斯马之上。这种从属关系既不是以希特勒的专业水平,也不是以其出身和地位为基础的,而是建基于他的一些个人的、非日常的行事风格和特征之上。这种风格和特征的本质是非理性:希特勒善于观察和判断大众的心态,能够有计划地、熟练地煽动大众的情绪,使其陷入近乎狂热的状态而完全认同元首及其所代表的思想。因此,这种认同是对希特勒个人的认同,而不是对纳粹党主席这一职位的认同。这样,纳粹

---

① Loiperdinger, „Nationalsozialistische Gelöbnisrituale im Parteitagsfilm ‚Triumph des Willens' ", S. 138.
② Wehler, *Deutsche Gesellschaftsgeschichte*, Bd. 4, S. 623f.

党的领导结构和统治结构也就相应地排斥现代国家管理机构和组织的理性原则。作为纳粹党的地方领导的大区领袖就是这种结构的主要承担者。其权力来自对希特勒个人的忠诚及其自身的、作为帮派头目的魄力和扩张能力,而不是来自履行职务照章办事的能力和成就。此外,第三帝国的各级党政机构被严重压缩,其领导直接对希特勒负责。这样,纳粹党实际上并不是一个统一的、按章法办事的大组织,而是一个由许多以个人为取向的、地区性的和特殊的权力群体和小集团构成的网络。

这样,希特勒纳粹党的统治体系是由非国家的统治机构和组织构成的,但它们之间从未出现权力平衡的状态,而是处于持续的权能冲突中。学界比较一致的观点是,其统治体系处于持续的变化和激进化状态中——也就是说,不停地折腾是希特勒纳粹党的一种权力政治策略。通过这种策略,其统治体系获得源源不断的动力。借助这种动力,纳粹党得以有步骤地实现其激进的政治纲领。纳粹党的各种特殊组织及其头目一直处于维护自身权力的状态中,这种自保意识使其持续互相竞争,持续追求获取更多的权力,持续使用更激进的手段。希特勒则利用这种体系内的权斗提升他的威望,运用极端的元首权力工具来实现自己激进的政治纲领和世界观。①

希特勒政治能力之一在于将纳粹党内部的权力斗争和冲突对外界进行掩盖,给外界造成一种纳粹党内团结和谐的错觉。希特勒主要使用三种手段做到了这一点:一是通过有效的宣传,二是通过使用符号和仪式来淡化政治色彩,三是通过他本人的克里斯马。希特勒的克里斯马主要是通过在群众集会(比如纽伦堡纳粹党代会)上举行宗教式的仪式、每年按固定的礼仪举办的纳粹节日(如劳动节)以及他在内政外交方面取得的成就得以维持和更新的。② 希特勒的权威一直到1943年都是无可置疑的。当时,德国民众中流行一句在困难情景中脱口而出的口头禅:"假如元首知情就好了。"这表明,民众已经相信希特勒无所不能,相信"元首神话"。由此可见,民众对纳粹体制的认同很普遍,当时在德国出

---

① Thamer, „Das ‚Dritte Reich'", S. 218.
② Loiperdinger, „Nationalsozialistische Gelöbnisrituale im Parteitagsfilm ‚Triumph des Willens'", S. 139.

现的少数批判声音已经无济于事。这种群众基础并不说明纳粹制度的优越性，而更多地源自民众对安全和美好未来的期待与第三帝国令人绝望的日常生活情境的结合。希特勒维护其克里斯马的策略则是与民众的日常生活困难和问题保持距离，以避免因不能有效解决这些问题而丧失威信。而其所享有的威信则构成了他严酷对付纳粹党内外、政体内外的政治对手的基础。此外，希特勒为自己树立的带有宗教色彩的形象也支撑着其克里斯马。希特勒的领导风格类似于不受拘束的文艺团体生活方式。在他建立的诸多党内和国家机构的组织中，任命的众多干部和官员之间都充满了权力斗争，但他本人并不轻易介入这些斗争。只有在他感觉某个部门或组织对他的权力和政治纲领构成危险时，他才利用相关的对抗势力将其清除。"罗姆政变"事件就是一例。如此一来，希特勒便显得既无派性，又顾全大局、胸怀宽阔，完全代表纳粹党和德国民众的利益。[1]

希特勒的元首国家也被称为"二重国家"。一方面，它是一个"规范国家"（Normenstaat），因为它拥有处理和执行各种公共事务的行政管理机构；另一方面，它又是一个"措施国家"（Massnahmenstaat），因为它总是在执行纳粹党不断出台的各种政策措施。两个方面既并行存在，又对立存在，并且后者总是在弱化既存的国家结构。在形式上，希特勒的措施国家由数量众多的掌权者和统治方法来支撑。因此，这一国家并不像一个封闭的专制统治体系，而更多是一个包含持续的权能冲突的统治实体。这个国家往往被描写为一种置于元首意志下的"众治"（Polykratie）。[2]

希特勒手下的众多掌权者主要是在他夺取和巩固政权的过程中立下了汗马功劳因而支撑着其政体的精英。希特勒的权力基础为纳粹党与保守精英的结盟。与其结盟的保守精英来自国防军、官僚机构、大地主阶级、大企业和保守党。这种结盟可以说是一种有保留的互相利用。国防军的目标是确保和拓展其暴力垄断；大企业希望通过建立强政府而恢复第二帝国轻工人福利的社会政策，完全消灭工人运动；官僚机构想获得能够抵抗议会制和多党制的势力，重新占有其传

---

[1] Thamer, „Das ‚Dritte Reich'", S. 219.
[2] Winkler, *Der lange Weg nach Westen. Deutsche Geschichte II: Vom ‚Dritten Reich' bis zur Wiedervereinigung*, S. 33.

统的社会地位和政治影响力。如前文所述,纳粹党寻求的是迫害和消灭政治左派以及废除自由民主制度,同时清除保守派的联合会和权力地位。在此过程中,纳粹党通过"众治"体制的建立不断改变权力和支配关系,逐步取得了相对于保守权力集团和社会精英的优势地位。

四、为发动战争凝聚全民力量:族民共同体的建构

在1933年11月的一次讲话中,戈培尔明确提出了纳粹党要建立的德国的性质:"我们所进行的革命的意义,在于使德意志民族族民化(Volkwerdung der deutschen Nation)。"[1]戈培尔以及其他纳粹精英认为,德意志民族曾经是世界上分裂得最严重的民族,因为它被许多党派和观念原子化了;它渴望统一已经很久了,而第三帝国则以史无前例的方式完成了这种统一;纳粹党对魏玛共和国的斗争实际上是"族民德国"(Volksdeutschland)对"党派德国"(Parteiendeutschland)的斗争;第三帝国是一个族民共同体,它的建立意味着西方社会模式,即原子化的社会在德国的终结。在纳粹党所宣传的理想中,"共同体是与社会的分裂、与阶级斗争、与工会权力、与利益联合会(Interessenverbände)及其阻碍发展的利益分配斗争相对抗的。共同体尤其是与自由主义和个体主义相对抗的,因为这些价值观被视为不仁义(unsozial)和不符合德意志精神的(undeutsch)"[2]。对当时的很多德国人来说,族民共同体体现了纳粹主义的多种积极意义,是他们的希望之乡,也包含了很多暗示。但是,实际上族民共同体是纳粹党建构的一个虚幻的政治神话,它没有明确的定义,而是只包含一些朦胧的、民俗的理想和一些富于想象的、饱含情感的词语。

然而,对纳粹的意识形态来说,族民共同体却是德国的一种新的社会秩序结

---

[1] Peter Reichel, *Der schöne Schein des Dritten Reiches. Faszination und Gewalt des Faschismus*, München, Wien: Hanser, 1991, S. 89.
[2] Hans-Ulrich Thamer, *Verführung und Gewalt. Deutschland 1933-1945*, Berlin: Siedler, 1994, S. 116f.

构。族民共同体的成员被称为"族胞"(Volksgenosse),是纳粹革命的模范形象。通过消除族胞的传统而分散的对人物和组织的忠诚(如小农对地方农民联合会的忠诚,工人对工会的忠诚,手工匠对师傅和行会的忠诚,等等)并使其一体化,族胞被用来取代资产阶级的自由个体。这样,通过排除社会的和政治的多元主义及个体自由,族民共同体就终结了地域冲突和传统的等级障碍。但这并不意味其成员间存在平等关系;相反,族民共同体内部存在着森严的等级关系,所有成员都要服从元首,所有建构也都必须从属于这一秩序。早在1933年3月,希特勒就强调法律要为族民共同体的存续服务,而不是为个体服务;法律的保护对象是作为集体的族民(Volk),而非个体。

通过建构族民共同体,纳粹党并非想建立一个和谐、团结的社会,而是要将族民置入一个"命运共同体"中,让族民为纳粹运动的远大目标服务。个体必须完全服从纳粹党的专政。作为现代西方文明要素之一的"资产阶级自由"不再受法律保护。不服从"新秩序"的人以及那些被纳粹党认定为不属于族民共同体的人——犹太人、共产主义者、具有批判意识的知识分子、罪犯等——将被视为"部族害虫"而消灭。①

可以说,纳粹的族民共同体政策在很大程度上是"人的国家化"策略,其中具有代表意义的是纳粹党的人口政策。当时,满足了生育义务的女性会得到"母亲十字勋章";而从1938年起,婚后五年未生育的夫妻则须因为"婚姻惰性"多纳税。

在组织上,纳粹政府通过希特勒青年团、纳粹党及其附属组织来教育民众,塑造"新人",同时通过一些宣传手段迷惑大众,企图达到对"国家的族民共同体的一体化"。比如纳粹政府规定学校和行政机构必须行问候希特勒之礼,官员之间必须以"族胞"相称。通过规定节假日,纳粹政府将德国的年历也"一体化"了。这些节日包括纳粹的重大纪念日,如"夺取政权日"和"纳粹运动先驱纪念日"

---

① Winfried Stadtmüller, „Gesellschaft und Wirtschaft zwischen den Weltkriegen", in: *Deutsche Geschichte. Republik und Diktatur 1918-1945*, Bd. 11, S. 163.

等。① 同时,纳粹当局下令组织某些企业团体游行和集会仪式,用以凝聚工人,也借此影响那些尚未追随纳粹党的民众。"大锅饭礼拜日"和其他一些聚集民众的措施也培养和强化了民众的共同体意识,而身着冲锋队和党卫军制服的组织者则在唤起族胞的伦理意识。1935年出台的《义务劳动法》则在驯化青年方面发挥了重要作用。根据这一法令,凡年满18岁的男女青年都必须在劳动营无偿进行半年义务劳动。这类劳动主要用于完成一些公益项目,如沼泽改田、建防洪设施、耕地改造等;纳粹当局明确提出,要通过这些劳动对青年进行世界观教育和预备兵军事训练。

纳粹党统治德国社会的政治策略基于两种以往的经验:其一,德意志民族在伦理意义上的统一,这曾使德国在1914年8月的开战具有了广泛的民众支持和超越阶级的民众基础;其二,1918年的十一月革命,这一历史经验使纳粹党认识到,通过扩军可以同时获得民众(尤其是工人阶级)的忠诚和对民众的控制。这两种经验都被巧妙地应用到族民共同体的建设中,尤其运用到凝聚工人这一最大的职业群体为纳粹事业服务的过程中。②

工人是第三帝国时期德国最大的职业群体,工会和其他联合会是工人的传统组织和忠诚对象。然而,如上文所述,在夺取政权的过程中,纳粹党摧毁了这些组织。纳粹党控制社会的总方针是建构德意志族民共同体,用以取代魏玛共和国的自由民主社会方案和社会冲突调控机制。为实现这一目标,纳粹政府需要建立新的工人组织和一些威权式的调控劳动和工资关系的方案。"德意志劳动阵线""劳动信托管理人"和《国家劳动秩序法》即属于这类组织和法规。

"德意志劳动阵线"成立于1933年5月10日,是遵循强制入会和等级原则、按照职业群体和行业分类而架构的。在其成立初期,主要接纳了被纳粹政府一体化的工会和行业联合会的成员,工会成员即劳工属于第一纵队,雇员属于第二纵队。后来又有自主经营的中产群体和企业主被纳入,分别构成第三和第四纵

---

① Loiperdinger, „Nationalsozialistische Gelöbnisrituale im Parteitagsfilm. ‚Triumph des Willens'", S. 139.

② Schwaabe, *Die deutsche Modernitätskrise. Politische Kultur und Mentalität von der Reichsgründung bis zur Wiedervereinigung*, S. 326f.

队,该组织的成员很快超过两千万人。到1939年,它共有三千万成员,囊括了90%的在职人员。

通过颁发一些荣誉名衔如"光荣服务""劳动贵族"等,纳粹将工人和企业主有效地凝聚在一起,让两者均为自己的目的服务。元首原则被引入了劳动阵线:1934年1月出台的《国家劳动秩序法》规定,企业主是企业领导,工人和雇员是其下属,必须忠诚于企业主。这样,劳动阵线实际上在为"德国国防共同体"的建构创造条件。

劳动阵线并没有像工会那样,在工资福利政策的协商和其他企业事务的安排方面发挥作用,而是首先发挥纳粹党对工人在一体化、社会教育方面的宣传作用。通过一些具体的社会政策改革,该组织明显改善了工人的劳动条件。这些措施包括新建或修缮工厂食堂、体育场馆、盥洗间,重新粉刷车间,设立厂内医务室等。同时,该组织还通过全国竞赛选出"纳粹模范企业",用以引导企业发展方向。而通过员工培训、举办工闲活动和企业节日,该组织不仅向工人灌输其世界观和意识形态,而且培养和强化了他们的共同体归属感。

对工人极具凝聚力的是"德意志劳动阵线"的下属组织"力量来自欢乐"（Kraft durch Freude）。[①] 该组织的主要任务是组织一些面向普通劳动者的休闲和旅游活动,主要是文化和游乐活动,还给工人提供低价购买大众私家车（仅1000帝国马克一辆）的机会。到1939年,已经有一千多万人参加过长时间度假,五千多万人参加过短途多日游。这对德国来说是史无前例的。通过举办这些活动,该组织一是提高了民众的归属感,实践了族民共同体的意识形态;二是在不提高工资水平的前提下改善了民众的福利;三是控制了工人的休闲时间,给工人运动以釜底抽薪的打击。因为后者运用的策略之一,就是通过广泛的文化活动建立网络将工人整合起来。可见"德意志劳动阵线"是一个多功能组织,它同时是"伦理警察、民政局、产业监管局、大众学校、旅行社、建筑商"[②]。通过将族民共同体打造为绩效共同体,该组织在工人中培养了一种社会平等的感觉,有

[①] Winfried Stadtmüller, „Gesellschaft und Wirtschaft zwischen den Weltkriegen", S. 165.
[②] Wehler, *Deutsche Gesellschaftsgeschichte*, Bd. 4, S. 629.

效强化了纳粹政体对工人的控制。①

另一个隐藏在劳动阵线组织背后的谋划则是军备。纳粹政体名义上为工人度假而建的度假村,实际上是预备野战医院,其制造的游船实际上是用来运送作战部队的工具,而来自工人攒钱购买家用大众汽车的 2.8 亿多马克收入,则被用来为德国军队制造坦克。

事实上,从根本上改善劳动者的生存状况并非纳粹的奋斗目标。在纳粹政权统治的鼎盛时期的 1939 年,德国工人的平均实际小时工资也只比经济危机最严重的 1932 年高出 7%。在军工企业,工人的收入虽然更多一些,但也需要工作更长时间。企业发放给工人的一些特殊补贴,实际上被物价上涨和快速增加的税赋所抵消。在企业内部,工人与企业领导之间也无平等可言。在政府的秘密报告中,就时有关于工人认为不存在"真正的企业共同体"的记载。②

值得强调的是,纳粹德国是一个"朋友的福利国家",也就是说,只有被认定为"朋友",即族民共同体的合格成员的人,才能享受这些福利。而"敌人"则被排斥在这个共同体之外,不可能享受。按照纳粹的逻辑,敌人既包括所有敌对国家的人,也包括国内的共产主义者、社会民主主义者、工会成员、犹太人以及其他"低级人种"。③ 另一方面,对敌人的排斥和消灭也给纳粹党解决就业问题和改善社会福利提供了资源。国内的敌人被迫害、被解除公职,甚至被驱逐出境,直接给健康的纯种德国人腾出了很多工作岗位;没收犹太人的财产,战争期间在被占领地区抢劫当地居民的财物,驱离当地居民,向被占领地区迁徙德国人,强迫俘虏和占领区被抓捕的青壮年为德国企业劳动,则为减少族民共同体内部的福

---

① 实际上,第二次世界大战结束多年后,德国还有不少人怀念希特勒时期的经济成就和社会福利。1988 年 11 月 10 日,德国联邦议会举行会议,警醒人们不要忘记发生于 50 年前的纳粹迫害犹太人的帝国水晶之夜。议会主席菲利普·延宁格(Philipp Jenninger)在讲话中试图解释,为什么经历过那个时代的一些德国人对第三帝国一直有着积极的记忆,尽管他们在第二次世界大战中有过灾难性的经历。他的解释是,当时的大部分民众认为第三帝国是一个成功的福利国家,不仅成功地克服了世界经济危机对德国的冲击,解决了大众失业问题,而且在战争期间也保障了民生和福利。这次讲话受到了德国政界和媒体的强烈批判,致使延宁格下台。在德国,至今普遍被接受的观点是,第三帝国社会福利的资源来源和投向、其所发动的战争给德国带来的后果,都必须批判性地看待。参见:Jürgen Boeckh u. a., *Sozialpolitik in Deutschland. Eine Systematische Einführung*, Wiesbaden: VS Verlag für Sozialwissenschaften, 2004, S. 80f.
② Stadtmüller, „Gesellschaft und Wirtschaft zwischen den Weltkriegen", S. 166.
③ Boeckh u. a., *Sozialpolitik in Deutschland. Eine systematische Einführung*, S. 80f.

利支出、缓解国内就业压力而提供了资源。①

五、结　　语

  在破坏魏玛共和国的政治制度的同时,希特勒及其纳粹党成功地建立了第三帝国这一元首独裁国家,只用了六年时间就为发动第二次世界大战做好了准备,并按计划发动了这场战争。魏玛共和国实行的是议会民主制,其要素是按宪法实行普选,产生议会和政府,多党平等竞争,地方自治(联邦制),政府受议会监督,公民基本权利受法律保护。这一制度的确立有一定的国内政治文化基础,却是战胜国作为停战条件提出的要求的直接产物。尽管存在代表不同阶层利益的和具有不同意识形态的政党,且民众也具有不同的政治文化观念,但是作为一个"迟到的民族国家",德国当时并不具备支持议会民主制的坚实的民众基础。战后的一系列国际国内危机——十一月革命、多地起义斗争、《凡尔赛和约》、大众失业、通货膨胀等——使德国处于十分艰难的境地,而希特勒及其纳粹党有效地利用了这种危机,其包含反马克思主义、反自由主义、反民主、反犹主义等意识形态和包括建设强大纯种日耳曼民族国家的政治纲领的国家社会主义得到了危机处境中的大部分民众的支持。在希特勒个人的克里斯马基础上,纳粹通过暴力和宣传手段逐步掌握了德国的中央和地方政权,清除了所有其他党派,肃清了党内环境,建立了具有同质的政治文化的族民共同体,使德国的国家机器和组织架构能够在希特勒的领导下,有效地为实现纳粹的政治目标和扩军备战服务,也使民众能够投身到纳粹党的事业中。如此一来,希特勒及其纳粹党顺利完成了战争准备,走向了一场人类历史上至今规模最大的战争。

作者简介:秦明瑞,德国图宾根大学社会学博士,北京大学社会学系教授,德国研究中心研究员。

---

① Boeckh u. a., *Sozialpolitik in Deutschland. Eine systematische Einführung*, S. 82f.

纳粹德国的抵抗运动

李 维

内容提要：长期以来，西方学者在聚焦、放大德国市民—军人集团的抵抗活动的同时，忽视、淡化了德国共产党领导的抵抗运动。针对这种状况，本文分三个历史阶段，研究比较了市民—军人抵抗集团与德国共产党的政治立场、组织规模、斗争特点等方面，认为市民—军人抵抗运动和德国共产党同是德国抵抗运动的重要组成部分，都为推翻纳粹独裁统治、加速反法西斯战争的胜利做出了贡献。

关键词：纳粹德国 市民—军人抵抗运动 德国共产党

一、第一阶段的抵抗运动

抵抗运动的第一阶段是从1933年初的纳粹上台到1938年夏的苏台德危机。这一时期希特勒废除了魏玛民主制，逐步建立起恐怖独裁统治。市民—军人的抵抗活动尚处萌芽阶段，仅仅对纳粹政权发出了微弱的不满声音。此时，德国共产党人开展了最具组织规模的抵抗斗争，也因此遭受了最为惨重的牺牲和损失。

这一时期市民—军人的抵抗活动具有以下几个特点：第一，缺乏坚定的政治立场。抵抗成员尚未树立起彻底推翻纳粹政权的信念，对纳粹还抱有合作的幻想。如这一派的一位代表人物、国防军总参谋长路德维希·贝克上将,他不满且质疑纳粹进攻的具体时间和手段,但并没有对纳粹的反动侵略本质做出深刻的反思。① 第二,缺乏严密的组织结构。抵抗成员间的组织、联络方式涣散,基本上是一种沙龙聚会的形式。资产阶级抵抗精英们参加"星期三协会"②,普遍认为希特勒的军事冒险政策会给德国带来巨大的灾难,会让德国重蹈第一次世界大战战败的历史覆辙。③ 第三,缺乏社会影响力。市民—军人的抵抗活动既没有像德国共产党那样享有广泛的群众基础,拥有巨大的社会影响,也还没有做出惊天地的个人英雄主义壮举,他们的反抗仍处在酝酿、发酵的阶段。

纳粹上台以后,为了反对希特勒的个人独裁统治,德国共产党领导了最坚决、最宏大、最积极的抵抗运动。1933年1月30日,德国共产党获悉希特勒即将上台的消息后,当即斩钉截铁地表达了反对态度,指出希特勒内阁是"对德国工人阶级最残酷、最赤裸裸的宣战",并号召全国各条战线、各个组织的工人群众"立刻开始全国总罢工,反抗法西斯独裁"④。希特勒上台后,迅速建立了恐怖独裁统治。在这种极端恶劣的政治环境中,德国共产党领导了最具组织规模的抵抗运动。至1934年,柏林地区的德国共产党仍保持着庞大的地下组织网络。它拥有一个领导机构⑤,下辖29个区县、363个街道、69家企业的基层党组织。不仅如此,德国共产党还领导着该地区的共青团组织,以及拥有4500名会员的各类工人体育运动协会。⑥ 以柏林为中心,德国各地的共产党人开展了最为积极、主动的抵抗活动:他们有的抛撒传单,揭露纳粹的黑暗统治;有的毁坏机器,破坏纳粹的军备生产;有的向苏联提供秘密情报等。与其他抵抗集团相比,德国共产

---

① „Stellungnahme des Generalstabschefs Beck zu Hitlers Ausführungen am 5. November 1937", in: *Deutscher Widerstand 1938-1944*, hrsg. v. Bodo. Scheurig, München: dtv, 1969, S. 29-31.
② 自从19世纪中叶以来,柏林的一些著名科学家和社会名流在每个月的第二个周三聚会,一起谈论科学,史称"星期三协会"(Mittwochs-Gesellschaft)。参见 Wolfgang Benz, *Geschichte des dritten Reiches*, München: dtv, 2000, S. 233.
③ Ebd.
④ Institut für Marxismus-Leninismus beim Zentralkomitee der SED (Hrsg.), *Geschichte der deutschen Arbeiterbewegung*, Band 5, Berlin: Dietz Verlag, 1966, S. 441.
⑤ Klaus Mammach, *Die deutsche antifaschistische Widerstandsbewegung 1933-1939*, Berlin: Dietz Verlag, 1974, S. 64.
⑥ 柏林地区的党组织拥有一个8人领导机关,下辖一个3人秘书处,其中由罗伯特·施塔姆负责政治领导,理夏德·格拉德维茨负责组织,安东·阿克曼负责宣传工作。出处同上。

党表现得最活跃、最突出。根据盖世太保1937年的秘密统计材料,这一年纳粹当局共起获"非法"政治煽动宣传品927430份,其中70%是德国共产党印制、散发的宣传材料。①

纳粹视德国共产党的抵抗为眼中钉、肉中刺,采取了残酷镇压、无情打击的措施,妄图根除德国共产党,德国共产党因此蒙受了最为巨大、惨重的损失。希特勒上台后,先拿德国共产党人开刀,拉开了打击异己的序幕。1933年2月27日夜,柏林帝国议会大厦燃起熊熊大火,希特勒视之为共产党人武装暴动的信号,迅即下令镇压德国共产党。3月3日,德国共产党主席台尔曼被捕。3月14日,德国共产党遭取缔。随后,纳粹于5月2日废除了左翼的自由工会,于6月22日宣布社会民主党非法,并于7月中建立了一党制国家。②虽然社民党人也与纳粹进行了勇敢的斗争,但他们的组织关系松散,日常活动隐蔽,斗争方式温和,所以损失要小得多。以1938年的情况为例,9月份,纳粹当局共抓捕了611名反纳粹人士,其中德国共产党人占53%,社会民主党人占7%。10月份,纳粹抓获了1630名反纳粹人士,其中德国共产党人占41%,社会民主党人占5%。③由此可见,德国共产党党员的被捕人数要明显多于社会民主党人及其他背景的抵抗人士。在整个纳粹统治期间,大约有15万德国共产党人被捕,约占1932年德国共产党党员总数的一半④,约2万名的德国共产党党员被杀害,占所有被纳粹杀害的持不同政见的德国人的半数以上。⑤

二、第二阶段的抵抗运动

抵抗运动的第二阶段是从1938年夏纳粹准备吞并捷克苏台德地区,到

---

① Reinhard Kühl, *Der deutsche Faschismus in Quellen und Dokumenten*, Köln: Pahl-Rugenstein, 2000, S. 437.
② 丁建弘:《德国通史》,上海社会科学院出版社,2002年,第340页。
③ Mammach, *Die deutsche antifaschistische Widerstandsbewegung 1933-1939*, S. 237.
④ 参见 Chr. Kleßmann, „Widerstand gegen den Nationalsozialismus in Deutschland", in: *Europäischer Widerstand im Vergleich*, hrsg. v. Ger van Roon, Berlin: Siedler Verlag, 1985, S. 65.
⑤ 卡尔·迪特利希·埃尔德曼:《德意志史》(第四卷下册),华明等译,商务印书馆,1986年,第88页。

1943年初纳粹在斯大林格勒战败。这一时期是抵抗运动的过渡期,抵抗运动进入了与纳粹政权长期相持的阶段,表面上看似平波澜不惊,实际上在暗中积聚能量,等待推翻纳粹政权的最佳时机。

1938年夏,希特勒准备吞并捷克的苏台德地区,战争的危险骤然加大。正是从这个时间点开始,为了阻止战争的爆发和不断扩大,军人抵抗集团开始了一系列的秘密活动,但由于各种复杂原因,最终都无功而返、无疾而终了。他们的活动大致可以分为以下几类:一、准备发动政变。随着苏台德危机的持续升级和战争危险的日益临近,新任总参谋长哈德尔将军准备,一旦希特勒下令发动侵略战争,他将立即逮捕希特勒,并判其犯有战争罪行。哈德尔还准备让柏林卫戍区司令埃尔温·冯·维茨莱本占领柏林,彻底推翻纳粹政权。但这次行动最后因为英、法出卖捷克的利益,最终与纳粹签订了《慕尼黑协定》而宣告流产。[①]二、尝试与西方盟国秘密和谈。1939年9月,纳粹入侵波兰,第二次世界大战爆发。为了阻止战争的进一步扩大和蔓延,德国陆军司令部及其军事反间谍局的抵抗成员与英国外交部进行了秘密接触,提出了推翻希特勒、实现欧洲和平的谈判建议。后由于纳粹情报部门察觉此事,这次接触只好不了了之,草草收场。[②]三、向盟国提供军事情报。军事反间谍局的汉斯·奥斯特上校暗中联络荷兰驻柏林武官萨斯,告之纳粹即将入侵荷兰、挪威、丹麦等国。[③] 最后,由于希特勒一再推迟进攻计划,使得这种警告变得虚假不实、徒劳无益了。

1941年夏,纳粹入侵苏联后,德军中的抵抗运动获得了新的动力和发展,但仍未摆脱小团体密谋的模式。在苏联,德军遇到了红军英勇顽强的抵抗,纳粹的"闪电战"宣告破产。国防军中的有识之士看到,纳粹军事胜利的巅峰已过,抵抗运动的时机日臻成熟,是该有所行动的时候了。[④] 另外,随着侵苏战争的爆发,纳粹开始有计划、有步骤地大规模屠杀欧洲犹太人,这种惨绝人寰的暴行引起军

---

① Walther Hofer (Hrsg.), *Der Nationalsozialismus Dokumente 1933-1945*, Frankfurt a. M: Fischer Taschenbuch Verlag, 1999, S. 318.
② Ebd., S. 319.
③ Hermann Graml, „Hans Oster", in: *Widerstand im Dritten Reich—Probleme, Ereignisse, Gestalten*, hrsg. v. Ders., Frankdurt a. M.: Fischer Taschenbuch Verlag, 1994, S. 228.
④ Hermann Graml, „Widerstand", in: *Enzyklopädie des Nationalsozialismus*, hrsg. v. Ders., Wolfgang Benz, Hermann Weiß, München: dtv, 2001, S. 317.

中有良知、有正义感的军官们的震惊和愤怒，他们终于认清了纳粹极端种族主义的邪恶本质和丑恶嘴脸，决心推翻希特勒的统治，结束纳粹种族灭绝的滔天罪行。① 德军中围绕着预备役司令部的奥尔布里希特将军、驻法国占领区参谋卡尔-海因里希·冯·施蒂尔普纳格尔和东线中央集团军行动处处长亨尼希·冯·特雷斯科，又形成了三个新的抵抗团体，这三个小团体相互联系，经常讨论应该在何时、通过何种方式推翻希特勒政权。②

军人抵抗集团不仅酝酿了颠覆纳粹政权的短期行动计划，还积极联络市民抵抗集团，共同制定了未来德国社会的长期发展纲要——《目标》。该文件主要涉及外交、内政、宪法三个方面，集中体现了反民主的、民族保守主义的政治主张。在外交方面，《目标》宣扬非极端种族主义的、温和的帝国主义思想，认为应该兼并毗邻的德意志人地区，成立统一的大德意志帝国，实现中欧德意志民族的大团圆。③ 在对苏问题上，文件反对侵略苏联，认为这样做只会激起强烈的民族主义和激烈的反抗，主张采用循序渐进的办法，慢慢地、不知不觉地把俄罗斯纳入"欧洲"体系，以便更好地利用当地的资源为德国服务。④ 在内政方面，《目标》提倡人的精神和思想的自由，反对党政不分，反对党权的无限扩张，主张废除党对经济、文化和社会生活的影响、控制和干扰，主张把党卫队纳入国防军系统，并置于国防军的统一领导之下，等等。⑤ 在宪法方面，《目标》表示要尊重德国第一次世界大战前的帝制文化传统，要求设立集权的"帝国元首"，这种政体强调了最高行政长官的地位和权威，淡化了议会的地位与作用，与西方三权分立的自由民主体制有着本质的不同。

在市民—军人抵抗运动悄然发展的同时⑥，德国各地共产党人组成了众多的抵抗小组，坚持斗争。其中影响较大、较著名的有：柏林的罗伯特·乌利希领

---

① Graml, „Widerstand", S. 317.
② Ebd., S. 316.
③ „Denkschrift von Beck und Goedeler ,Das Ziel' von Anfang 1941", in: Kühl, *Der deutsche Faschismus in Quellen und Dokumenten*, S. 454.
④ Ebd., S. 455.
⑤ Ebd., S. 459.
⑥ 在市民抵抗小组中，还活跃着年轻学生的身影。其中以慕尼黑大学医学院学生汉斯·朔尔建立的"白玫瑰"小组最具代表性、最为著名。

导的抵抗小组,鲁尔区的乔治·莱希莱特领导的抵抗小组,莱比锡的格奥尔格·舒曼领导的抵抗小组,汉堡的弗兰茨·雅各布领导的抵抗小组,图林根州的奥多尔·诺依鲍尔和马格努斯·波泽领导的抵抗小组等。① 这些抵抗小组开展了形式多样的抵抗活动。例如,柏林的罗伯特·乌利希小组在德国通用公司、西门子公司等22家大型企业中建立了反法西斯地下支队。又如,柏林的泽夫科-雅各布-贝斯特莱因小组同军队中的反法西斯分子建立了联系,策反德军军官,鼓励他们向苏联投诚。再如,柏林的赫伯特·鲍姆工人小组对纳粹进行了火攻的行动。1942年5月,纳粹在柏林的皇家花园举办了题为"苏联天堂"的反苏宣传展览,该小组纵火焚烧了展览场地,虽然没有达到烧毁、烧光的预期目标,但彰显了德国共产党抵抗运动的长期存在,有力地打击了纳粹的反动嚣张气焰。②

与此同时,远在莫斯科的德共中央委员会千方百计地与国内的抵抗小组取得、恢复了联系。德共中央主要通过以下几种途径来领导、推动国内的抵抗斗争:一、空投党员干部。德共中央派遣布鲁诺·屈恩、弗朗茨·齐拉斯克等有丰富斗争经验的党员干部,在苏德边境跳伞,然后辗转奔赴柏林、汉堡、鲁尔区、上西里西亚、莱茵兰等德国腹地,联络、领导当地的德共小组开展抵抗斗争。③ 二、设立广播电台。在苏联政府的大力支持帮助下,德共中央于1941年9月10日设立了德国人民广播电台,向国内播送、传达党的基本路线和重要指示,为德共抵抗小组提供理论指南和政策指引。④ 三、恢复出版党报。1941年初,在德共中央特派员的指导下,党的机关报《红旗》得以在柏林恢复出版。报纸报道前线战况,宣传苏联社会主义建设的伟大成就,反映共产国际的发展动态等。该报成为德共的重要宣传喉舌,为德共中央领导国内斗争奠定了坚实的思想政治基础。⑤ 四、实行统一领导。在德共中央特派员夏洛特·比朔夫、阿尔弗雷德·科瓦克、威廉·克内歇尔等人的努力下,初步建立、恢复了柏林及鲁尔地区的党的

---

① 这些抵抗小组大多在1942—1944年间被盖世太保破获,成员遭纳粹杀害。参见Kleßmann, „Widerstand gegen den Nationalsozialismus in Deutschland", S. 65。
② Benz, *Geschichte des dritten Reiches*, S. 240.
③ Institut für Marxismus-Leninismus beim Zentralkomitee der SED (Hrsg.), *Geschichte der deutschen Arbeiterbewegung*, Band 5, S. 303.
④ Ebd., S. 304.
⑤ Ebd., S. 283.

统一领导体系。各地共产党不仅召开地区性的共产党抵抗小组会议,还积极联络外省的共产党人及其他党派的抵抗小组,共同开展反法西斯抵抗运动。①

三、第三阶段的抵抗运动

抵抗运动的第三阶段是从德军在斯大林格勒战败,一直到纳粹帝国的彻底灭亡。军人抵抗集团制造了震惊世界的"7·20"事件,市民抵抗集团起草、总结了具有西方民主主义思想的、后希特勒时代的德国社会发展纲要,但资产阶级市民—军人的抵抗运动最终无法逃脱失败的历史命运。这一时期德国共产党的工作重点是统战和策反,在流亡莫斯科的德共中央的倡议、领导下,成立了包括德国各派抵抗力量的"自由德国全国委员会",首次建立了由共产党人领导的、全国性的反法西斯统一战线组织。德国共产党为加速实现反法西斯战争的胜利和战后德国的民主重建做出了历史的贡献。

这一时期军队的抵抗运动空前地活跃起来。斯大林格勒战役后,纳粹的战局每况愈下,德国军队在希特勒"不投降""不撤退"的命令下,每时每刻都遭受着重大的伤亡。军中的有识之士不再忍受希特勒的驱使,不再心甘情愿地充当炮灰,白白地丢掉性命。他们积极地行动起来,组织实施了针对希特勒本人的一系列暗杀行动。1943年2月,东线南方集团军的胡贝特·兰茨将军和汉斯·施珀伊德尔将军,打算在希特勒视察南方集团军所属B集团军总部时将其逮捕,但希特勒最终未能成行,这次政变行动也随之流产。1943年3月,希特勒视察了位于斯摩棱斯克的中央集团军总部。在其返回的飞机上,中央集团军参谋长亨尼希·冯·特雷斯科安放了定时炸弹,后由于炸弹失灵,希特勒又逃过一劫。1943年3月21日,希特勒参加在柏林军械库大厅举办的缴获苏军物资展览。中央集团军参谋部谍报科长格斯多夫手持炸弹,准备将其炸死,但由于希特勒来去匆

---

① Institut für Marxismus-Leninismus beim Zentralkomitee der SED (Hrsg.), *Geschichte der deutschen Arbeiterbewegung*, Band 5, S. 303.

匆,格斯多夫一直未找到合适的下手机会。① 1943 年 11 月,希特勒计划参加新式军服展览。陆军上等兵阿克塞尔·冯·德姆·布舍准备乘机炸死希特勒,后因盟军炸毁了运送军服的火车,导致此次活动取消,暗杀行动再次流产。1944年 3 月,中央集团军布施元帅参加希特勒在南德贝希特斯加登召开的军事会议。布施的随从埃伯特·冯·布赖滕布赫准备用手枪击毙希特勒。因这次会议未准下级军官入场,希特勒又躲过一劫。②

这一系列密谋暗杀的前奏曲,终于拉开了震惊世界的"7·20"事件的大幕。1944 年 7 月 20 日,希特勒在东普鲁士的大本营"狼窝"召开军事会议,讨论急转直下的战局。③ 后备役部队司令部参谋施陶芬贝格上校奉命参会。他在会议室的长桌下安装了手提箱炸弹之后离开。中午 12 点 40 分,炸弹轰然炸响,希特勒受到了爆炸的冲击,但他幸运地只受了轻伤。④ 施陶芬贝格回到柏林后,与路德维希·贝克将军、弗里德里希·奥尔布里希将军等一起发动了政变。当卫戍部队知道希特勒尚在后,随即调转枪口,镇压了这次政变。贝克被迫自杀,施陶芬贝格、奥尔布里希特等四人于当晚被处决。⑤ "7·20"事件后,军人抵抗集团被纳粹各个击破,遭到血洗,资产阶级市民—军人的抵抗运动遭受了沉重的打击。

在市民—军人的抵抗运动中,也有一部分人反对使用暴力暗杀的办法来推翻纳粹政权,这就是克莱骚集团。⑥ 1943 年 8 月,经过长时间的酝酿、讨论,克莱骚集团起草了《德国新秩序的基本原则》这一纲领性文件,总结了自己的政治观点。在政体方面,克莱骚集团主张实行西方的议会民主制。他们认为,不应像第一次世界大战前的德意志第二帝国那样,政府向皇帝负责,而是应该向议会负

---

① 伊恩·克肖:《希特勒》(下卷),赖兴、王学政等译,世界知识出版社,2005 年,第 511—512 页。
② Graml, „Widerstand", S. 319.
③ 1944 年 6 月 6 日,西方盟国在诺曼底登陆,开辟了第二战场。纳粹遭到盟国的东西夹击,战场上的局势岌岌可危。
④ 希特勒当时显得有些狼狈不堪:"头发一根根地竖起来了,看上去活像是刺猬,他的黑色裤子变得一条条的,像树叶子缝起来的裙子。"特劳德尔·容格:《帝国的陷落:希特勒女秘书回忆录》,陈琬译,文汇出版社,2005 年,第 95 页。
⑤ 伊恩·克肖:《希特勒》(下卷),第 523—528 页。
⑥ 该集团的领袖人物是赫尔穆特·詹姆斯·冯·毛奇,他是战功卓著的普鲁士军队总参谋长毛奇元帅的曾侄孙。另一位是彼得·约克·冯·瓦腾堡伯爵,他是著名的普鲁士陆军元帅瓦腾堡的嫡孙。集团成员包括自由派人士、社会民主党人、教授、外交官、教士等。这些人常在位于下萨克森州克莱骚的毛奇家的庄园聚会,故而得名克莱骚集团。参见 Benz, *Geschichte des dritten Reiches*, S. 236-238。

责,只要达到了法定多数,议会就有权罢免政府首相。① 在经济方面,克莱骚集团提出了国家调控、监管经济的国家社会主义思想②,认为国家是经济的主人,必须发挥主导作用,必须保证经济的有序竞争。③ 在外交政策方面,克莱骚集团非常超前地提出要彻底消灭滋生《凡尔赛和约》的土壤,即彻底消灭民族主义和完全取消民族国家主权,在此基础上成立欧洲联邦。

这一时期德国共产党的工作重点是统战和策反。在流亡苏联的德共中央委员会的倡导下,1943 年 7 月 12—13 日,在位于莫斯科近郊的克拉斯诺戈尔斯克,成立了"自由德国全国委员会"。这是第一个由德共领导的、全德范围的反法西斯统一战线组织。共产党作家埃里希·魏纳特担任委员会主席,德共中央委员瓦尔特·乌布利希和威廉·皮克是委员会成员。委员会还包括了工人、作家、战士、工会成员、政治家等"具有各种政治思想和世界观"的人士。④

为了团结一切可以团结的力量,打赢反法西斯战争,委员会发布了《自由德国全国委员会告国防军和德国人民的宣言》,提出了"反对希特勒的战争""立刻实现和平""建立一个强大的民主国家"等一系列大快人心的口号。⑤ 委员会拥有自己的机关报《自由德国》,该报主要报道苏联及盟国的反法西斯战争的胜利进程、德国国内及国际要闻等,报纸每周出版一期,通过各种途径散发、送达到前线德军、德军战俘及德国和其他国家读者的手中。委员会还设立了"自由德国"广播电台,一日多次地进行宣传广播。⑥ 在"自由德国全国委员会"的强大思想攻势下,到 1945 年初,共有 4000 多名德军官兵反戈,加入反法西斯阵营中来,其中包括 1 名元帅、51 名将军、40 名上校、约 150 名少校和约 400 名上尉等。⑦

"自由德国全国委员会"的工作不仅限于教育、策反苏联战场和战俘营内的

---

① Hans Mommsen, „Gesellschaftsbild und Verfassungspläne des deutschen Widerstandes", in: *Widerstand im Dritten Reich. Probleme, Ereignisse, Gestalten*, S. 69.

② 国家社会主义(Staatssozialismus)有别于纳粹的民族社会主义(Nationalsozialismus)。

③ „Entwurf des Kreisauer Kreises: Grundsätze für die Neuordnung Deutschlands vom 9. August 1943", in: Kühl, *Der deutsche Faschismus in Quellen und Dokumenten*, S. 466.

④ „Manifest des Nationalkomitees Freies Deutschland an die Wehrmacht und an das deutsche Volk vom 13. Juli 1943", in: Kühl, *Der deutsche Faschismus in Quellen und Dokumenten*, S. 484.

⑤ Ebd., S. 486.

⑥ Institut für Marxismus-Leninismus beim Zentralkomitee der SED (Hrsg.), *Geschichte der deutschen Arbeiterbewegung*, Band 5, S. 359.

⑦ Ebd., S. 361.

德军官兵,事实上,它所掀起的"自由德国"抵抗运动,影响波及德国、欧洲乃至世界其他地区,委员会已经发展成为这一时期德国共产党抵抗运动的政治、组织中心。在德国国内,"自由德国全国委员会"建立起自己的抵抗组织。仅科隆的抵抗小组就有 200 多名成员,他们散发传单,号召工人进行怠工、旷工,抵抗小组还积极联络科隆地区的德军逃兵,发动他们进行武装抵抗。[①]

在法国、英国、希腊、南斯拉夫、瑞典、瑞士等欧洲邻国,也活跃着"自由德国全国委员会"组织的身影。例如,在法国,他们出版了《人民与祖国》《我的祖国》等宣传报纸。组成成员还与法国的抵抗运动并肩战斗,在法国共产党的支持下,在里昂、马赛、图卢兹等城市设立了分支机构。再如,在瑞士,他们团结、发动德国的政治流亡者、逃兵及当地的德裔居民开展抵抗运动,输送反法西斯战士到意大利北部山区参加游击战争。在欧洲以外的地区,甚至远在万里之遥的南美,墨西哥、巴西、智利、古巴、玻利维亚、哥斯达黎加、洪都拉斯、巴拿马、乌拉圭等国的反法西斯组织都宣布加入"自由德国"抵抗运动。[②] 德国共产党领导的统一战线有力地推动了反法西斯战争的胜利进程。

在纳粹败亡之际,德国共产党各级各地组织积极行动起来,全力迎接德国解放的曙光。早在 1944 年 2 月,在莫斯科的德共中央委员会政治局就召开会议,成立了工作委员会,讨论加快反法西斯战争进程以及德国战后重建的重大政治、经济问题。1945 年 2 月,根据快速发展的胜利形势,又成立了以乌布利希为首的委员会,制定了反法西斯斗争及战后民主重建的各项具体指示。[③] 在苏联红军占领柏林之际,德共中央向柏林、德雷斯顿、梅克伦堡等城市、地区派出工作组,着手开始恢复日常生活、恢复共产党组织及活动、重建政府机构等一系列工作。德国各地的地下党组织也积极行动起来,自觉肩负起保卫矿山、自来水厂、桥梁、车站等重要生活生产设施的任务。他们还积极劝降德军的守备部队,促成莱比锡、开姆尼茨、艾斯莱本等大城市的和平解放。集中营里的德国共产党人,联合苏联、西班牙等各国战俘、抵抗战士揭竿而起,制服看守,夺取武器,等待苏

---

① Institut für Marxismus-Leninismus beim Zentralkomitee der SED (Hrsg.), *Geschichte der deutschen Arbeiterbewegung*, Band 5, S. 417.
② Ebd., S. 379.
③ Ebd., S. 421.

联红军及盟军的到来。他们的英勇行动粉碎了纳粹的屠杀阴谋,挽救了大量的战俘和抵抗战士的生命。①

四、结　　语

研究纳粹德国的抵抗运动,对于我们全面、客观地认识第三帝国的历史具有不可或缺的重要作用。纳粹统治时期是德意志民族历史上最为黑暗、最为苦难的一页。希特勒及纳粹党徒建立的反动独裁统治及其发动的侵略战争,不仅使欧洲各国人民处于水深火热之中,也给本国人民带来了深重的灾难。在纳粹的统治下,德国人民的沉默并不意味着默许和纵容,更不意味着同流合污,甚至沦为纳粹种族灭绝罪行的帮凶。② 事实上,无论是纳粹上台的初期,还是处于军事胜利的中期,抑或纳粹帝国走向溃败、灭亡的晚期,德国社会的不满、愤怒和抵抗从来没有停止过。无论是以德国共产党为代表的左翼抵抗组织,还是右翼的民族保守派、自由民主派、教会等斗争团体,都是德国反法西斯抵抗力量的重要组成部分,也是欧洲乃至世界反法西斯阵线中的重要一员。忽视纳粹德国的抵抗运动,特别是无视德国共产党领导下的广大工人阶级的抵抗运动,就会极不恰当地把纳粹犯下的暴行说成是全体德国人民的罪行,就会得出非常错误的历史结论。

事实上,我们清楚地看到,市民—军人抵抗集团的活动经历了一个演变过程。在纳粹上台初期,该集团曾抱有合作的幻想。在纳粹准备、发动侵略战争的中期,市民—军人抵抗集团逐步坚定了推翻纳粹统治、建立后希特勒时代政权的信念。在纳粹走向覆亡的晚期,该集团发起了一系列的暗杀、颠覆活动。与此相对应的,在纳粹上台的初期,德国共产党人进行了激烈的反独裁斗争。在纳粹准备、发动侵略战争的中期,德国共产党人进行了不屈不挠的反战斗争。在纳粹走

---

① Institut für Marxismus-Leninismus beim Zentralkomitee der SED (Hrsg.), *Geschichte der deutschen Arbeiterbewegung*, Band 5, S. 434.
② 参见丹尼尔·乔纳·戈德哈根:《希特勒的志愿刑行者》,贾宗谊译,新华出版社,1998年。

向覆亡的晚期,德国共产党人开展了统战斗争。在纳粹德国的抵抗运动史上,德国共产党领导了最具组织规模、最为广泛的抵抗运动,也付出了最大的牺牲。

强调德国共产党的历史贡献不是要无限地夸大、拔高德国共产党的抵抗斗争,而是要反对西方社会有选择地记忆和历史认识中的虚无主义——具体地讲,就是把市民—军人精英发动的"7·20"事件打造成为德国抵抗运动的唯一纪念符号,同时错误地认为,德国共产党的抵抗斗争完全是虚构、捏造出来的,德国共产党的抵抗仅存在于战后民主德国的政治宣传中,是革命文学吹嘘出来的历史泡沫,是革命雕塑堆砌出来的历史假象,事实上根本不存在这些事情。这无疑抹杀、诋毁了德国共产党的抵抗斗争。我们认为,应该超越冷战思维,以历史事实为依据,全面、客观、公正地评价包括德国共产党在内的各派抵抗力量。只有这样,世界上的和平力量才能更好地团结、联合在一起,面对大家共同的敌人——法西斯主义。

作者简介:李维,北京大学历史学系教授,代表作有《纳粹德国有关"欧洲经济新秩序"的规划 1939—1945》(*Deutsche Pläne zur europäischen wirtschaftlichen Neuordnung 1939—1945*,Hamburg:Verlag Dr. Kovac,2007)、《欧洲合众国——库登霍夫-卡莱基"泛欧"思想研究》(北京大学出版社,2017 年),译著有《德国人和他们的神话》(商务印书馆,2017 年)。

德布林的《命运之旅》
——流亡、写作与救赎

胡 蔚

内容提要：当流亡成为一则现代性寓言,象征着现代人面临的生存危机和价值虚空,现代文学从本质上而言都可以被认为是流亡文学,失去根基的无家可归者通过文学建构的方式,重建个人身份,寻找终极意义。本文以德国表现主义小说家阿尔弗雷德·德布林及其1949年发表的流亡回忆录《命运之旅:见证和认信》为个案,探讨20世纪德国流亡作家为解决个人和现代性危机寻找救赎的一种方案。

关键词：德布林 《命运之旅》 流亡文学 救赎

一、流亡与写作

现代西方文化很大部分是流亡者、移民、难民的产物,萨义德在《跨越边际:关于流亡的省思》里断言:"在美国,学术、知识和美学之所以有今天的水平,全拜那些从法西斯主义和从其他驱逐异见的政权逃亡出来的难民所赐。"[①]他进而引用乔治·斯坦纳(George Steiner)的论点,指出20世纪西方现代文学整个类型,

---

① 萨义德:《跨越边际:关于流亡的省思》,黄灿然译,《天南》2011年12月。

都是一种由流亡者书写和关于流亡者的文学,是难民时代的象征。"在一个造成这么多无家可归的准野蛮文明中从事艺术创作的那些人,本身也都是无栖身之所的诗人和跨越国界和语言界限的流浪者:古怪、高傲、怀旧、刻意地不合时宜……"流亡在根本上是一种被迫中断的生存状态:流亡者与他们的根、他们的土地、他们的历史的联系被切断,重建身份和秩序成为流亡者的最为迫切的诉求。人类历史的20世纪,荷马史诗中四处漂泊的奥德赛成为现代人生存状态的隐喻,流亡成为一种现代寓言,流亡者被连根拔起,无家可归的失重状态成为现代性危机下人的生存象征。"一切坚固的东西都烟消云散了,一切神圣的东西都被亵渎了。"(马克思)现代人发现自己处于一种价值的巨大缺失和空虚境地,追求灵魂完整和求真意志的理性,却陷入一个被尼采称之为"上帝的死亡"和"虚无主义的来临"的怪圈。在这样的情况下,流亡文学相应成为一种现代文学的范式。如何用文字在一个失序的世界里重建秩序,如何重新建构身份和认同,成为流亡作家面临的现实问题,也是他们写作的出发点。

1933年纳粹政权的上台造成了德国历史上规模最大的难民潮。纳粹统治时期德语国家的流亡有两个高峰期,第一个高峰出现在1933年2月份国会纵火案事件发生后,政治异议者,包括大批作家和知识分子,预感到一场浩劫风雨欲来,纷纷逃离德国;而文化上早已融入西欧的德国犹太族群却对时局的发展抱有幻想,要直到1938年11月发生的水晶之夜事件之后才幡然醒悟,匆匆走上背井离乡、亡命天涯的不归之路。据研究统计,因为政治压迫和种族灭绝的原因被纳粹政权剥夺国籍、离开德国的流亡者中,文学艺术领域的从业者超过一万人次[1],其中包括亨利希·曼和托马斯·曼兄弟、贝尔特·布莱希特、阿尔弗雷德·德布林、约翰内斯·贝歇、里奥·孚希特万格、安娜·希格斯、库尔特·图霍尔斯基、恩斯特·托勒、罗伯特·穆齐尔、赫尔曼·布洛赫、斯蒂芬·茨威格等一大批已经成名和享有国际声誉的作家。知识分子流亡的地点先是聚集在德国周边国家的大城市:巴黎、阿姆斯特丹、斯德哥尔摩、维也纳、布拉格、苏黎世和伦敦;第二次世界大战爆发后,流亡者通过各种渠道争取获得签证和船票,他们中

---

[1] Claus-Dieter Krohn, u. a. (Hrsg.), *Handbuch der deutschsprachigen Emigration 1933-1945*. Darmstadt: WBG, 1998, S. 925.

的幸运儿得以前往北美、南美、苏联乃至东亚。但是,即便是侥幸逃出纳粹铁爪、得以在异国苟活的作家,尽管境遇不同,但都无法摆脱深重的生存危机和创作危机[1],因为语言危机、经济来源、政治立场和文化之殇等多种原因陷入精神上的困境,甚至走上绝路。托马斯·曼的长子、作家克劳斯·曼在服毒自杀之前,列出了一个在流亡途中自杀的作家清单,他们中包括恩斯特·托勒、库尔特·图霍尔斯基、恩斯特·魏斯、瓦尔特·本雅明和斯蒂芬·茨威格。[2]

流亡作家如何写作?这个问题并没有标准答案。纳粹上台是一个历史事件,而写作是作家个体的行为。德语流亡作家并非属于一个团体,各自持有不同甚至对立的政治立场和美学主张。通行的德国文学史写作将流亡文学(Exilliteratur)作为一个文学史时期,即以纳粹政权上台的1933年和政权覆灭的1945年作为开始和终止为时间节点,并非意味着美学主张或者文学风格的趋同。在政治立场上,流亡作家可以被区分为"投降逃避主义""文化人道主义""积极反战主义"等,如归入"文化人道主义"的有亨利希·曼、托马斯·曼、斯蒂芬·茨威格、弗朗茨·威尔斐等自由知识分子,属于"积极反战主义"的有克劳斯·曼、安娜·希格斯、布莱希特、贝歇等左翼文人。[3] 在美学和诗学立场上,流亡作家中也分别属于不同的风格流派,延续了世纪之交以来围绕现代主义展开的美学讨论,如流亡文学中的"表现主义之争"(Expressionismus-Debatte)中关于文学"现代主义先锋实验"(Modernistische Avantgarde)合法性问题的争论。以卢卡奇为代表的马克思主义文学理论家认为以19世纪现实主义美学为基础的"社会主义现实主义"才是流亡文学应该具有的美学,"表现主义文学"乃至整个现代主义文学是资本主义意识形态的产物,文学先锋主义是肤浅软弱堕落的。而同样在左派流亡作家团体中,以布莱希特、艾斯勒为代表的现代主义作家则认为,前现代的文学审美和诗学观念已经无法反映现代社会的现实,流亡经历更是现代社会危

---

[1] Wolfgang Frühwald, Wolfgang Schieder (Hrsg.), *Leben im Exil. Probleme der Integration deutscher Flüchtlinge im Ausland 1933-1945*, Hamburg: Hoffmann and Campe, 1981.

[2] Klaus Mann, „Deutsche Stimmen", in: ders., *Heute und Morgen. Schriften zur Zeit*, München: Nymphenburger, 1969. S. 311-312.

[3] Jost Hermand, „Schreiben in der Fremde. Gedanken zur deutschen Exilliteratur seit 1789", in: Reinhold Grimm, Jost Hermand (Hrsg.), *Exil und innere Emigration. Third Wisconsin Workshop*, Frankfurt a. M.: Athenaum Verlag, 1972, S, 16ff.

机的寓像,流亡文学是19世纪末以来现代主义文学的自然延伸和发展,不可避免的是现代主义文学的组成部分。①

亨利希·曼作为魏玛共和国流亡作家中的意见领袖,号召大家放下原有的立场分歧,以文字为政治宣传武器,组织成立反法西斯作家联盟。左翼作家流亡杂志《新德意志报》在初版前言中写道:"谁若因为目前发生的事情而被吓得躲进小楼、不问世事,谁若将语言的武器作为玩具或者饰品,谁若宣告无奈放弃,谁就是承认在社会和艺术上的无能,就是向法西斯主义让出阵地。"②在流亡作家反法西斯统一战线同盟中,文学的首要任务被认为是宣传工具。然而不可否认的是,流亡固然是一代作家集体经历的历史浩劫,流亡作家所面临最大的问题是生存危机,流亡写作首先是一种创伤后的应激写作。德国犹太小说家恩斯特·怀斯(Ernst Weiss)在1939年的巴黎国际笔会大会的演讲上说道:"我们这些流落他乡的流亡者,除了写回忆录寻求寄托,还能做些什么?"③心理学研究认为,所有个体的身份建构都是通过记忆,以时间为轴线的自我历史的建构。在弗洛伊德的心理学治疗实践中已经发现,回忆、倾诉和记录个人经历,有助于疏导发泄负面情绪,治疗心理创伤,重建自我身份。

柯兰施密特将流亡时期的自传叙事分为三个层面:第一个层面是对流亡经历的直接记录,如日记、信件和报告;第二个层面是传统意义上的自传,在流亡途中回忆往事,将社会和历史作为个人经历的大背景;第三个层面是将个人经历作为虚构小说的素材,进行审美加工后成为小说的素材。④ 流亡作家普遍具有记录历史,传承文化记忆的迫切与自觉,正如布莱希特在《流亡之诗》(Gedichte im Exil)中所写的那样:"他们与前辈/比与同龄人关联更多/失去了现在的他们/将

---

① 参见 Hans-Jürgen Schmitt (Hrsg.), *Die Expressionismusdebatte. Materialien zu einer marxistischen Realismuskonzeption*, Frankfurt a. M.: Suhrkamp, 1973。

② Franz Carl Weiskopf, *Unter fremden Himmeln. Ein Abriß der deutschen Literatur im Exil 1933-1947*, Berlin: Aufbau-Verlag, 1948, S. 120.

③ Marilyn R. Chandler, *A Healing Art. Regeneration through Autobiography*, New York/London: Garland Press, 1990.

④ Erich Kleinschmidt, „Schreiben und Leben. Zur Ästhetik des Autobiographischen in der deutschen Exilliteratur", in: *Exilforschung* 2/1984, S. 24-40.

最殷切的目光/投向后代。"①奥地利犹太作家斯蒂芬·茨威格1942年流亡巴西时完成的回忆录《昨日世界》开头也即写道:"我讲述的并非我个人的命运,而是整整一代人的命运",目的是为了见证"历史上理性最可怕的失败和残暴最狂野的胜利"②。因而,流亡者的回忆录写作在记录个人经历、重建自我身份的同时,也是为"昨日世界"所信奉的欧洲人文主义传统树碑立传。在现代主义危机的语境下,流亡者回忆、书写和建构自我以及历史的努力更可以被视为现代人寻求人生终极意义的寓像。③

　　流亡途中和战后出版的流亡者回忆录蔚为大观、数量众多。其中,德国现代主义代表作家阿尔弗雷德·德布林(Alfred Döblin,1878—1957)1949年出版的《命运之旅:见证和认信》(Schicksalsreise. Bericht und Bekenntnis)④是一个不同寻常的案例,不仅记录了德布林和家人在流亡途中的颠沛流离,更是一部现代人的"忏悔录"。

二、写作与救赎:德布林的《命运之旅:见证与认信》

1. 流亡作为见证

　　阿尔弗雷德·德布林是魏玛共和国时期现代主义先锋派作家中的代表人物,以表现主义小说《柏林,亚历山大广场》(*Berlin Alexanderplatz*,1929)成名,另著有《王伦三跳》《华伦斯坦》《山、海和巨人》等题材各异、形式先锋的长篇小说。希特勒上台以后,身为犹太人和左翼作家的德布林作品被公开焚烧,人身

---

① Bertolt Brecht, „Gedichte im Exil", in: ders., *Werke. Große kommentierte Berliner u. Frankfurter Ausgabe*, hrsg. v. Werner Hecht, Jan Knopf, Werner Mittenzwei, Klaus-Detlef Müller, Bd. 14, *Gedichte 4*, Berlin/Weimar/Frankfurt a. M.: Suhrkamp, 1993, S. 312.

② 斯蒂芬·茨威格:《昨日世界——一个欧洲人的回忆》,张玉书译,人民文学出版社,2015年,第1页。

③ 参见 Hu Wei, *Auf der Suche nach der verlorenen Welt. Kulturelle und poetische Konstruktion der Exilautobiographie*, Frankfurt a. M.: Verlag Peter Lang, 2006.

④ Alfred Döblin, *Schicksalsreise. Bericht und Bekenntnis*, München: dtv, 1996. 下文从该书中引用使用 SR 和页码标识。

安全受到严重威胁。1933年2月28日柏林国会纵火案后,德布林离开柏林,逃离德国,携妻儿在瑞士苏黎世短暂停留后,于同年9月来到巴黎,1936年取得法国国籍。第二次世界大战爆发以后,德布林在法国情报部获得一个职位。1940年5月16日,德军突破法国防线。随着德国军队的迫近,德布林所在的部门疏散到法国南部地区的图尔和穆兰。在南行途中,法国维希伪政府与德军签署了停火协议,其中有关于遣返德国难民的第19号条款。6月20日,德布林离开队伍,独自前往勒庞,寻找妻子恩娜和幼子斯蒂芬。兵荒马乱中,他与妻儿错过。德布林在芒德的难民营里等待了两周,7月10日终于有妻儿的消息传来,一家人在图卢兹团聚。随后,长子彼得在纽约办妥了出境许可和美国的紧急入境签证,9月德布林一家三口经由巴塞罗那、马德里,至里斯本登上开往纽约的船:"在港口,星条旗飘扬,预示着希望。"到达纽约后不久,德布林在流亡援救组织的安排下,与亨利希·曼等作家在好莱坞米高梅电影公司获得一份编剧工作,聊以糊口。德布林在好莱坞安顿下来之后,马上动笔记录刚刚经历过的这段焦虑无助的"命运之旅"。从1940年10月到1941年1月,他完成了《鲁滨孙在法国——1940年5月到9月》(*Robinson in Frankreich*)。这个手稿由三个部分组成:"驶向未知之地"(Fahrt ins Unbekannte)、"搁浅"(Gestrandet)以及"得救"(Rettung)。

  1945年,德国战败投降之后,在美国发展并不顺利的德布林很快返回欧洲,并作为法国军事政府官员前往德国巴登巴登,在"公共教育部"任职,为肃清战后德国纳粹余毒、促进德国民主化进程进行宣传。1948年,70岁的德布林从公职中退休,"不是将目光投向世界,而是投向自我,投向自己的生活"。他重新捡起七年前未能出版的手稿,经过修订后,放入回忆录的第一部分,改名为"欧洲,我失去了你"(Europa, ich muß dich lassen),与第二部分"美国"(Amerika)和第三部分"重新归来"(Wieder zurück)一起构成一个共30章的三部曲。德布林的《命运之旅》以1940年5月16日德国入侵法国之日(这一天也是他的长篇历史小说《1918年11月》第二部完稿的日子)开始,以1947年7月德布林战后第一次重返柏林,在夏洛滕堡宫公开演讲结束。从62岁到70岁,德布林将这八年的个人经历和时代事件交错织就一部20世纪的奥德赛漂流记,1949年在约瑟夫·克内西特出版社出版。

正如副标题所示，德布林的《命运之旅》既是一部流亡经历的记录和见证（Bericht），同时又是皈依和认信（Bekenntnis）。"Bekenntnis"是拉丁文"Confessio"的德文翻译，意为忏悔、认信、见证。很显然，德布林将这段记录南法到美国流亡经历的回忆录置于奥古斯丁的《忏悔录》（*Confessio*，约400年）以来的基督教忏悔自传的传统中。自奥古斯丁以来，基督徒通过记述信仰的历程，包括一个个智识疑惑的克服和意志脆弱的考验，直到完全皈依和洁净后才接受洗礼。对于基督教信徒而言，上帝就是真理，每种人生经历都是通向真理的道路。在忏悔自传中，个人经历与一种普遍的信仰思考完美地糅合起来，通过心灵的反思确立了信仰如何成为可能。忏悔自传成为"一种宗教上具权威性的言说：赞美上帝、责备自我、认信信仰"[1]。在基督教文化中，撰写忏悔自传成为一种宗教修行的方式，并在启蒙运动中被世俗化，最著名的例子莫过于卢梭的《忏悔录》，他号称："我要把一个人的真实面目赤裸裸地暴露在世人面前，这个人就是我。"基督教忏悔自传逐渐发展为具有一种固定叙事模式和叙事风格的文体形式，叙事者以全知全能的叙事视角，以认信基督为核心事件的目的论叙事结构。忏悔自传推动了人类自我认识的扩展和追求自我真相的真诚努力，有助于人类的自我完善和自我提升。

在忏悔自传的叙事结构下，《命运之旅》所记录的流亡途中颠沛流离的遭遇便成为认信基督前的试炼。德布林在"搁浅"中，详细记录了1940年6月20日后与家人失散后，短暂停留于芒德难民营里的经历和心路。在这两周时间里，他觉得自己如同搁浅于荒岛沙滩上的鲁滨孙，一无所有，"灵魂和衣服都被剥夺"（SR，123）。家人生死未卜、孤独无助的德布林来到建于14世纪的芒德圣母大教堂，在此得到了安息和慰藉。"一个古老的建筑出现在我面前，一些人走了进去，我也跟着进去。大教堂很空旷……当我闭上眼睛，感到在我的右上方，十字架如同一个温暖的光源。"（SR，105）在这里，德布林开始了"神正论"的追问："他是谁，以什么样的形式存在于世界的何方？或许，在我身上，与我同在？他属于

---

[1] 邓绍光："中译本导言"，奥古斯丁：《论灵魂及其起源》，石敏敏译，中国社会科学出版社，2004年，第12页。

谁？可以在何处，在哪里认出他？""建了集中营的纳粹身上也有上帝么？"(SR，107)通往真理的路径在哪里？德布林再次问道："单纯的信仰有什么用呢？真理必须体现在具体的事情里。"(SR，105)"我没法为上帝画一张可爱的画像，我必须实实在在地将他吞下，我无法接受一个加了滤镜的'亲爱'的上帝。"(SR，107)认信的过程是曲折的："我询问内心和十字架，可是收不到任何回答，我毫无头绪。"(SR，108)"我不断追问我当下状态下的缘由。我害怕法军战败么？我为我的家庭担忧吗？我为自己担忧吗？"思绪纷乱，德布林决定进行"自我审查"，就好像站在死神面前。(SR，125)

在第六章"自省和自问"(Ich prüfe und befrage mich)中，德布林回忆自己的家庭悲剧、成长和教育经历，回顾克莱斯特、荷尔德林、尼采、陀思妥耶夫斯基和克尔凯郭尔的影响。他意识到，所有的人生经历和阅读经验，都是关乎对于生命本原意义的体验和认知。之所以学神经医学，是为了追寻真正的真理，而非满足于概念游戏；阅读文学，并非需要审美愉悦或是哲学思辨，而是为了抵达真理。德布林的写作都是为了接近真理："当我书写自然，思考自然，我只有一个愿望，去接近世界存在的秘密，向这个秘密致敬。""我用所有的作品向它致敬，所有我的冒险和行程都为此而发生"，在某种意义上，他的所有作品都是"祈祷"。(SR，135)为此，德布林对于真理的追寻，是克尔凯郭尔式的生存意义上的追问，并非教会仪式层面的皈依。他接受被认为是无神论者："因为我只谈论本原，只在自然和历史中寻找意义。那些虔诚人士放在嘴里的大人物，我是敬而远之。"(SR，135)

在芒德难民营"搁浅"的日子里，德布林先前关于"神正论"的追问得到了解答："我坐在此处，得出结论：事实上，我并未被灾难所掠夺，而是被揭示，我在困窘中得到增益。"(SR，135)。他认识到，公义(Gerechtigkeit)属于世界的"本原"(Ursinn)，自然和历史都源于"本原"。历史的真正深意并非能为我们所认知。如果公义缺位，就意味着我们所在的世界并非唯一的世界，还存在着其他不可见的世界。多么简单易懂的想法，在这一刻，德布林如释重负，不再感觉被驱逐。从不可见的世界向可见的世界涌来的征兆和偶然，无论是流亡途中遇上的"美丽的彩虹"，挂在杆子上转向了的方向牌，或者是路边给出警示的海报，失而复得的行李箱,还是与妻儿的失散与团聚,遭遇的都变得富有意义、相互连接,指向不可见的世界本原。"上帝,他是独一无二的永恒根源(Ewiger Urgrund)。"(SR,169)而神子耶稣,是上帝的代言人:"我们无法感知到'永恒本原',为了完全理解它,必须使用'耶稣'这个词。我们在这个世界经历,为了找到真理,会沉默而又敬畏地低头认信:'上帝';也会抬起头说:'耶稣'。"(SR,169)

德布林在好莱坞完成流亡记录后不久,于1941年11月30日与家人在耶稣会神父的主持下皈依天主教。德布林的皈依无疑是他流亡期间最为重要的事件,深刻地影响了他的人生和创作。德布林的皈依在流亡作家团体中掀起了轩然大波。1943年8月14日,在加州圣莫妮卡举行的德布林65岁生日庆典上,德布林第一次公开宣布已经皈依天主教。在场的宾客,包括托马斯·曼、布莱希特、汉斯·艾斯勒,无不感到震惊。布莱希特在他的《工作日志》(*Arbeitsjournal*)上记录了这一事件:德布林在致辞中认为自己负有罪责,"因为我粉饰了统治者的罪行,让受压迫者失去了勇气,用颂歌搪塞挨饿的人",又毫不犹豫地说,"因为我没有寻找上帝"。布莱希特随后在诗歌《尴尬的突发事件》(Peinlicher Vorfall)中评论说这是"一个无知好人的坠落"(den schnellen Fall des guten Unwissenden),这位曾经的现代主义大师而今"戴上了一顶被蛀虫咬坏的神父帽子","为教会唱起了赞歌"。①

"他们沉默地将我拒绝"(SR,274),德布林似乎对同事的反应并不感到惊讶,在《命运之旅》第三部分"重新归来"中,德布林回忆了战后第一次回到柏林演讲的情形。题为"说辞和反驳"的一节记录了当时媒体的各种评价:"德国作家中最尖锐最大胆的作家,赤裸自然诗学的代表。作为虔诚的基督徒从流亡途中回来,他的皈依掀起了轩然大波";这是"一个先锋主义者的皈依之路,曾经是反宗教的极左派分子,如何找到了基督的十字架"。对此,德布林一一予以澄清:"我一生从未反对宗教";"有人说我向神秘主义投降,我并不认为承认世界的神秘和魔幻是一种投降"。人们说:"他从真实世界里出逃",正相反,德布林认为自己是

---

① Bertolt Brecht, „Gedichte und Gedichtfragmente 1940-1956", in: ders., *Werke. Große kommentierte Berliner und Frankfurter Ausgabe*, Berlin/Frankfurt a. M.: Suhrkamp, 1993, Bd. 15, *Gedichte 5*, S. 91f.

"抛弃幻想、直面现实"。(SR,350—351)

德布林在生日宴会上受到的冷遇预示了他本人及其作品后来的遭遇,直到 1978 年德布林百年诞辰之际,德布林才重新获得重视。"当我归来之际,——我再也回不来了。你不再是那个离开时的你,你离开时的家已经找不到了。"(SR,306)回到德国后的德布林作品在同胞中遭受了冷遇,出版商写信给他:"有些团体在抵制您的书,尤其是某些书店。"(SR,485)与之形成鲜明对比的是,以士兵身份参加过两次世界大战的恩斯特·恽格尔(Ernst Jünger)同年出版的战地日记《钢铁风暴》(*Strahlungen*)在战后德国大受欢迎。一家德国报纸如此评价德布林:"这位离开德国的先生,儿子加入法国军队与德国作战,经历漫长时间的流亡和迷惘。当避难地美国又一次将他抛弃时,他回到了满目疮痍的故乡,故乡已是异乡。对于这位先生,在最艰苦的岁月里对人民保持忠诚的德国人会有自己的看法。"①同样是流亡者,战后回到民主德国任建设出版社(Aufbau Verlag)主编的博多·巫泽(Bode Uhse)认为,《命运之旅》对于流亡经历的记录非常生动写实,但是过于专注于个人经历的描述而缺乏普遍意义。他认为,流亡者应该把个人命运放到一个更广阔的历史范畴来考察,而当德布林"跟随诵祷的神父和拿着香炉的唱诗班男童从芒德大教堂里出来时,已经把他旧日的读者留在门槛内了"②。

2. 写作作为救赎

德布林在《命运之旅》发表前不久,在《写作意味着自我审判》一文中写道:"实话实说,我不喜欢自传,我看不上所谓的自传。"之所以如此,是因为"作者不可能同时是镜子和那个照镜子的人"。在德布林看来,自传无法到达一种深度,"把目光投向自己的人生,进行所谓的心理分析",是最不幸的一种倾向。而史

---

① „Lüdenscheider Nachrichten, 21. Dezember 1950", in: *Alfred Döblin im Spiegel der zeitgenössischen Kritik*, hrsg. v. Ingrid Schuster, Ingrid Bode in Zusammenarbeit mit dem Deutschen Literaturarchiv Marbach am Neckar, Bern und München: Francke, 1973, S. 423.

② Bodo Uhse, *Gestalten und Probleme*, Berlin: Verlag der Nation, 1959, S. 69.

诗，才是我看来，谈论自我最为合法的方式"①。德布林在这里否定自我沉浸式的自传写作，源自他早年的反审美主义和心理主义的"自然主义"创作观。德布林在《柏林纲领》(Berliner Programm，1913)中提倡一种"电影纪录片"的"石质"风格的德布林主义(Döblinismus)，提倡将"失去灵魂的现实"在"最紧密和精确"的程度上表现，要求作者"去除自我"，"去除作者霸权"：" 我不是我，而是街道，路灯，这样那样的事物"。② 1927 年，德布林发表了《伟大的自然和更伟大的人类》(Die große Natur und der größere Mensch)、《超越自然的自我》(Das Ich über der Natur)，显现出在创作理念上有一个"自我"意识的回归。德布林在 70 岁生日的一个访谈中，回顾了自己创作理念从早年的自然主义到回归自我的变化轨迹："在写作初期，我完全背离了自我个体性，我甚至写过文章反对个人，反对私人，反对个体的心理书写，我现在依然不是很喜欢这种私人写作的倾向，因为我对于更为本质的深层关联，超越了私人和心理领域，看得更为清晰。但是必须承认的是，从 1912 年直到 1948 年，我越来越倾向于回归自我。从 1927 年的《超越自然的自我》到 1948 年的《不朽的人类》(Der unsterbliche Mensch)，这是一条一以贯之的线索。"③

德布林在 20 世纪 20 年代中期以后超越了自然主义的创作观，在他的创作理论纲领《史诗作品的结构》(Der Bau des epischen Werks)中提倡一种现代史诗的创作，也就是意图在贴近现实的基础上，为人类和历史构建广阔的生活全貌，因为"在新的人类纪元中，史诗所应该扮演的角色，是真正的拯救和救赎"④。从始至终，德布林眼中的流亡旅程有一种梦幻色彩，具有寓意象征，旅行的主人公"我"也并非拿着船票的普通游客。"这次旅行在本我，自我以及超我(an mir，

---

① Alfred Döblin, „Dichten heißt, Gerichtstag über sich selbst halten", in: ders., *Schriften zu Leben und Werk*, hrsg. v. Erich Kleinschmidt, Olten/Freiburg i. Br.: Walter, 1986, S. 329-331, hier S. 330.

② Alfred Döblin, „An Romanautoren und ihre Kritiker. Berliner Programm (1913)", in: ders., *Schriften zu Ästhetik, Poetik und Literatur*, hrsg. v. Erich Kleinschmidt, Olten/Freiburg i. Br.: Walter, 1989, S. 119-123, hier S. 120.

③ Alfred Döblin, „Gespräch mit Alfred Döblin zu seinem 70. Geburtstag (10.8.1948)", in: ders., *Kritik der Zeit. Rundfunkbeiträge 1946-1952*, Olten/Freiburg i. Br.: Walter, S. 158.

④ Alfred Döblin, „Der Bau des epischen Werks", in: ders., *Schriften zu Ästhetik, Poetik und Literatur*, S. 215-245.

mit mir und über mir)的层面发生。"(SR,65)正因为这次流亡之旅具有超越个体经验本身的普遍意义,德布林才决定动笔记录。也就是在这个意义上,《命运之旅》是一部史诗式的流亡自传,是一部关于"人类生存基本处境"的史诗。

  同为犹太人皈依天主教的作家伊丽莎白·朗盖瑟(Elisabeth Langgässer)1947年在给友人的信中写道,可以预见德布林的自传会在柏林文人圈里掀起轩然大波,因为曾经是他们中的一员的德布林,而今跪在十字架前,就像一个腿脚僵硬的老农跪倒在地祈祷:"圣灵使我神圣;圣体使我得救;圣血使我止渴。""这是对上帝的真实见证,他的皈依不是在文学审美的范畴中进行的,而这个人又恰好是先锋派的德布林。这简直就是一场灾难!"①而事实上,研究表明,被误认为是无神论者的德布林对于终极意义的追寻始终是他写作的秘密中心。② 德布林出生于普鲁士边疆施苔亭(Stettin)的一个贫困的犹太手工业者家庭,犹太教义并没有对他的精神成长打下烙印。德布林早年与基督教的直接接触,在波兰旅行时经历的圣母崇拜,在克拉科夫教堂瞻仰唯伊·施多斯的十字架,都给他留下深刻印象。1904 年,当还是弗莱堡医学院学生的德布林在给犹太裔女诗人艾尔泽·拉斯科-许勒(Else Lasker-Schüler)的信中写道:"也许我还会变得非常虔诚",因为"地球上所有晦暗不明的事件都在心中强烈有力地涌动。……没有比启蒙了的自由主义更使我厌恶的东西,它们嘲笑宗教,将信仰贬低为被大众用以果腹的食物。我们能做的最好的事情,就是祈祷。"③在 1919 年发表的《在上帝的彼岸》(Jenseits von Gott)一文末尾,德布林的大声呼吁"回归本源,回归生命的意义,走向宗教,回归中心,净化自我,认识自我"④,已经显示出鲜明的宗教倾向。但是,推动德布林皈依天主教的最重要事件是他的流亡经历,可以说,没有流亡就

---

① Elisabeth Langgässer, *Briefe 1924-1950*, hrsg. v. Elisabeth Hoffmann, Hamburg: Claassen 1990, Bd. 2, S. 656.
② Vgl. Monique Weyemberg-Boussart, *Alfred Döblin. Seine Religiosität in Persönlichkeit und Werk*, Bonn: Bouvier, 1970; Klaus Müller-Salget, *Alfred Döblin. Werk und Entwicklung*, Bonn: Bouvier, 1972; Christoph Bartscherer, *Das Ich und die Natur. Alfred Döblins literarischer Weg im Licht seiner Religionsphilosophie*, Paderborn: Igel Verlag Wissenschaft, 1997, und Friedrich Emde, *Alfred Döblin. Sein Weg zum Christentum*, Tübingen: Gunter Narr Verlag, 1999.
③ "Alfred Döblin an Else Lasker-Schüler (10. 11. 1904)", in: Alfred Döblin, *Briefe*, hrsg. v. Heinz Graber, Olten/Freiburg i. Br.: Walter, 1970, S. 26.
④ Alfred Döblin, "Jenseits von Gott! (1919)", in: ders., *Kleine Schriften. I: 1902-1921*, hrsg. v. Anthony W. Riley, Olten/Freiburg i. Br.: Walter, 1985, S. 246-261, hier S. 258.

没有德布林的皈依。德布林在逃离德国、客居巴黎期间,以巴拉圭耶稣会共和国为题材,完成了《亚马孙河》三部曲。1935 年,他在巴黎国家图书馆研读陶勒、帕斯卡和克尔凯郭尔,并认为基督即是他在 20 年代自然哲学研究里称之为"永恒根源"(Ewiger Urgrund)的具体实指。到达美国后,他又在洛杉矶公共图书馆里对阿奎那教义进行研读。在皈依天主教之后,德布林相继完成了宗教谈话《不朽的人——与天使的搏斗》(*Der unsterbliche Mensch. Kampf mit dem Engel*,1942)和长篇小说《1918 年 11 月》(*November 1918*)的最后一部《卡尔和罗莎》(*Karl und Rosa*,1943),它们都具有鲜明的宗教色彩。①

三、结　语

德布林对于终极意义的追寻最终在对于天主教的皈依中实现。他终于能够宣称:"我挣脱了吞噬一切的深渊,摆脱了沦为行尸走肉的痛苦,我知道,上帝宣称:'我是,我所是。'"(SR,360)德布林找到的不仅是对于个人遭遇的解释,也是克服现代主义危机的一个方式。德布林得到的结论是:"我并非被灾难所掠夺,而是被揭示,我在困窘中得到增益。"(SR,135)并非"适者生存"的斗争,而是创造性的"原初之爱",将人类带回"真正的现实"。(SR,361)而对意义的追寻最后导向了真实自我的发现,德布林将经历了疾病、衰老和死亡的命运之旅比作一次洗浴:"陈旧的伤疤软化,沉重的面具脱落,真正的自我显现。"(SR,367)在这一点上,德布林与同时代同为犹太教出生的法国基督教神秘主义思想家西蒙娜·薇依不谋而合。她在《重负与神恩》中写道:"基督教的伟大源于它并不寻求某种超自然的药剂来治疗痛苦,而是超自然地利用痛苦",上帝在不幸与痛苦中创造了爱,圣爱与受难是同一的。②

---

① 参见:Wolfgang Frühwald, „Religiöser Sozialismus: Alfred Döblin", in: ders., *Das Gedächtnis der Frömmigkeit. Religion und Literatur in Deutschland*, Frankfurt a. M. und Leipzig: Verlag der Weltreligionen im Inselverlag, 2008.
② 杜小真:"中译本导言",西蒙娜·薇依:《重负与神恩》,顾嘉琛、杜小真译,华夏出版社,2019 年,第 9 页。

欧洲在20世纪上半叶经历了两次世界大战,这场对人类历史影响深远的危机发生的一个原因在于,善恶之选择的问题被搁置,各种虚无主义和唯物主义以两种方式摧毁了人类的至高价值:一是否认善恶对立,以"一切都平等"的原则抹杀价值差异;另一种方式是偶像崇拜,盲从权威,以为可以由此免除任何伦理责任。前者导致了道德失序,后者造成了专制政权。在欧洲命运攸关的关键时刻,德布林关于流亡旅途和认信皈依的经验具有了某种普遍意义,《命运之旅》同时也成为欧洲心灵史的一部分,是现代人的奥德赛和忏悔录。

作者简介:胡蔚,北京大学德语系副教授,代表作有《寻找失去的世界:流亡自传的文化和诗学建构》(*Auf der Suche nach der verlorenen Welt. Kulturelle und poetische Konstruktionen autobiographischer Texte im Exil*, Frankfurt a. M.: Verlag Peter Lang, 2006)等。

"权在法上"

——施米特学说与纳粹政策

毛明超

内容提要：施米特的政治与国家法学说核心可归纳为"权在法上"，即主权者的个人决断不仅无须受到法的约束，更可取代立法与司法，剥夺个人权利，以同质性原则划分敌友，以大空间秩序攫取地缘霸权。继在"普鲁士诉德意志国案"中为《魏玛宪法》第48条之适用辩护后，施米特学说以纳粹上台前后的具体政策为出发点，为《授权法》、"长刀之夜""纽伦堡法案"与德奥合并等事件提供了法理支撑。时至今日，施米特理论在国际关系与宪政实践中的影响依然清晰可辨，值得人们深思。

关键词：施米特 《魏玛宪法》 《授权法》 "纽伦堡法案" 德奥合并

一、引　论

一段时间以来，似有一股"施米特热"在汉语学界蔚然成风。卡尔·施米特这位极富争议的人物在二战后联邦德国从未重获教职，其政治学与国家法学理论却在汉语学界引起诸多讨论，不能不引人注目。无可否认，施米特的著作具有极强的可读性，其行文有别于法学家惯常冷静且务实的文风，妙笔生花，时常充满激情；作为一个博览群书的知识分子，他可以从整个欧洲历史中撷取支撑其论述的例证，无论是神学、哲学、政治学、法学都能信手拈来；而他所研究的又都是主权、国家与政治等宏大命题,更为他的文章增添不少吸引力。但在汉语学界,人们虽对他的学说熟稔于胸,却最多只是回溯思想史渊源,而不甚在意他的理论提出的时代历史背景与所指涉的具体历史事件。① 这种态度自然有其依据,因为理论必须能够被从个体与具体历史语境中抽象出来作形而上的一般思考;然而,尤其是在政治哲学领域,去历史化的纯粹学理研究即便不是危险的,至少也是不完善的,特别是施米特的国家法哲学思考始终以具体的历史事件为出发点,并始终试图对政治决策走向施加影响。因此,在理论研究中必须首先梳理理论产生的历史契机与实践后果,才能充分把握其蕴含的内在力量。

卡尔·施米特于1888年生于今天北莱茵-威斯特法伦州的普莱腾贝格,曾在柏林、慕尼黑、斯特拉斯堡等地学习法学,1910年取得博士学位,1914年取得教授资格,1915年意气风发地自愿参军,但却从未上前线。随后便是著名的1918/1919年这一重要的历史转折点,第一次世界大战终战、革命爆发,德国几无过渡地一夜之间从一个威权主义的君主制帝国转变为多党派的共和国,而战败与随之而来的极端贫困造成了德国人民生存状态的彻底改变。但是传统的官僚阶层不仅保留了其地位与特权,更将新成立的魏玛共和国所面临的种种困难推卸给民主派,而非将之归因为战争或先前的政治体制。这就导致在魏玛共和国弥漫着浓烈的反民主思潮。② 从成文史的角度看,卡尔·施米特的论点、著作与基本理论主要形成于20世纪二三十年代,也就是魏玛时代行将终结、法西斯主义在德国盛行期间,施米特本人也于1933年就加入了纳粹党③,魏玛共和国的危机与纳粹党的政治行动构成了他理论研究的出发点。

本文将把施米特的理论置于德国近代史进程中考察,根据历史时序与理论的内在逻辑分别探讨施米特对《魏玛宪法》框架下的总统职权、对纳粹攫取权力的法理基础、对同质性与敌友关系、对例外状态下的主权者决断以及对大空间秩

---

① 例如有学者坦言,研究施米特的威权政治理论"不能仅仅局限于外部的考察",更"不能纠缠于纳粹主义与法西斯主义",而应从"理论上"切入施米特的学说。见刘增明:《施米特政治哲学中的威权理论辨析》,《理论月刊》2013年第10期。此类例子比比皆是,不一而足。
② 参见库尔特·松特海默:《魏玛共和国的反民主思想》,安尼译,译林出版社,2017年。
③ 关于施米特在纳粹统治时期的得势与失意,可参见贝恩德·吕特尔斯:《卡尔·施米特在第三帝国》(第二版),葛平亮译,上海人民出版社,2019年。

序概念的理解与阐释。通过历史研究可以发现,施米特的政治与国家法学说不仅是对政治哲学与思想史的继承,更是对具体历史事件的反应,而其论著则与纳粹政府的政策保持着高度的同步性,不仅反应迅速,而且在论证脉络上完全可被视为在为纳粹政策提供法理支撑。总体来说,施米特政治学说的核心在于"权力"(Macht)与"法"(Recht,亦指"权利")这一对概念的矛盾,而他的思想可总结为"权在法上",即认为权力是法的基础与保障、否认法(及权利)对权力的约束作用,并强调政治权力可同时行使立法与司法职能,以期在概念上消除法与权力相左的可能性;同时,"权在法上"的观念拒绝权利在多元化社会中的平等分配,而是将决断权赋予某一特定群体乃至某一特定个人,这种为单一个体完全占有的决断权不仅不受法的约束,更可依据自身判断,以"例外状态"或"同质性"的名义取消法的适用性、剥夺被排除在政治统一体之外的个体的基本权利;最后,这一理念甚至被运用在国家间关系中,单个国家的权力被置于国际法之上,它不仅宣扬消灭被视为敌人的对立群体,更力求建立一个以同质化种族为基础、特定民族占有域内主导权力的区域国际秩序。尽管历史已对其中所隐藏的危险作了足够的说明,但在今天的世界,仍可看见施米特理论的影响。

二、紧急状况下的德国总统:施米特与《魏玛宪法》第 48 条

施米特的宪法学说主要围绕着对《魏玛宪法》第 48 条之适用的争议展开,而其出发点则是 1932 年发生的堪称"国家政变"的"打击普鲁士"事件[①]。时任德国总理弗兰茨·冯·巴本以普鲁士州境内纳粹冲锋队与左派工人之间流血冲突愈演愈烈为借口,试图将本已失去普鲁士议会多数的社民党州长奥托·布劳恩解职,将作为"民主堡垒"的普鲁士纳入其"民族集中政府"的框架下。总统兴登堡援引《魏玛宪法》第 48 条第 1、2 款规定,于 1932 年 7 月 20 日颁布了《关于重

---

① 参见郑寅达、孟钟捷、陈从阳、陈旸、邓白桦:《德国通史(第五卷):危机时代(1918—1945)》,江苏人民出版社,2019 年,第 205—210 页。

塑普鲁士州、大柏林地区与勃兰登堡省公共安全与秩序的总统令》①，任命巴本为驻普鲁士代办，有权解除普鲁士邦政府机构成员的职务、代行州长职务，并宣布宪法中关于个人权利的诸多条款在柏林及勃兰登堡地区失效。

从法理上看，《魏玛宪法》第48条规定了总统在紧急状况下所拥有的政治与行政权力：

第48条

1. 若一个联邦州未能履行宪法或法律对其所要求的职责，总统可通过武装力量敦促其履行其职责。

2. 当国家的公共安全与秩序遭到严重侵扰或危害时，总统可采取恢复公共安全与秩序所需之各项措施，并在必要时动用武装力量加以干预。为此目的，他可暂时地令第114、115、117、118、123、124及153条所确立的基本权利完全或部分地失去效力。

3. 总统应将根据本条第1款及第2款制定的措施及时告知议会；若议会要求，总统所制定的措施应被宣布失效。

4. 若事不宜迟，各邦可在其管辖范围内采取本条第2款所标明的措施，这些措施应在总统或议会的要求下失去效力。

5. 详尽事宜，应由一部法律加以明确。②

---

① 由德国埃尔朗根-纽伦堡大学、巴伐利亚国家图书馆、俄罗斯国家科学院及奥地利国际档案馆共同打造的数据库"20世纪德国史千件关键文档"（1000 Schlüsseldokumente zur deutschen Geschichte im 20. Jahrhundert）已将塑造20世纪德国历史的重要历史文献电子化并提供开源下载，其中包括本文所引的部分政令与法律。此处参见 *Verordnung des Reichspräsidenten, betreffend die Wiederherstellung der öffentlichen Sicherheit und Ordnung im Gebiet des Landes Preußen sowie Verordnung des Reichspräsidenten, betreffend die Wiederherstellung der öffentlichen Sicherheit und Ordnung in Groß-Berlin und Provinz Brandenburg*, http://1000dok.digitale-sammlungen.de/dok_0004_pre.pdf, 最后访问日期：2020年7月7日。

② 《魏玛宪法》电子版原文参见 http://www.documentarchiv.de/wr/wrv.html, 最后访问日期：2020年7月7日。本段为译者自译。近年汉语学界提倡将魏玛共和国正式国名"Deutsches Reich"译为"德意志国"或"德意志民国"，以便体现魏玛共和国的共和政体，"使得魏玛宪政的国名有别于此前的'德意志帝国'和此后的'德意志联邦共和国'"（刘小枫："中译本前言"，卡尔·施米特：《宪法学说》，刘锋译，上海人民出版社，2016年，第10页）——但是，德国人都不作区分的概念，为何汉译要越俎代庖？有"魏玛宪法之父"之称的胡戈·普罗伊斯（Hugo Preuß）曾在起草宪法时说："对于我们德意志民族而言，'Reich原则'具有一种特别深层次的感情价值。我相信，我们不可能答应放弃这个名称的。它依据的是数百年的传统，依据的是曾经分裂的德意志民族在'Reich'这一名称下追求的民族统一。"转引自孟钟捷：《什么是"Reich"？——从魏玛初期的国名之争看德国人的帝国观念》，《历史教学问题》2017年第1期，第25页。事实上，魏玛共和国失败的缘由，部分正是因为对共和三心二意而对帝制恋恋不舍。真要指出国名与国体之间的不对等，只需译出《魏玛宪法》第1条第1款即可："德意志（帝）国是一个共和国。"

第 2 款中所提到的各项条款分别涉及个人自由（第 114 条）、私有住宅不可侵犯（第 115 条）、私人通信隐私（第 117 条）、言论自由（第 118 条）、和平集会权利（第 123 条）、自由结社权利（第 124 条）以及私有财产权利（第 153 条）。可见，宪法第 48 条既赋予总统以强力干预各联邦州行政的权柄，更允许其在公共安全遭受威胁的紧急情况下取消宪法所规定的公民基本权利；同时，第 48 条将确定威胁的决断权完全交给总统的个人判断，而无任何法理或行政程序上的限制，总统仅需"告知"（第 3 款）议会，而议会（如果还未被解散的话）也只能在事后提请取消各种限制措施，而第 5 款所承诺的详尽规范总统这一决断权的法律，最终也并未成为现实。因此可以说，宪法第 48 条不仅体现了制宪者对权威的向往与信任，同时也为魏玛共和国日后的动荡埋下了祸根。

作为普鲁士州长，布劳恩联合巴伐利亚与巴登两个联邦州，将中央政府诉至莱比锡的国家法院，这便是著名的"普鲁士诉德意志国案"。在这场法律争端中，为中央政府起草法律意见并提供辩护的法学家就包括卡尔·施米特，他支持中央政府解除州政府成员的职务，并剥夺联邦州在其管辖范围内的治权。在 1928 年的《宪法学说》一书中，施米特就强调："不存在不干预成员邦事务的联邦。由于联邦具有政治存在，它就必须拥有监督权，能够决定维护、保护、保卫联邦的手段，必要时甚至可以采取干预措施。"[①]在国家法院诉讼的总结陈词中，施米特认为，总统根据宪法第 48 条赋予他的权限在必要时"可以并且必须为维护州的独立而行使这些权力"，通过其自主的政治决断而成为"宪法的守护者"[②]。在《论专制》（1921）一书中，施米特将大总统依据《魏玛宪法》第 48 条采取一切措施以恢复安全与秩序的权能称为"委任专制"，同时认为：

> 这里既没有任何限制，也没有关于为达目的根据情况所应采取之措施的任何提示。只是需要注意，为了使这种无限的授权不至于意味着消解整个既有的法律状态或是将主权转交给大总统，这些措施始终只能是真正的

---

① 卡尔·施米特：《宪法学说》，第 475 页。
② 参见卡尔·施米特：《在莱比锡宪法法院审理普鲁士邦起诉民国政府案时的最后陈辞》，《论断与概念：在与魏玛、日内瓦、凡尔赛的斗争中（1923—1939）》，刘小枫编，朱雁冰译，上海人民出版社，2016 年，第 238—240 页。关于"宪法的守护者"这一说法，可参见施米特作于 1931 年的同名专著：Carl Schmitt, *Der Hüter der Verfassung*, 5. Aufl., Berlin: Duncker & Humblot, 2016.

措施,既不能是立法也不能是司法。①

可见,施米特将第 48 条对总统在紧急状况下的授权解读为在行动上的无限授权,并赞同对个人权利的限制乃至取消:"对宪法所确保的自由范围的干预始终是真正的措施"②,因而是合法且不受限制的。但是,此时的施米特尚将行政与立法与司法分离,认为第 48 条并未改变立法权与司法权的归属;此外,在作为《论专制》附录发表的《大总统的专制——根据〈魏玛宪法〉第 48 条》中,施米特还为第 48 条的适用规定了一般性的界限,强调"宪法是'公共安全与秩序'的前提"③,亦即以恢复安全与秩序为目的而采取的措施不应推翻作为其前提的宪法,并确认司法判决及颁布原则性的法律规范不属于"措施"的范畴④。但仅仅一年之后,加入了纳粹党的施米特便收回了对第 48 条适用的上述限制。

三、权力取代立法司法:施米特与《授权法》和"长刀之夜"

在"普鲁士诉德意志国案"中,国家法院在原则上采纳了包括施米特在内的中央政府法律顾问的意见,裁定兴登堡的总统令合宪,仅仅禁止代行普鲁士行政职能的国家专员取代被解职的普鲁士政府成员在国家议会及州议会的席位。从法学角度看,这场诉讼不仅在事实上消解了联邦制,允许中央政府强行介入各州内政,同时从法理上支持了总统对宪法第 48 条的应用。正是基于这一判例,兴登堡在 1933 年 2 月 27 日夜的"国会纵火案"后再次搬出第 48 条,于次日即颁布《保卫人民与国家之总统令》⑤,再度取消公民基本权利并授权中央政府代为行使不能稳定局势的州政府职权。近一个月后的 3 月 23 日,国家议会在纳粹党人

---

① Carl Schmitt, *Die Diktatur. Von den Anfängen des modernen Souveränitätsgedankens bis zum proletarischen Klassenkampf*, 8. Aufl., Berlin: Duncker & Humblot, 2016, S. 198.
② Ebd.
③ Ebd., S. 245.
④ Ebd., S. 251.
⑤ *Die Verordnung des Reichspräsidenten zum Schutz von Volk und Staat*,参见"20 世纪德国史千件关键文档"数据库:http://1000dok.digitale-sammlungen.de/dok_0101_rbv.pdf,最后访问日期:2020 年 7 月 7 日。

的高压下通过了《消除人民与国家困境法》,即后世熟知的《授权法》①。除了遭到政治迫害而无法参与投票的共产党人,只有社民党对此投了反对票。《授权法》允许由希特勒任总理的中央政府不经宪法程序制定法律,允许中央政府所立法律与宪法相背离,允许中央政府与他国订立协议而无需其他立法机构同意。就其内容而言,它取消了对政治权力的一切限定与约束,并赋予行政权以无限制的立法权,因而成为纳粹统治的法理基础;其有效期被数次延长,直至纳粹政权覆灭。而纳粹政府于同年12月1日制定并颁布的《确保党国一体法》则宣称纳粹党"乃是德意志国家理念的承载者,与国家不可分割"②,最终实现了其对德国的专制。

认同出于维护公共安全与秩序之目的而暂时令宪法及其所赋予的公民权利失效的施米特,在《授权法》颁布后不仅不表示反对,更为之摇旗呐喊,就毫不令人惊讶了。在其著作《国家、运动与人民——政治统一体的三部分》(1933)一书中,施米特写道:

> 这部被称为《授权法》的法律是由国家议会在践行1933年3月5日议会选举中清晰可见的人民意志而订立的。从法学的角度看,这次选举乃是一次全民公决,一次公民投票;德意志人民正是通过这一公决认同阿道夫·希特勒,这位纳粹主义运动的元首,也是德意志人民的政治元首。……事实上,这部《授权法》乃是**新德国的临时宪法**。③

施米特认为《授权法》代表着"从旧国家向新国家,从旧基础向新基础"的过渡,尤其强调这种过渡的"合律性"(Legalität),即"一个体制根据合乎其自身合法性的一切形式自我放弃,给自己的终结盖上自己的印章",这是"纪律"与"德意

---

① Gesetz zur Behebung der Not von Volk und Reich (Ermächtigungsgesetz),参见"20世纪德国史千件关键文档"数据库:http://1000dok.digitale-sammlungen.de/dok_0006_erm.pdf,最后访问日期:2020年7月7日。

② Gesetz zur Sicherung der Einheit von Partei und Staat,此处所引为该法第一条,参见 http://www.documentarchiv.de/ns/partei-staat.html,最后访问日期:2020年7月7日。

③ Carl Schmitt, *Staat, Bewegung und Volk: Die Dreigliederung der politischen Einheit*, 2. Aufl., Hamburg: Hanseatische Verlagsanstalt, 1933, S. 7. 施米特在这一页的脚注中颇为得意地写道,他在"这部法律一发布就坚持此一观点(最早是在1933年3月31日于魏玛举行的德国国家科学继续教育协会的年会上)"。

志秩序意识"的体现。① 他完全不在意纳粹党人对投票过程的肆意操弄,将《魏玛宪法》的缺陷视为其优点,把背离宪政原则的立法程序曲解为新宪法,并默认行政权可以并且应当同时具有立法权限以便贯彻自身意志。与他围绕总统在事态紧急时所具有之权能的反思相比,施米特在这里越发毫无遮掩地试图颠覆魏玛共和国所依赖的宪政秩序。更重要的是,施米特视《授权法》为"元首国家"这一纳粹主义国家法学核心概念的体现。而"元首国家"的合法性则以大众与元首的种族一致性为基础。在《国家、运动与人民》一书末尾,施米特写道:一切问题最终都归结为"同种性(Artgleichheit),一个彻底的元首国家若缺少它,一天都无法存在"②。施米特政治哲学日后的核心概念"同质性"(Homogenität)在此已显露端倪。

但在对权力的神化中,施米特并未止步于此,而是进一步论证:行政权力不仅应涵盖立法,更应当成为司法。这一观念的现实历史出发点是 1934 年 6 月 30 日希特勒为清除异己而发动的"长刀之夜":因忌惮纳粹党内半军事化组织"冲锋队"夺权,也为了巩固纳粹对国防军的控制,希特勒在当晚清洗了包括"冲锋队"头目恩斯特·罗姆、前总理库尔特·封·施莱歇尔等党内及党外政敌。他将这一系列暴行粉饰为面对谋反暴动的正当防卫,又在 7 月 3 日借《授权法》颁布了《国家紧急防卫措施法》这部只有一句话的法令以作事后辩护:

> 1934 年 6 月 30 日、7 月 1 日及 2 日为粉碎谋反与叛国攻击所采取的措施作为国家紧急防卫是合法的。③

而希特勒本人则于 7 月 13 日在国会发表长达一小时的演讲,宣称罗姆"背弃了对我的忠诚,因而必须由我让他为此负责",并为自己对罗姆及其同党的镇压辩护:

> 人们按照永恒不变的铁律粉碎叛乱。如果有人指责我为何不召集正规的法院进行判决,我只能对他说:在这一时刻,我对德意志民族负有责任,因

---

① Schmitt, *Staat, Bewegung und Volk*, S. 8.
② Ebd., S. 46.
③ *Gesetz über Maßnahmen der Staatsnotwehr*, 参见 http://www.documentarchiv.de/ns/stnotw.html, 最后访问日期:2020 年 7 月 7 日。

此是德意志人民的最高法官![欢呼]①

面对纳粹党徒公然的血腥暴力与私刑,作为法学家的施米特不仅没有批判他们对司法制度的藐视与僭越,也没有以沉默与之保持距离,而是于8月1日在他本人所编辑的《德意志法学家报》(*Deutsche Juristen-Zeitung*)中公开发表了《元首捍卫法律》一文,引用了希特勒在国会演讲中的自我辩护,论证元首本人便是最高的司法机构,有权不经法律程序处决叛乱分子:

> 当元首在危急时刻凭借其元首地位作为最高法官直接创造法时,他就是在捍卫法律免遭最可怕的滥用。……真正的元首始终同时是法官。法官地位来源于元首地位。谁想要将二者区分乃至对立起来,就是在把法官当作"敌元首"或是"敌元首"的工具,并试图在司法的帮助下动摇国家的根基。②

施米特这一论断的内在基础是他认为政治权力在法之上的观念。他在此文中提出,"我们当前宪法"(即《授权法》)的根本性条款就是"政治领导地位优先的原则"③,亦即拥有权力的主权者超越于法律限制之上。不仅如此,施米特事实上还取消了司法相对于行政的独立性,不仅承认权力等同于立法与司法,同时否认存在司法结论与元首意志相左的可能性,因而剥夺了司法对行政的制约,更在事实上为个人独裁奠定法理基础。他写道:只有在"自由主义的法治国家"中,立法、行政与司法才会"互不信任地相互制衡";而在"元首国家"中,三者则在元首的人格中形成了统一体,其法理来源则是"民族的生存权"。

> 事实上,元首的行动便是真正的判决。它并非处于司法之下,自身便是最高的司法。……元首的法官地位与每个民族一切法律都来自相同的法律渊源。最高的法在最危急的时刻证明了自身,而其在司法复仇上最高程度

---

① 希特勒当天讲演的录音及文字稿已被电子化,参见:https://archive.org/details/19340713AdolfHitlerReichstagsredeUeberDieEntstehungUndDenVerlaufDerSARevolte68m22s,录音第57分09秒及以下,最后访问日期:2020年7月7日。

② Carl Schmitt, „Der Führer schützt das Recht", *Deutsche Juristen-Zeitung*, 1. August 1934, Spalte 945-950, hier Spalte 946f. 此文另有汉译,参见卡尔·施米特:《领袖守护法律》,《论断与概念》,第262—268页。

③ Schmitt, „Der Führer schützt das Recht", S. 947.

的实现也得以体现。一切的法都来源于民族的生存权。①

正因如此,施米特才将以保护国家秩序与稳定之名施行的"元首直接行动"解读为不受任何外在约束与干预的直接司法:"元首自行决定其行动的内容与范围。"②由于元首自身即为法的渊源与法的实践,施米特甚至没有特别从法理上对为"长刀之夜"作事后辩护的《国家紧急防卫措施法》作进一步阐述,仅仅认为这部"政府法律"明确了"元首直接行动的时间与事实范围"③。可以说,在施米特那里,元首不仅捍卫法律,他本身便是法律;"法"不仅成为权力的附庸,更被约减为个人意志的独断体现;政治权力完全凌驾于法之上。

四、"同质性"与"敌友关系":施米特与"纽伦堡法案"

在施米特的政治哲学中,"国家"概念具有某种神秘主义的"前国家性",即作为前提被给定而非作为结果被建构出的。他并不考察国家形成的历史进程,而是将国家的实存作为理论的出发点。在施米特的理论中,国家的必要性在于提供保护——protego ergo obligo(保护故约束)乃是国家如 cogito ergo sum(我知故我在)一般重要的"第一原理"④。然而这种保护在施米特看来只适用于属于国家的人;而具体的个人是否是国家中的一员,则是由施米特的另一条原则,即"敌友关系"决定的。

在《政治的概念》(1932)一书中,施米特将"敌友划分"视为政治的决定性因素:"所有政治活动和政治动机最终都能归结为敌友之分这一特殊的政治性区分。"⑤因而敌友之别乃是政治统一体建立的前提,而能够自主决断其敌人的政治统一体便可称为"最高的统一体":

---

① Schmitt, „Der Führer schützt das Recht", S. 947.
② Ebd., S. 948.
③ "政府法律"的概念本身就违背了三权分立的原则,因为行政权具有了立法能力。同上注。
④ 卡尔·施米特:《政治的概念》(增订本),刘小枫编,刘宗坤、朱雁冰等译,上海人民出版社,2018年,第64页。
⑤ Carl Schmitt, *Der Begriff des politischen*, 9. Aufl. Berlin: Duncker & Humblot, 2015, S. 25. 此段另有汉译,参见卡尔·施米特:《政治的概念》(增订本),第32页。

政治统一体就其本质而言是具有决定性的统一体,无论其最根本的心理动机源自何种动力。政治统一体要么存在,要么不存在。只要政治统一体存在,它就是最高的统一体,也就是在关键情形下做出决断的统一体。①

作为敌友关系唯一决断者的国家必然会反对多元主义,以便通过敌友划分造就单一的"共同体"②,并在此过程中排斥被划归"内部敌人"的异己分子:

在危急情况下,国家内部和平的必然要求就导致作为政治统一体的国家只要一息尚存,就会自发地也决定"内部敌人"。③

"共同体"的概念以共同体成员的内在同质性为前提,即(作为民主制定义的)"统治者与被统治者、治理者与被治理者、施令者与服从者的同一性"④。这种"人民的同质性"即"人民与其自身的同一",在施米特看来乃是国家真正的基础。⑤ 基于这一"同质性"的概念,首先被排除出政治统一体的就必然是在人口与社会结构中不占据多数的群体,而在20世纪30年代的历史背景下,这一"异己"团体主要就是犹太人。1935年9月15日,纳粹政府在纽伦堡召开了所谓"自由党代会",颁布了《保护德意志血统与德意志荣誉法》及《帝国公民法》⑥。前者将犹太人与非犹太人之间的通婚定为犯罪,后者及一系列补充法令则剥夺了犹太人的公民与政治权利:

《帝国公民法》

第2条

1. 只有具有德意志或亲缘类别血统并通过其行动证明愿意且有能力忠诚地服务于德意志人民与帝国的国民才是帝国公民。

2. 帝国公民权可通过授予帝国公民权证书获得。

3. 帝国公民是法律规定的完整政治权利的唯一承载者。

---

① Schmitt, *Der Begriff des politischen*, S. 41. 此段另有汉译,参见卡尔·施米特:《政治的概念》(增订本),第54页。
② Schmitt, *Der Begriff des politischen*, S. 42.
③ Ebd., S. 43. 此段另有汉译,参见卡尔·施米特:《政治的概念》(增订本),第57页。
④ 卡尔·施米特:《宪法学说》,第310页。
⑤ 同上书,第304页。
⑥ 参见克劳斯·费舍尔:《德国反犹史》,钱坤译,江苏人民出版社,2007年,第313—317页。

《帝国公民法》规定一,1935 年 11 月 14 日

第 3 条

只有作为完整政治权利之承载者的帝国公民才可在政治事务中运用表决权并担任公职。……

第 4 条

1. 一个犹太人不能成为帝国公民。他没有在政治事务中的投票权;他不得担任公职。①

这两部"纽伦堡种族法案"最直接的法律后果,就是将犹太人排除在了政治共同体之外。然而,作为法学家的施米特虽曾在大学中与不同信仰、不同种族的学者共同工作,却不仅构陷包括汉斯·凯尔森在内的犹太裔法学家,更在其法学著作中支持了反犹主义。施米特于 1936 年 10 月 3、4 日组织了一场题为"法学中的犹太性"的会议,在致辞中宣称:

> 我们必须将德意志精神从犹太赝品中解放出来。……只有意识到此种犹太的精神力,认清其全部深度与整体规模的人,才能理解纳粹主义之胜利对于德意志精神与德意志法学意味着怎样的解放。②

他进而在会议的总结陈词中强调,要"净化图书馆",同时禁止引用犹太裔学者的著作,或至少在不得不引用时注明其犹太人身份:"对我们而言,一个犹太作家没有权威性,哪怕是'纯粹学术的'权威性。这一论断是处理引用问题的出发点。"③在施米特看来,只有这样才能实现"我们法学文献的纯洁"④。

可见,在施米特学说中作为政治共同体核心的"同质性"概念以及在此基础上的敌友之别,无法与欧洲反犹主义脱离干系。而在敌友划分上,施米特尤为强调"剥夺权利或宣布不受法律保护"这两种宣告为敌的方式⑤——这正是《帝国

---

① 以上法案原文参见"20 世纪德国史千件关键文档"数据库:http://1000dok.digitale-sammlungen.de/dok_0007_nue.pdf,最后访问日期:2020 年 7 月 7 日。
② 施米特的会议开幕致辞被收录于论文集《法学中的犹太性:一、德意志法学与犹太的精神的斗争》中。参见 Carl Schmitt (Hrsg.), *Das Judentum in der Rechtswissenschaft. 1. Deutsche Rechtswissenschaft im Kampf gegen den jüdischen Geist*, Berlin: Deutscher Rechts-Verlag, 1936, S. 14-17, hier S. 15f.
③ 施米特的会议总结同样收录于《法学中的犹太性》论文集中。Ebd., S. 28-34, hier S. 31.
④ Ebd., S. 30.
⑤ Ebd.

公民法》对犹太人所做的规定。更重要的是,在敌友关系的理论体系中,所谓的敌人就是被政治统一体拒斥的"他者",他们不仅不享有国家与法律的保护,更应通过战争在肉体上被消灭。施米特明确地写道,"朋友""敌人"与"斗争"三个概念"之所以具有现实意义,是因为它们指涉的是肉体杀戮的现实可能性。战争源自敌对,因为在存在的意义上,'敌对'就是否定另一种存在。而战争不过是敌对的最极端实现"①。

"同质性"原则不仅排斥多元社会与多样性,使得不同种群在同一社会的和平共处变得不再可能,更被扩展到国家内部的"敌友关系",迫使政治共同体中的一部分失去保护,甚至连基本的生存权利亦被剥夺。施米特的这一论断与纳粹屠犹罪行之间的联系,正是在纽伦堡审判中对他提起公诉的公诉人罗伯特·坎普纳(Robert Kempner)强调的。但若是翻阅坎普纳对施米特的审讯记录,就会发现施米特对其理论及意识形态论证并未有任何改变,甚至未尝反思自己所应承担的责任:

问:但当您所谓的追寻真理却最终导致了对上百万人的屠杀?
答:基督教最终也导致了对千百万人的屠杀。②

施米特的回答在事实上确实成立,宗教战争确实曾在人类历史上造成无数受害者;但一桩罪行却无法通过另一桩罪行得到辩护,更不可能以此为个人开脱。实际上,施米特的答复正是20世纪80年代"历史学家之争"中历史修正主义者试图将纳粹施行的种族屠杀相对化的论述逻辑。③

五、"主权者"与"例外状态":"权在法上"的理论根基

虽然提出了"敌友关系"的理念,但施米特并未清晰说明是谁按照何种程序

---

① Schmitt, *Der Begriff des politischen*, S. 31. 此段另有汉译,参见卡尔·施米特:《政治的概念》(增订本),第41页。
② Carl Schmitt, *Antworten in Nürnberg*, hrsg. v. Helmut Quaritsch, Berlin: Duncker & Humbolt, 2000, S. 60.
③ 参见恩斯特·诺尔特:《不愿过去的过去——一个可以写就、却无法发表的演说》,尤尔根·哈贝马斯等:《希特勒,永不消散的阴云?——德国历史学家之争》,逢之、崔博等译,生活·读书·新知三联书店,2014年,第29—37页。

与原则决定敌友。事实上,在施米特的政治学说中,敌友之分并不依据可客观化的内涵标准,更不是纯形式地通过多数原则,而完全由作为掌权者且宣称代表人民或民族意志的政治"元首"决定,最多只是通过公开的投票在事后加以确认罢了。今日座上宾,明日阶下囚:敌友身份的突然转变在纳粹统治时期并非没有先例。这就意味着:谁掌握权力,谁就可对法律的适用施加巨大影响。而鉴于"敌人"就其定义而言对政治共同体的生存造成实质的或可能的威胁,因此决定"敌人"的同时就决定了"例外状态"。于是这一决断论便和施米特的"主权"学说联系在了一起。施米特并非将主权理解为一个国家规范其内部秩序并对外作为独立的单一行动体行事的原则,而是将之阐释为掌权者在一国之内行使其权力的能力。他在《政治神学》(1922)中所阐发的,与其说是作为国家法概念的"主权",更准确地说是人格化的"主权者"(Souverän)。施米特的经典定义是:

> 决定例外状态之人乃是主权者。①

他不仅反对从国家概念中剥去人格性因素,更将主权者描述为"人格统一体"②——这也是其强调三权集中一体的"元首国家"之理念的必然要求。而所谓"例外状态"在施米特看来即无法通过制度化手段加以控制的社会危机状态。也就是说,他不承认"法"对于"例外状态"的规范性,因为"例外状态"是"未在现行法律中明确规定的情况",无法"根据事实"加以界定。因此,"宪法至多只能规定谁能在这一状态下行动",但对这一行动的范围与内容却无法再作限制。③ 于是身处紧急情况下的主权者可完全依赖自身的决断,便有了超越法律的地位:

> (主权者)决定是否出现了极端的紧急情况,以及采取何种措施消除这种情况。他置身于一般有效的法律秩序之外,却依旧属于这一秩序,因为正

---

① Carl Schmitt, *Politische Theologie. Vier Kapitel zur Lehre von der Souveränität*, 10. Aufl., Berlin: Duncker & Humblot, 2015, S. 14. 此句另有汉译,参见卡尔·施米特:《政治的神学》,刘小枫编,刘宗坤、吴增定等译,上海人民出版社,2015年,第24页。笔者将施米特的关键概念"Ausnahmezustand"译作"例外状态"而非"紧急状态",除了是鉴于(它)更贴近这一德语词的原意外,也是考虑到施米特所强调的并非事态的急迫性,而是常态与非常态之间的区分。正是因为"例外状态"无法被归入一般规范,才需要主权者的决断。

② Schmitt, *Politische Theologie*, S. 58. 参见卡尔·施米特:《政治的神学》,第58页。

③ Schmitt, *Politische Theologie*, S. 14. 此句另有汉译,参见卡尔·施米特:《政治的神学》,第25页。

是由他来决定是否完全搁置宪法。①

主权者属于宪法秩序仅仅是因为其可根据宪法所赋予的权力终止宪法,因而也就不可能在"例外状态"中继续受已被宣布失效的宪法之约束。而唯一在"例外状态"下继续得以延续的,除了主权者本身之外,便是"国家"这一政治统一体;之所以赋予主权者完全的决断权,就是在既有法律秩序失效的前提下确保作为政治实体的"国家"存在。因此可以说,维护"国家"及其所体现秩序原则的最根本手段并非法制,而是不受限制的权威,正如施米特所言:

> 因为并不是任何特别寻常的授权、任何紧急治安措施或紧急法令就意味着例外状态。例外状态的首要特征就是一种原则上不受限制的授权,亦即终止整个现存秩序。显然,在这种状态下,国家仍然存在,而法则黯然隐退。……国家的存在在这里确凿无疑地证明了其高于法律规范的有效性②。

可以看到,正如施米特对《魏玛宪法》第 48 条的法理阐释所揭示的,既然"例外状态"就其概念而言已脱离了宪法所能够规定的框架,那么主权者为克服例外状态所采取的措施就不应再有任何法律的掣肘,或用施米特本人的话说:

> 权威证明了无须法律便可制定法律③。

对"例外状态"的决定与克服所依据的均非现存的法,而是主权者的个人决断。这一点事实上触及了施米特理论的核心,即权力与法的张力。强调"敌友区分"与"例外状态"之现实可能性的施米特,视无限制的决断与权力为法律秩序所仰仗的根本性支柱,同时将决断与权力的承载者约减为一个个体,其权力不仅不受法律约束,甚至其行动本身便是立法与司法,因此可以说,施米特的论证再度导向了对权力之限制的完全消解:施米特理论中的权力不仅决定是否搁置法律,是否宣布基本权利无效,还决定是否将一个族群视为异己排除在政治共同体之外,并借此剥夺其权利乃至从肉体上消灭之。他从原则上将权力置于法律以及

---

① Schmitt, *Politische Theologie*, S. 14. 此句另有汉译,参见卡尔·施米特:《政治的神学》。汉译参见同上。
② Ebd., S. 18f. 此句另有汉译,参见上书,第 29 页。
③ Ebd., S. 20. 此句另有汉译,参见上书,第 30 页。

法律所确保的平等权利之上。但是,如果认为搁置法律与基本权利是消除例外状态的不得已之举,那么就应看到这一说法的本质乃是循环论证:"例外状态"的定义就是规范之外的状态,概念本身就预设了约束常态的法律的失效,认定处于"例外状态"就是主动跳出法律规范的框架,在采取任何措施之前已经在事实上搁置了法律,本质上是对法律的不信任。

六、"大空间秩序":施米特与德奥合并

施米特的政治学说同时也是国际关系学说。以同质性原则构建的政治统一体之框架中所阐释的"敌友关系"本身就源自国家间的联盟与对抗;除此之外,施米特还提出了"大空间秩序"的概念,意图为中东欧安排以德国为主导的国际关系秩序。在《国际公法中的大空间秩序》(1939/1941)一书中,施米特首先辨析了1832年由美国总统詹姆斯·门罗提出的"门罗主义",将之归纳为以下三点:

> 所有美洲国家的独立;不得在此区域内殖民;美洲以外的势力不得插手本地区。①

"门罗主义"的提出,最初是为反对英国与西班牙干涉美洲事务,但事实上,美国总统西奥多·罗斯福却在 1904 年借助著名的"罗斯福推论"将反对欧洲插手美洲的"门罗主义"转变为美国干涉美洲其他国家的依据:

> 导致文明社会纽带全面松弛的长期为非作歹或懦弱无能,在美洲,如同其他地方一样,会最终需要某一文明国家进行干涉,而美国在西半球遇到这种为非作歹或懦弱无能的罪恶昭彰的事情,为了恪守门罗主义,也不得不勉强施行国际警察力量。②

---

① Carl Schmitt, „Völkerrechtliche Großraumordnung mit Interventionsverbot für raumfremde Mächte", in: Ders., *Staat, Großraum, Nomos. Arbeiten aus den Jahren 1961-1969*, hrsg. v. Günter Maschke, Berlin: Duncker & Humblot, 1995, S. 269-320, hier S. 277.

② 参见王绳祖、何春超、吴世民编选:《国际关系史资料选编:17世纪中叶—1945》,转引自章永乐:《威尔逊主义的退潮与门罗主义的再解释——区域霸权与全球霸权的空间观念之争》,《探索与争鸣》2019年第3期,第99页。

直到当今世界,"罗斯福推论"不仅依旧有效,其自行宣称的适用范围也早已不止于西半球。

施米特在论述中一方面借(未经罗斯福歪曲的)门罗主义反对西欧普世主义,尤其是作为海权帝国且有无数在地理与文化上相去甚远之殖民地的英国以及高举世界主义旗号的美国对德国的干涉——"普世主义的、涵盖整个世界的一般概念是干涉主义在国际公法上的典型武器"[①],而伍德罗·威尔逊则"将自由民主的原则无地区差别和无界限限制地推延到整个地球和全人类,他企图以这种方式为美国大规模干涉与它完全无关的非欧洲空间、介入欧洲国家之间的军事冲突辩解"[②]。因此,附带"域外国家干涉禁令"的大空间概念在当今国际社会就常被用于为一国对其单方面划定的势力范围所声称的专门权利之合理性进行辩护。

但另一方面,施米特在《国际公法中的大空间秩序》中所阐发的"帝国"概念,本质上与"罗斯福推论"并无不同。他认为每个帝国均应有自己的大空间,并对大空间中的其他国家承担领导义务。只不过施米特是将罗斯福所谓的"文明国家"替换成了"帝国"内部的种族与意识形态的同质性,并以此作为排除域外国家干涉,乃至仅仅是语言命名上通约的论据:

> "帝国"的概念包含一种大空间秩序……。在这个意义上,帝国是起到引领与支撑作用的势力,其政治理念照耀在某个特定的大空间中,并且从根本上排斥域外国家对这一大空间的干涉。……每个帝国都**有**一个大空间……
>
> 我们知道,"德意志帝国"的概念就其具体的特殊性与崇高性而言是不可译的。每一个真正伟大的政治实体的历史强力,就包括自带一种不可任意归纳的独特表述并贯彻其特有的名称。Reich,Imperium,Empire 并不是一回事,从内在看也不可相互比拟。如果说 Imperium 经常含有一种普世主义的、涵盖世界与人类、也就是超民族之图景的意义,……那么我们的德

---

① Schmitt, „Völkerrechtliche Großraumordnung mit Interventionsverbot für raumfremde Mächte", S. 285.
② 卡尔·施米特:《以大空间对抗普世主义——论围绕门罗主义的国际法斗争》,《论断与概念》,第393—403页,此处第395—396页。

意志帝国(Reich)就在本质上是按民族确定的,并且是一种建立在对每个民族尊重之基础上的本质上非普世的法律秩序。①

施米特尤其排斥域外势力借普世主义的价值,以"少数族裔保护"为名对大空间的干涉。他认为,在《凡尔赛和约》后形成的欧洲东部大空间中树立内在秩序与原则的工作,"既不是西欧民主国家的事,也不是美国政府的事,而是支撑这一空间的民族与国家权力的任务,特别是德意志帝国的任务"②。

施米特的这一观点与他关于行政权力与司法、关于同质性与敌友关系的论证一样,同样具有明确的现实政治背景。他在《国际公法中的大空间秩序》中写道:

> 自帝国总理阿道夫·希特勒于1938年2月20日在德意志帝国议会中发表宣言之后,在我们纳粹主义的人民思想之基础上产生了一种对他国国籍的德意志人群体的德意志保护权。这就树立起了一种真正的国际公法原则。……在中欧与东欧的空间中生活着为数众多,但——除犹太人外——互相并非异种的民族,上述政治理念对他们而言便有着这里所阐发的国际公法大空间原则的特殊意义。③

1938年2月20日,希特勒于帝国议会发表了近两个小时的演说,在最后提到了德国及其邻国的关系:

> 然而我们也看到了被凡尔赛的疯狂行径搅乱的欧洲经济与人口政治地理版图所造成的令人心痛的后果。仅仅在两个与我们接壤的国家中,就生活着超过一千万德国人。直到1866年,他们还与整个德意志民族统一在同一个国家法的联盟中。直到1918年,他们还在大战中与德意志帝国的士兵们并肩战斗。和平条约违背他们的意愿,阻止他们与帝国合并。这本身就相当令人痛心。④

---

① Schmitt, „Völkerrechtliche Großraumordnung mit Interventionsverbot für raumfremde Mächte", S. 295-297.
② Ebd., S. 294.
③ Ebd.
④ 希特勒的演讲已由奥地利媒体档案馆(Österreichische Mediathek)电子化并提供给取得授权的用户在线使用;因出版的演讲稿暂无法获得,此段为笔者听译,可参见 https://www.mediathek.at/atom/13AC697B-24C-0007A-00000CA0-13ABA248,录音第40分以下,最后访问日期:2020年7月7日。

希特勒这里指的是奥地利与波兰。1866年普奥战争后,奥地利被排除在了小德意志统一方案之外;而《凡尔赛和约》则根据威尔逊在"十四点原则"中的建议,将但泽走廊划给波兰,导致东普鲁士与德国本土分离,同时生活在但泽的德裔居民被迫成为波兰公民。希特勒宣称:

> 我们很清楚,在欧洲几乎不存在让所有人满意的边界划分。但更重要的是避免对少数民族的不必要困扰,不要在政治分隔的痛苦之外再平添因为属于某个特定族群而遭受迫害的苦难。……然而正如英国在整个世界范围内贯彻其利益,今天的德国也清楚如何贯彻并捍卫即便有限得多的自身利益![热烈鼓掌]德意志帝国的利益也包括保护那些单凭其自身无法在我们的边界旁确保普遍人性的政治与世界观自由的德意志民族同志。[掌声]①

这便是施米特所谓"德意志保护权"的政治来源。希特勒明确以民族同源为理由宣扬对既有政治地理国界的干涉,借提供"保护"之名行侵占之实——正如施米特所谓 protego ergo obligo(保护故约束),试图摆脱《凡尔赛和约》所规定的地缘政治安排而建立新的德意志民族帝国。这一切都建立在施米特所谓民族"同质性"的基础之上,并与其暗含区域霸权要求的"大空间"理论相契合。而以"保护权"贯彻"大空间秩序"的政治扩展意图的手段,首先就被运用到了德奥合并上。希特勒在2月20日的讲话中宣称:

> 不仅是同一民族,更重要的是同一段漫长历史与同一种文化,将帝国与德意志—奥地利联结在一起。②

正是这种对民族、历史与文化同质性的强调,为希特勒将奥地利纳入德意志帝国之大空间秩序提供了看似无可辩驳的论据。而施米特所谓在大空间中"照耀"的政治理想,自然是纳粹主义。在讲话中,希特勒尤其提到他会见奥地利总理舒施尼格(Kurt Schuschnigg)时要求"赋予根据其观念与世界观坚持纳粹主

---

① 希特勒的演讲已由奥地利媒体档案馆(Österreichische Mediathek)电子化并提供给取得授权的用户在线使用;因出版的演讲稿暂无法获得,此段为笔者听译,可参见 https://www.mediathek.at/atom/13AC697B-24C-0007A-00000CA0-13ABA248,录音第42分以下。

② 参见 https://www.mediathek.at/atom/13AC697B-24C-0007A-00000CA0-13ABA248,最后访问日期:2020年7月7日,录音第30分以下。

义思想的那一部分德意志奥地利人民以其他公民在现行法律框架内所享有的同等权利"①,也就是解除对纳粹党的禁令并释放被关押的纳粹党徒。在希特勒的威胁下,舒施尼格不得不让步。3月12日,德军开进奥地利,舒施尼格辞职。纳粹党人接管政府,并于13日通过了《奥地利与德意志帝国重新统一法》②,使得德奥合并在法律上生效。希特勒于3月15日在维也纳英雄广场上发表演讲,正式宣布"我的家乡加入德意志帝国"。同年9月,希特勒故伎重施,再度以保护德意志少数民族的理由出兵侵占了捷克斯洛伐克的苏台德地区。

纳粹的吞并政策显然可与施米特的"大空间秩序"论调相调和。或许正是因此,《国际公法中的大空间秩序》竟成了畅销书。这份写于1939年的演讲稿在1941年作为单行本重版后,当年即又改版两次至第四版。施米特在第四版导言中不无自豪地写道:"本文作于1939年春,包含某个特定情形下的特定论断与观点。事件的发展给了本文若干意义深远的肯定。这就是本文作为文献的价值。"③

七、余　　论

然而,施米特的学说并不仅仅具有历史文献价值。时至今日,在世界政治舞台上依旧能辨认出其核心观念的痕迹。"同质性"这一反多元主义思想在今天欧洲民粹主义中颇有死灰复燃之势。这其中就包括德国的"身份运动"——即追求由同种文化、相同身份的同质群体构成的欧洲社会——与所谓"佩吉达"(PEGIDA)运动④,以及法国的"国民阵线"、意大利的"五星运动"等持右翼民族主义乃至具有极右倾向的政治团体。他们通常幻想回到传统的单一民族国家形态,坚

---

① 参见 https://www.mediathek.at/atom/13AC697B-24C-0007A-00000CA0-13ABA248,最后访问日期:2020年7月7日,录音第46分47秒以下。
② Gesetz über die Wiedervereinigung Österreichs mit dem Deutschen Reich. 参见奥地利国家图书馆的电子化文档:http://alex.onb.ac.at/cgi-content/alex?apm=0&aid=dra&datum=19380004&seite=00000237,最后访问日期:2020年7月7日。
③ Schmitt, „Völkerrechtliche Großraumordnung mit Interventionsverbot für raumfremde Mächte", S. 269.
④ "佩吉达"运动全称"爱国欧洲人抵制西方伊斯兰化"(Patriotische Europäer gegen die Islamisierung des Abendlandes),2014年10月于德国德累斯顿兴起,"佩吉达"一名即其德语全称首字母缩写。

持"同质化"原则,反对全球化与文化多元主义,否认一个社会中的成员虽因性别、族裔、宗教、观念、文化、传统而不同却享有相同的法律权利,进而时常采取极端的排外行动。这些团体常以本国历史上占主导地位的某种文化或宗教的同质性为其反多元主义的姿态辩护,但纵观近现代历史,塑造一个以语言与文化为标志的德意志民族统一体的要求,是直到18世纪才出现的目标。自10世纪起就存在于欧洲的神圣罗马帝国,虽在1512年后被称为"德意志民族的神圣罗马帝国",但本质上是一个多民族国家;而即便是在18至19世纪,为多元帝国的奥地利也基本上保持了内部多民族的稳定性;只有当其中一个民族试图固化自身的主导地位时,才最终导致内部的分崩离析。而反多元主义思想在战后的联邦德国必然无法被公开接受,因为联邦德国具有宪法地位的《基本法》恰恰建立在承认人类的普遍平等之上,认可各人种族、身份、性别、信仰等方面存在不同,并且坚信人类的多样性必然导致对宪法秩序的肯定,同时可通过不具名、平等且直接的普遍选举根据多数原则解决冲突并做出政治决定,而无需依赖单一主权者的个人决断。这当然迥异于反自由主义、多元主义及普遍政治权利的施米特所设想的那种同质化国家。

今天的现代国家,其组织形式难以再以单一民族、文化与宗教的同质性作为基础,而是必然以疆域原则为依据,并包括其中生活的所有族群;如果不能找到一种各民族相互尊重、和平共处的可能,如果强行以同质化重构民族国家,就势必导致种种问题——从今天西班牙的加泰罗尼亚或是英国的苏格兰与北爱尔兰局势中可见一斑。仅以欧洲为例:欧盟取消内部边界、鼓励人员流动,斯拉夫语族与东正教信仰的东欧及东南欧国家加入,以及大量移民的涌入,实际上也使得传统意义上以基督教及共同文化为根基的"西方"概念不再能够支撑作为政治实体的欧洲。欧盟本身就是多元化而非同质化的产物,而正是多元化而非同质化才是确保和平与稳定的手段。

而在当今的国际关系中,亦可发现施米特的"敌友关系"与"大空间秩序"概念造成的影响。现代国际体系以多极化为特征,以合作、协商与妥协的必要性为标志,体现在众多国际条约中;而作为共识的条约之形成或是遵循一致性原则

(即所有参与方均同意),或是遵循多数原则。但是,施米特的敌友关系理论将会反对这种国际秩序体系,不仅因为协商的过程允许利益不相关方同等参与决断,更因为妥协模糊了敌友关系的界限。他在《政治的概念》中,也曾批判自由主义借"伦理"与"经济"大搞"非政治化",将"斗争"转变为"竞争"与"论争",取消了"战争"与"和平"这一二元统一体的绝对性。①

最后,施米特学说中的"例外状态"概念也同样值得再度反思。人们一般着重强调"主权者"在"例外状态"下超越法律限制的决断权力,但却忽略了这一对法律的悬置在历史上所造成的对个人基本权利的破坏。必须要问:在安全与公序遭遇挑战之时,是否可以通过立法手段将所谓的"例外状态"纳入规范之内,是否必须侵犯基本权利,以及对行政权的特殊授权是否真的无须任何实质限定?意大利政治哲学家吉奥乔·阿甘本(Giorgio Agamben)曾在2020年2月25日发表《无端的紧急情况让意大利陷入例外状态》(*Lo stato d'eccezione provocato da un'emergenza immotivata*)一文,借施米特的概念批评意大利政府"对人身自由的严重限制",认为政府"使用例外状态作为常规政治范式的趋势越来越明显",担忧社会在"集体恐慌状态"(stato di panico collettivo)下默许对个人权利的限制。② 尽管阿甘本的文章因其否认意大利疫情的严重性而遭到批评,但他的确指出了"例外状态"常态化对宪政秩序所隐含的挑战。不过在这一点上,仍旧可以通过法制予以约束,例如德国的《基本法》就对基本权利不可侵犯做出了明确的规定。《基本法》第79条第3款规定:

> 对《基本法》的修改不得涉及联邦由各州组成的事实,各州参与立法以及第1条和第20条所规定的原则。③

---

① Schmitt, *Der Begriff des politischen*, S. 63-66. 汉译参见卡尔·施米特:《政治的概念》,第88—91页。

② Giorgio Agamben, *Lo stato d'eccezione provocato da un'emergenza immotivata*. 参见微信公众号"WUXU"(务虚)所发表的译文:https://mp.weixin.qq.com/s/onS9cTwEap5gBrtxJOKNjA,最后访问日期:2020年7月8日。

③ 《基本法》的德语原文已由德国联邦议会电子化,参见 https://www.bundestag.de/gg,最后访问日期:2020年7月8日。《基本法》的翻译参考克里斯托夫·默勒斯:《德国基本法:历史与内容》,赵真译,中国法制出版社,2014年,第162页。

《基本法》第 1 条规定了"人的尊严不可侵犯",同时确认公民基本权利可作为"直接适用的权利约束立法、行政与司法"①;第 20 条则规定:

1. 德意志联邦共和国是民主的社会的联邦国家。
2. 所有国家权力都来源于人民。……
3. 立法受宪法秩序约束,行政权与司法权受法律与权利约束。
4. 对于任何企图废除这一秩序的人,如不存在其他救济方式,所有德国人均有反抗权。②

第 20 条第 4 款被称为"可反击的民主"原则,作用是避免民主制度被反民主思潮所利用。基于《基本法》第 79 条,无论是否满足修宪所需的绝对多数,人的基本权利、共和国体、民主与法治及联邦制都不可更改,同时德国人也有积极反抗任何试图腐蚀宪法秩序的图谋的权利。这一系列制度设计的初衷,显然是确保避免再度出现 1933 年以"例外状态"为依据公然弃置宪法、违背联邦制原则并侵害公民权利的状况。可以说,今天的德国在制度上清楚地表明了对施米特理论的反对姿态。而德国总理默克尔则在 2020 年 7 月 8 日德国接任欧盟理事会轮值主席国一职的讲话中,更坚定地捍卫了基本权利在"新冠"疫情这一"例外状态"下的有效性:"欧洲之所以能够挺过这种种危机,是因为最终所有人都清楚什么是不可或缺的:基本权利与合作。"③

作者简介:毛明超,北京大学外国语学院德语系助理教授,北京大学德国研究中心办公室负责人。

---

① 参见 https://www.bundestag.de/gg,最后访问日期:2020 年 7 月 8 日,汉译参考克里斯托夫·默勒斯:《德国基本法:历史与内容》,第 151 页。
② 参见同上,汉译参考同上书,第 157—158 页。
③ 参见 https://www.bundeskanzlerin.de/bkin-de/aktuelles/rede-von-bundeskanzlerin-merkel-zur-deutschen-eu-ratspraesidentschaft-2020-vor-dem-europaeischen-parlament-am-8-juli-2020-in-bruessel-1767368,最后访问日期:2020 年 7 月 10 日。

荷兰抵抗文学的德国与德国人形象(1940—1945)

杰罗恩·德武夫(朱房煦　李牧翰　译)

内容提要：在第二次世界大战期间被德国占领的国家中，荷兰出版的抵抗文学作品数量最多。尽管大部分作品的美学水平不尽如人意，但抵抗文学展现了荷兰抵抗纳粹宣传行动的一种独特视角。本文从阿尔贝特·赫尔曼的"伪装书"《查拉图斯特拉如是说》中对德国民族性格的研究出发，分析荷兰抵抗文学中的德国与德国人形象。

关键词：荷兰抵抗文学　阿尔贝特·赫尔曼　德国形象　形象学

本文旨在研究荷兰抵抗文学(1940—1945)中的德国形象及其在战后的演变，主要围绕苏里南-荷兰裔作家阿尔贝特·赫尔曼(Albert Helman)展开。赫尔曼那部富有批评讽刺意味的德语文学史《查拉图斯特拉如是说》(*Aldus Sprak Zarathustra*, 1944)可被视为荷兰文学抵抗运动之典范；而从形象学的视角看，赫尔曼的文学史也是一桩特别的案例，因为德意志的异质形象在此书中是建立在德语文学的自我形象之上的。

从形象研究的角度讨论抵抗文学这一主题，符合这一方法论的复兴趋势。在今天，形象学方法的复苏主要发生在阿姆斯特丹大学——以约普·列尔森(Joep Leersen)为核心——以及意大利贝加莫大学——以曼弗雷德·贝勒(Manfred Beller)为核心——的欧洲研究框架下。20世纪50年代，当法德和解享有最高级别的政治优先性时，在形象学框架下研究国家的自我形象、刻板印象和陈旧观念,还被视为是文学研究中的"未来领域"(domaine d'avenir)[1],一如马里乌斯-富朗索瓦·顾雅(Marius-François Guyard)在《比较文学》(*La littérature comparée*)一书中自信满满地提出的那样。然而,这种国家视角随着全球化进程逐渐淡出了文学研究领域。尽管如此,比利时日耳曼学学者胡戈·戴瑟林克(Hugo Dyserinck)在亚琛大学依旧为日耳曼学中的形象研究保住了一块阵地。今天,他的学生约普·列尔森与曼弗雷德·贝勒则继续传承他的衣钵。列尔森和贝勒认为,形象学并未过时,反而极为切合时代,因为正是形象学研究方法"可以帮助人们更清晰地聚焦文学的跨国家多样性"[2]。他们呼吁在当今文学研究中保留一种"形象学的维度",因为尽管全球化不断加深但"语言和语言学差异在客观上的优先地位"依旧存在,尽管边界正在消融但"文学国际交流要穿越的边界,依然很大程度存在于人们的头脑中"[3]。

关于纳粹占领时期荷兰文学的研究,可以典型地体现对一国的刻板印象如何影响学术研究。直到 20 世纪 60 年代,对纳粹占领时期的解读都存在着非"黑"(亲纳粹)即"白"(反纳粹)的趋势。这种趋势深受历史学家路易·德·容(Louis de Jong)著述的影响,并导致了在研究中尤其突出抵抗运动与同流合污两个对立面。这就导致人们倾向于将与纳粹合作的整体罪责归结到一小部分同流合污者——纳粹主义的民族社会运动(Nationaal-Socialistische Bewegong)成员或党卫军志愿者——身上。直到在关于大屠杀的讨论中,这种倾向才开始受到质疑。雅克·普莱瑟(Jacques Presser)在《毁灭》(*Ondergang*,1965)一书中清算了对占领时期的这种自欺欺人的描绘。在紧随其后的诸多批判性研究中,形成了一幅纳粹占领时期的新图景。特别是自克里斯·范·德·海登(Chris van der Heijden)的《灰色历史》(*Grijs verleden*,2001)出版以来,人们在研究中尤其突出荷兰大众向占领当局妥协的普遍倾向。这就使得抵抗运动这一曾经的研究重点逐渐淡出了学术视野。

---

[1] Marius-François Guyard, *La Littérature comparée*, Paris: Presses universitaires de France, 1951, S. 5.

[2] Manfred Beller und Joep Leerssen (eds.), *Imagology: The Cultural Construction and Literary Representation of National Characters*, Amsterdam: Rodopi, 2007, p. 30.

[3] Ibid.

因此可以说,暂时还没有一部关于抵抗运动之文化成就的批判研究。在荷兰学研究中,占领时期的文学依然几乎无人问津。一方面,战后文学——例如哈里·穆里施(Harry Mulisch)、威廉·弗里德里希·赫尔曼斯(Willem Frederik Hermans)、吉拉德·勒维(Gerard Reve)等作家——对第二次世界大战的清算广受关注;另一方面,人们却更乐意把第二次世界大战期间的文学留给历史学家。一个典型的例子,就是拉尔夫·格吕特迈尔(Ralf Grüttemeier)和玛丽娅-特蕾西娅·罗伊克(Maria-Theresia Leuker)最新出版的《荷兰文学史》(*Niederländische Literaturgeschichte*, 2006)完全没有涉及抵抗文学。而在关于德荷关系的历史学与社会学研究,如霍斯特·拉德马赫(Horst Lademacher)的《一对不平等的邻居》(*Zwei ungleiche Nachbarn*, 1990)和弗里索·维兰加斯(Friso Wielangas)的《从敌人到盟友》(*Van vijand tot bondgenoot*, 1990)中,也没有出现抵抗文学。然而本文试图呈现的是,第二次世界大战后荷兰的德国形象在很大程度上受到了抵抗文学的影响。

一、抵抗文学和德国政治宣传

本文所指的荷兰抵抗文学,是指德国占领荷兰期间(1940—1945)所有不受新当局许可而印刷的文学。就抵抗文学的生成而言,荷兰并非特例——法国的午夜出版社(Les Éditions de Minuit)、波兰的家乡军(Armia Krajowa)以及丹麦的自由北欧出版社(Frit Nordisk Forlag)都是相当著名的例子。但是荷兰抵抗文学出版物的数量是独一无二的。德克·德·容在他的图书编目(1958)里提到了不下 1019 种图书,而根据哈里·斯通(Harry Stone)的研究,在其他纳粹占领国仅有几十种或者百余种图书为人所知[①]。

这一类抵抗文学也被德克·德·容称为"非法文学"。但在其中,仅有一部分作品公开反对纳粹及其合作者。荷兰抵抗文学中的很多作品完全是通俗文

---

① Harry Stone, *Writing in the Shadow. Resistance Publications in Occupied Europe*, London: Routledge, 1996, p. 141.

学，通常是诗歌集，在秘密印刷发行后可以作为抵抗运动的收入来源。尽管占领当局从未将清剿抵抗文学和其他"煽动性作品"作为重中之重，但是仍然有大约770余人（多数是印刷工和插画师）因此牺牲。①

荷兰的抵抗文学是对德国纳粹宣传的直接回应。这一点也符合荷兰在纳粹占领欧洲中的特殊地位。德占荷兰由民选政府治理，不同于被各自傀儡政权统治的丹麦、挪威和法国南部，也不同于军事占领的比利时和法国北部。希特勒选择阿图尔·塞斯-英夸特（Arthur Seyss-Inquart）作为荷兰的帝国总督，这一点当时出乎众人意料。塞斯-英夸特曾任奥地利总理，尽管在德奥合并中起到过重要作用，但直到很晚才正式加入纳粹党。此外，他还是虔诚的天主教徒，拥有斯拉夫血统——他原名阿图尔·查迪奇（Arthur Zajtich）。塞斯-英夸特不会荷兰语，对荷兰的文化和历史认识也只局限于一般的陈旧观念。人们都知道他在被任命为总督时对他妻子说的话："亲爱的特鲁德，元首让我去种郁金香。"②

希特勒之所以选择塞斯-英夸特，可能与他对荷兰的"奥地利式"未来设计有关：一个应当成为德意志帝国一部分的边陲小国。所以，希特勒不说"荷兰"而常说"西部地区"（Westland）也并非是什么巧合，而是为了与"东部地区"（Ostland）或"东部边疆"（Ostmark）——即先前的奥地利——对应。尽管没有任何一份文件能够表明希特勒对荷兰有过这种极端的计划，但是有一点是众所周知的：在很多纳粹分子眼中，莱茵河三角洲无论是在地理、民族上还是在文化、语言上来看都属于德国。戈林称荷兰语从原则上来讲就是一种"德语方言"，希姆莱则将之称为"低地德语"（Niederdeutsch）。③ 一批纳粹的忠实信徒认为，能够成为德意志帝国的一部分应当是荷兰的骄傲。在他们看来，并入德国对荷兰民众而言是成为新欧洲中特权公民的唯一机会。鉴于吞并奥地利出人意料地顺利，吞并卢森堡也在计划之中（1942年实现），吞并荷兰的计划看起来也是完全可行的。

将荷兰视为德国附属的想法并不新鲜。早在1831年，恩斯特·莫里茨·阿

---

① Frits Boersma, *In stug verzet 1940-45. Herinneringen van grafici*, Amstelveen: Koninklijk Verbond van grafische ondernemingen, 1999.
② Louis de Jong, *Het koninkrijk der Nederlanden in de Tweede Wereldoorlog*, Band 4, Teil 1. Den Haag: Staatsuitgeverij, 's-Gravenhage, 1972, S. 31.
③ Ebd., S. 76 u. 248.

恩特（Ernst Moritz Arndt）就在《论尼德兰及莱茵兰问题》（*Die Frage über die Niederlande und die Rheinlande*）中暗示，荷兰语应被看作德语的一个变种，因此荷兰人还是与德国人并肩携手为好。雅各布·格林（Jakob Grimm）也坚信，荷兰人迟早会遵奉德意志文化。[①] 诸如弗里茨·布莱的《泛德意志运动与尼德兰》（*Die alldeutsche Bewegung und die Niederlande*，1897）等在泛德意志同盟（Alldeutscher Verband）框架下写就的研究更是推广了这样的理念，并且影响了德国后来的占领政策。

　　塞斯-英夸特有目的地支持那些推动荷兰向德国靠拢的出版物。他的文学政策比欧洲其他占领区的都更加严格。纳粹在夺权后不久就查抄了一批书店中的"反德意志"文学，并宣布了严厉措施。1940年10月，所有书商和图书管理员都接到命令，必须将所有反德意志书籍从书架上清理干净。严格的审查措施和"文字处"（Referat Schrifttum）的成立则负责在新书稿出版前审查其中有无批评德国的言论。接着，1941年又成立了由与纳粹合作的托比·戈德瓦根（Tobie Goedewaagen）所领导的"文化协会"（Kultuurkammer），其任务是按照民族社会主义原则强制将荷兰文学统一化。成为协会会员成了文艺工作者的义务，未经协会允许，任何内容不得印刷、陈列或者表演。尽管遭到戈德瓦根的反对，塞斯-英夸特还是下令将"文化协会"中的"文化"一词从荷兰语的"cultuur"改写为德语化的"kultuur"；这也清晰地表明，塞斯-英夸特的长远目标并非仅是将荷兰文纳粹化，而是要将之日耳曼化。

二、反 德 宣 传

　　从根本上说，荷兰的抵抗文学针对的是塞斯-英夸特的这一系列计划。德国的宣传越有侵略性，抵抗文学的应对就越强烈。匿名发表的《德意志文明》（*Duitsche beschaving*）就是一首反德名诗：

[①] Ulrike Kloos, *Niederlandbild und deutsche Germanistik 1800-1933*, Amsterdam: Rodopi, 1992, S. 27.

当荷兰人已经站在地上

拥有了人类的思想

而条顿人依然挂在树上

还在用爪和尾摇晃①

这首讽刺诗接下来罗列了马尔腾·特龙普（Maarten Tromp）、米夏尔·德·罗伊特（Michiel de Ruyter）等海上英雄的壮举，并称同一时代的"德国人还处于襁褓之中"。诗歌在结尾处宣称，德国人至今仍未学会像成年人一样说话，一张嘴就只是喊叫。这首诗传达的信息很明确：荷兰这个国家比德国古老得多，因此，质疑荷兰存在之合理性的德国宣传是完全站不住脚的。

在纳粹当局不遗余力地试图宣传荷兰人和德国人是"日耳曼兄弟"的同时，抵抗文学反复强调两者的不同和荷兰自身的特性。比如，反对纳粹宣传的爱国抵抗运动开始表达自己对荷兰皇室的忠心。在纳粹占领之前，荷兰女王威廉明娜（Wilhelmina）早就失去了各个社会阶层的支持，许多荷兰人仅仅将她视为既有政权的代表，社会主义者们更是对皇室鲜有认同。但是随着纳粹占领荷兰，流亡伦敦的威廉明娜变成抵抗运动的象征。威廉明娜的"二次加冕"，主要归功于塞斯-英夸特。正是他对皇室的持续抨击，使得威廉明娜越来越受欢迎。她成为抵抗文学中的女英雄，代表皇室的橙色也成为民族的象征，历史上第一次受到全体民众认可。

值得注意的是，在抵抗文学中不断出现与"八十年战争"（1568—1648）的类比。人们很早就开始在创作中运用这场对抗西班牙的独立战争的主题。甚至于第一位为人熟知的纳粹抵抗者伯恩哈特·伊吉尔德拉特（Bernard IJzerdraat），就根据八十年战争中的那一批自由斗士将他所领导的抵抗运动命名为"丐军"（Geuzen），还在1940年5月18日写的《丐军报道》（Geuzenbericht）中将德国人称为新西班牙人，说他们不久将会引入宗教裁判所，将这个国家洗劫一空并限制民众自由。像奥兰治的威廉（Wilhelm von Oranien）起义时一样，荷兰也出现了

---

① M.G. Schenk und H.M. Mos (Hrsg.), *Geuzenliedboek 1940-1945*, naar de editie 1975, Amsterdam: Buijten & Schipperheijn, 2005, S. 133.

一些(匿名发表的)抗议歌曲,它们被收入(同样是匿名发表的)诗集《丐军歌集》(*Geuzenliedboek*)并且广为流传。在纳粹占领期间,这样的"丐军歌集"印刷过至少 40000 册。尽管大多数丐军诗歌是新作,但也有一些是翻印了 16 世纪的诗歌。八十年战争期间诗歌的成功复兴,也使得所有丐军诗歌中最著名的一首——《威廉颂》(*Wilhelmus*)——成为受到各个社会阶层,甚至包括社会主义者们所认可的国歌。

记者兼作家伊戈·佛佩玛(Yge Foppema)在被囚禁期间曾写作了一部关于丐军诗歌的研究作品。他得出的结论是:荷兰人身份认同的本质在过去 4 个世纪里未曾改变。[①] 这个简单的论断正契合了抵抗文学的目标。人们确实在试图传递一种情绪:"荷兰人的身份"几个世纪以来丝毫未变地保留了下来,反对德国人的斗争是反对西班牙人的八十年战争的合理延续。对自由的信仰,以及在这种自由一旦受到威胁时人们奋起反抗的权利,是此时尤被突出强调的荷兰身份认同的本质。

这种情绪因为德国身份被定义为对自由的侵害而更得到加强。正如霍斯特·拉德马赫所指出的,早在 19 世纪时,就出现过借助与德国的对立来定义荷兰身份认同的倾向。[②] 通过系统地构建与普鲁士德国的军国主义和卑躬屈膝之间的对立,自由和宽容被视为荷兰身份的本质特性并得到了强化。这一自 19 世纪便开启的事业,在纳粹占领期间达到了顶峰。读过荷兰抵抗文学的人会产生这样一种印象:世界上没有任何一个民族比德国人和荷兰人的区别更大。

阿尔贝特·赫尔曼也在 1944 年 12 月 15 日的抵抗杂志《自由艺术家》(*De Vrije Kunstenaar*)中明确区分了"自由……这一在我们这个有着悠久的民主思想与民主意愿之传统的真正民主国家中的首要武器",以及"作为人和民族的德意志人的内心不自由"。而这也是他的"性格研究"《查拉图斯特拉如是说》的根本观点。

[①] Yge Foppema, *Oude en Nieuwe Geuzenliederen*, Amsterdam: De Bezige Bij, 1946, S. 5.

[②] Horst Lademacher, „Deutschland und die Niederlande. Über Wandel und Kontinuität des Bildes vom anderen ", in: H. Süssmuth (Hrsg.), *Deutschlandbilder in Dänemark und England，in Frankreich und den Niederlanden*, Baden-Baden: Nomos Verlagsgesellschaft, 1990, S. 392f.

三、阿尔贝特·赫尔曼

阿尔贝特·赫尔曼(1903—1996),曾用笔名"路德维克"(Lodewijk)、"洛"(Lou)和"里希特菲尔特"(Lichtveld),出生于南美洲的荷兰殖民地苏里南。他于1922年迁至荷兰,学习音乐和荷兰文学。和来自殖民地的众多学生一样,赫尔曼十分思念自己的家乡。在《南—南—西》(*Zuid-Zuid-West*,1926)和《寂静的种植园》(*De Stille Plantage*,1931)中,他表达了自己对于荷兰殖民政策的批判。

在他的作家生涯初期,赫尔曼属于围绕在《共同体》(*De Gemeenschap*)周围的天主教作家群体,与他们一样对法西斯主义抱有(模糊的)好感。① 然而,他在之后疏远了守天主教团体,并在长居西班牙期间与乔治·奥威尔(George Orwell)一起参与反对弗朗哥(Franco)的斗争。他在30年代创作的作品反映了明确的反法西斯思想。《疯了的独裁者》(*De dolle dictator*,1935)乍看之下是一部关于阿根廷独裁统治者胡安·曼努埃尔·德·罗萨斯(Juan Manuel de Rosas)的长篇小说;但从罗萨斯的种族仇恨、空洞修辞和狂妄自大中可以很明显地看出,这部作品实际上就是对希特勒的讽刺。在《错过换乘》(*Anschluss verpasst*,1936)和《千百万的苦难》(*Miljoenenleed*,1940)中,赫尔曼则探讨了犹太难民的悲剧与纳粹德国的反犹主义。

在纳粹占领期间,赫尔曼拒绝加入文化协会。他销声匿迹,靠卖桌游棋牌艰难为生。因为宵禁和缺乏娱乐,桌游棋牌竟意外地成为一门很好的生意。赫尔曼也作为伪造个人证件的专家加入了抵抗运动,到战争接近尾声时已在抵抗组织"不法分子大委员会"(Grote Raad van de Illigaliteit)中担任颇具影响力的职务。

---

① Martien de Jong, *De Dichter en zijn rechters. Een pleidooi voor eerlijkheid en begrip inzake Nederlandse schrijvers onder Duitse bezetting*, Baarn: De Prom, 1988, S. 102.

四、《查拉图斯特拉如是说》

赫尔曼的《查拉图斯特拉如是说》出版于 1944 年,是一部"伪装书"(Tarnschrift),实际上并非尼采那本名著的译本,而是一部以引述德语文学为基础的关于德意志民族精神的批判研究。对于自己在纳粹占领下研究德语文学这一出人意料的决定,赫尔曼日后写道:"自古以来,特别是作家和诗人,不仅仅对国家歌功颂德,更发表过批评的文字,这些文字证明了他们对自己所属民族之性格的深刻认识。"

赫尔曼并不是第一个将德国文学作为批判德国之镜的人。早在纳粹占领期的第一年,坊间就流传着一篇匿名的文章,引用尼采和尤里乌斯·朗贝恩(Julius Langbehn)来佐证德国从根本上说是一个野蛮人的国度。[①] "老师自己说的"(magister ipse dixit)的原则,即用敌对阵营的论据强化自身断言的可靠性,在抵抗文学界一直备受欢迎。人们可以在《自由艺术家》杂志中找到各种这样的例子。当 1942 年文化协会的官方成立仪式上奏响贝多芬的《哀格蒙特序曲》(Egmont-Ouventüre)时,这本艺术家杂志用歌德《浮士德》中的名句"唯有每日必要征服自由和生命者,才配享有之"来支持抵制文化协会的号召。一篇发表于 1944 年 5 月的批评文化协会日耳曼化政策的檄文,也引用了歌德。这段德语引文出自 1808 年 12 月 14 日歌德与弗里德里希·封·穆勒(Friedrich von Müller)之间的谈话:"我……现在又在详细研究早期法国文学……他们无穷的文化……不知已过去了多少,可我们德国人却还是粗鲁的傻小子。"[②]令人惊讶的是,《自由艺术家》杂志 1944 年 8 月甚至还把阿道夫·希特勒当作"老师",用他的话呼吁德国人民反抗"元首"。这段极为到位的(德语)引文出自《我的奋斗》

---

① R. S. Zimmermann-Wolf, *Het woord als wapen. Keur uit de Nederlandse ondergrondse pers 1940-1945*, Den Haag: Martinus Nijhoff, 1952, S. 82.

② L. P. J. Braat, *De Vrije Kunstenaar 1941-1945. Facsimile herdruk van alle tijdens de bezetting verschenen afleveringen*, Amsterdam: Grüner, 1970, S. 107.

(*Mein Kampf*, 1925):"如果一个民族在某个天才的压迫者的暴政之下备受煎熬……，那么就会有一位大无畏的勇士从人民中一跃而出，把死亡的利刃捅入那备受憎恶的毒夫胸膛。"①

其甚至连赫尔曼以希特勒夺权为契机开展德意志民族"性格研究"的想法也不是新的。在 20 世纪 30 年代，有许多欧洲知识分子都试图用"德意志精神"来解释纳粹的成功。在这里值得提到的有冈扎格·德·雷诺（Gonzague de Reynold)的《德意志从何而来》(*D'où vient l'Allemagne*, 1939)、埃德蒙·维尔梅尔（Edmon Vermeil)的《试析德国》(*L'Allemagne, essai d'explication*, 1940)，以及埃里希·卡勒(Erich Kahler)的《欧洲史中的德国性格》(*Der deutsche Charakter in der Geschichte Europas*, 1937)。在荷兰国内，德国社会学家赫尔穆特·普莱斯纳(Helmut Plessner)也发表了类似研究。他于 1933 年失去了科隆大学的教职，多亏人类学家弗里德里克·博伊藤戴克(Frederik Buytendijk)的介绍受聘于格罗宁根大学。他在那里以"市民时代末期德意志精神的命运"(*Das Schicksal des deutschen Geistes im Ausgang seiner bürgerlichen Epoche*, 1935)为总标题作了一系列关于德意志民族性的演讲，这些演讲构成了他的名著《迟到的民族》(*Die verspätete Nation*)的基础。不过，该书直到 1959 年才最终出版。

以上这些研究似乎都没有对赫尔曼产生过直接的影响。不过可以肯定的是，他对安德烈·纪德的《关于德国的反思》(*Réflexions sur l'Allemagne*, 1919)一文相当熟悉。这篇文章在纳粹占领时期由马克斯·诺尔德译出，于 1945 年以《论德国》(*Over Duitschland*)为题在勤蜂出版社(De Bezige Bij)这一荷兰最著名的抵抗文学出版社付梓。和赫尔曼在《查拉图斯特拉如是说》中一样，纪德也在他的文章中引用了歌德来支持自己有关德国的观点。而对赫尔曼而言更为重要的材料来源是埃德加·亚历山大的《德意志精粹》(*Deutsche Brevier*, 1938)。在该书中能找到众多后来被赫尔曼逐字逐句转引的文字，包括歌德、伯尔纳(Börne)、格里尔帕策(Grillparzer)及其他作家。

如果说亚历山大是将他的"政治读本"呈现为对希特勒在德国大受欢迎这一

---

① L. P. J. Braat, *De Vrije Kunstenaar 1941-1945. Facsimile herdruk van alle tijdens de bezetting verschenen afleveringen*, S. 119.

现象的"一场实事求是的研究",那么赫尔曼顾及研究的客观性。[①] 他不在意客观,而是要将笔杆当作反抗占领当局的枪杆子。他在《查拉图斯特拉如是说》中描绘的纯粹是一幅德国的刻板印象,并将之与同样流俗的荷兰形象对立起来。借助"自由"这一基本思想,他在最大程度上将荷兰人与德国人区分开来:荷兰人在本质上是热爱自由的民族,而德国人的特征则体现为极度的卑躬屈膝、盲目的服从以及野蛮的军国主义。

在《查拉图斯特拉如是说》中,作者展现出了对德国文学令人惊异的谙熟。尽管人们知道赫尔曼有德国血统,他的妻子、雕塑家莉莉·科尔尼尔斯(Lili Cornils)也是德国人,但他能够引用中世纪直至20世纪初这样一长段时期内的德国作家,甚至有时还引用部分相对不知名的作家,着实令人惊叹。

1944年夏,阿姆斯特丹的出版人弗兰索·霍伊斯(Franso Hoes)发行了275本《查拉图斯特拉如是说》。值得注意的是,这一版缺少了最后一章。这是因为负责印刷的G. G. 范·埃尔伯格在印制第172页时遭到突击搜查。尽管他及时销毁了这部分清样,但当局还是发现了其他的非法印刷物并因此逮捕了他。获释后,范·埃尔伯格拒绝继续印刷最后一章,因此这本书只能以未竟之貌出版发行。这一不完整的初版也没有按照原先的计划被冠以阿尔贝图斯·帕尔乌斯的《条顿之镜》(*Speculum Teutonicum*)这一煽动性的标题,而是伪装成了尼采的《查拉图斯特拉如是说》。

直到战争结束,这项研究的完整版本才以《条顿之镜》(*Teutonenspiegel*,1946)为题得以出版。在导言中,赫尔曼解释道,他将自己的这项研究作为对"一个产生了如此众多的艺术家和哲学家的民族怎会如此深陷野蛮与奴役之泥淖"之问的回答。赫尔曼认为,"在任何一个民族的文学中,都完全能够整理出作家和诗人对自己国家和人民的一系列消极评述",但他同时强调,德国的情况相当特殊,因为"没有任何一个我们已知的民族文学,在几个世纪以来不断重复着这种批评"。这种主观性也体现在了他翻译时诗意的自由发挥。比如,赫尔曼将一首16世纪的诗歌中的"新状态"(die neue Verfassung)翻译成了"新秩序"(die

---

① Edgar Alexander, *Deutsches Brevier. Politisches Lesebuch*, Zürich: Europa Verlag, 1938, S. 20.

nieuwe orde),以便更加明显地指向纳粹主义。

五、作为抵抗武器的德国文学史

《查拉图斯特拉如是说》的第一章从中世纪开始,一直延续到 17 世纪。在这一章里,赫尔曼强调了德意志王侯的傲慢与无能。他用引文生动地展现了这一点,引用的作家包括埃尔萨斯地区的讽刺作家汉斯·米夏埃尔·莫谢罗施(Hans Michael Moscherosch)以及西里西亚的箴言诗作家弗里德里希·封·洛高(Friedrich von Logau)。但赫尔曼最重要的引文来源还是汉斯·雅各布·克里斯托夫·封·格里美豪森(Hans Jakob Christoffel von Grimmelshausen),因为他在后者的《痴儿西木传》(*Simplicissimus*,1669)中找到了可以与纳粹占领时期相对照的内容,例如书中所描述的一个英雄的春秋大梦:征服半个世界,让西欧所有的君主都向德意志民族称臣纳贡。

第二章讲的是 18 世纪文学史。赫尔曼在本章中引述了莱辛 1769 年 8 月 25 日写给克里斯多夫·弗里德里希·尼可莱(Christoph Friedrich Nicolai)的一封信:"如果您设想在柏林甚至也像现在的法国和丹麦一样,出现了这样一个为臣民的权利而斗争的人,大声疾呼反抗统治者的敲骨吸髓和独断专横,那么您马上就会认识到,哪个国家才是欧洲直到今天奴性最盛的国家。"

克里斯蒂安·舒巴特(Christian Schubart)的《德意志编年录》(*Deutsche Chronik*,1774—1778)也成了赫尔曼实实在在的宝库。在舒巴特对这个"所有报纸皆大同小异"的"奴性世纪"发出一声长叹之后,赫尔曼补充道:"这一判断和第三帝国报界的情况完全相符,而绝大多数德国人都已经听话地适应了这种状态,因此这里所谓的奴性世纪,倒更应该被称为奴性永恒。"

赫尔曼还详细地引述了歌德和席勒,例如《赠辞》(1796)中关于"德意志民族性"这一主题的短诗:"德意志人啊,你们希望形成民族,却徒然无功;/你们应更自由地发展为人,你们能够做到。"而在歌德与爱克曼 1827 年 5 月 3 日的谈话中,赫尔曼找到了更进一步的论据:"我们德国人是昨日的民族。尽管一个世纪以来我们形成了相当不错的文化教养,但恐怕还得等上几个世纪,才能有足够多的精神和更高雅的文化灌输给我们的同胞,才能让他们人人都像希腊人一样崇拜美,人人都为一首优美的歌曲倾心,人们才能说,距他们尚是野蛮人的日子已过去了很远。"

他还大量引述了路德维希·蒂克的讽刺作品《蠢人大事记》(*Denkwürdige Geschichtchronik der Schildbürger*,1796)以及约瑟夫·格雷斯(Joseph Görres)于1814年刊发在《莱茵水星报》(*Rheinischer Merkur*)的一篇虚构的拿破仑关于德国人的思考。赫尔曼在评述中都附上了自己的中心思想:希特勒并不是某一历史过错的不幸后果,而是德意志民族性合乎逻辑的产物。

在论及19世纪早期的第三章中,海涅的作品居于中心。赫尔曼将海涅视为一位洞察德意志特性的预言式思想家。在赫尔曼看来,这一点源自海涅在《法国现状》(*Französische Zustände*,1832)中对德意志精神气质的观察,而在《科布斯一世》(*Kobes I*,1853)一诗中表现得更为明显。在这首诗里,一位平民被加冕为皇帝,而他则因为愚蠢而受到钦佩:

> 他们夸口说,/大学他从未上过,/不师承任何学派,/却能自己写出书来。/他获得他所有的无知,/全凭他自己的本事,/外国的教育和科学,/从未败坏他的心情。……他想必会情不自禁,/率先入侵法兰西,/让阿尔萨斯、勃艮第和洛林,/回到德国怀抱里。

随着讨论19世纪晚期的第四章的结束,这部研究戛然而止。第四章的中心人物是这本书的假托作者:弗里德里希·尼采。赫尔曼强调,纳粹错误地理解了尼采哲学,因为实际上,尼采是最尖锐的德国批评者之一。为了要证明这一点,他引用了《瓦格纳事件》(*Der Fall Wagner*,1888)中的段落:"德国人在历史上就是拖延者的代名词,如今又是欧洲最落后的文化民族。"赫尔曼以一段警告结束了对尼采的思考。他号召读者要谨防德意志民族紧迫的改造教育工作落入那些人手中,"他们出于自身利益以及对人文主义的错误理解,恐怕会表现得太过软弱"。

《查拉图斯特拉如是说》符合德国罗曼语文学家爱德华·韦克斯勒(Eduard

Wechssler)的"本质学"研究传统。韦克斯勒的《法国精神与德国精神》(*Esprit und Geist*,1927)被认为是一部经典著作,通过研究某个文化或民族(在这里是法国)来强调差异(在这里是与德国的差异)从而强化本国的民族概念。而赫尔曼的研究同样着眼于"在德国历史的第一道曙光到如今的诸神黄昏之间,搜寻德意志民族性的阴暗面",从而构建出一种与荷兰热爱自由、民主宽容的固有民族形象截然相反的德国形象。尽管在很多抵抗文学中都能找到这样的现象,这一研究仍然具有独特性,因为——借用形象学的术语——德国的"异质形象"(Hetero-Image)是由其"自我形象"(Auto-Image)的拼贴构成的。因此,尽管书中存在诸多刻板印象,赫尔曼关于"德国人内心的不自由"[①]的观点,依旧比其他用外部视角构建德国"异质形象"的作品更加深刻。

六、另一个德国

但是,在抵抗文学中这种绝对负面的、刻板化的德国形象之外,还应补充指出,有许多德语作家和技术人员也参与到了抵抗文学的生成之中:德国和奥地利的流亡者们为他们的家乡塑造了一种完全不同的形象,并得到了荷兰抵抗运动的广泛认可。值得注意是,一部分(尽管数量有限)抵抗文学是以德语出版的。这也证明,荷兰抵抗运动中的反德意志修辞首先是一种抵制德国煽动文学的政治策略,它并不排斥与反纳粹的德国人和奥地利人开展友好合作。

这里值得一提的是马克斯·弗里德兰德(Max Friedländer)于1942年在地下出版的《论文化学的界限》(*Von den Grenzen der Kunstwissenschaft*),以及库尔特·巴施维茨(Kurt Baschwitz)关于巫术史的研究,后者于1941年被译成荷兰语,题为《论奥德瓦特城的女巫秤》(*Van de heksenwaag te Oudewater*)并以笔名卡西米尔·K.维瑟尔(Casimir K. Visser)出版。除了德语流亡作家的作品之外,一些德国文学的经典文本也得以出版,少数译成荷兰语,多数则保持了德语

---

① Braat, *De Vrije Kunstenaar 1941-1945. Facsimile herdruk van alle tijdens de bezetting verschenen afleveringen*, S. 167.

原貌。抵抗文学中最珍贵的出版物之一要属 1941 年马丁·布伯(Martin Buber)《哈西迪犹太传奇》(*Chassidische Legende*)的荷兰语译本,由艺术家亨德里克·尼可拉斯·魏克曼(Hendrik Nicolaas Werkman)绘制插图。1943 年,由贝尔图斯·阿弗耶斯(Bertus Aafjes)自由译出的德语民歌集《男童的神奇号角》(*Des Knaben Wunderhorn*)以《号角》(*De tooverfluit*)为题面世。同年,匿名创作的歌曲《十个小牢骚》(*Zehn kleine Meckerlein*)也得以付梓。这首讽刺歌谣改编了儿歌《十个黑小子》(*Zehn kleine Negerlein*),从柏林北部的奥朗宁伯格集中营(KZ Oranienburg)被偷运出来,又由阿姆斯特丹的奥古斯特·艾弥·巴克马(A. A. Balkema)编辑出版。卡夫卡的作品尤其受欢迎。妮基·布伦特(Niki Brunt)翻译的卡夫卡《变形记》(*Die Verwandlung*)印了千份,如此高的印数在抵抗文学中相当罕见。有另外两部卡夫卡的作品以德语原文出版,不过印数相对较少。

占领区绝大多数的德语作品都由在地下活动的半人马出版社(Die Kentauerdrucke)出版。这家出版社由德国流亡者沃尔夫冈·弗罗莫尔(Wolfgang Frommel)和沃尔夫冈·科尔丹(Wolfgang Cordan)——本名海因茨·霍恩(Heinz Horn)——创立[①],二人都属于斯特凡·格奥尔格(Stefan George)的圈子。在匈牙利出版商卡尔曼·科拉尔(Kálmán Kollár)——阿姆斯特丹的的万神殿(Panthéon)出版社也在他名下——的帮助下,两位流亡者成功出版了一系列颇具文学品味的书籍,包括荷尔德林、赫尔德、鲁道夫·潘维茨(Rudolf Pannwitz)、约翰·戈特弗里德·索伊莫(Johann Gottfried Seume),当然还有斯特凡·格奥尔格的作品。格奥尔格的年轻信徒珀西·戈特海因(Percy Gothein)也得以在该社托名彼得·封·乌里(Peter von Uri)出版了诗集《暴政》(*Tyrannis*)。

半人马出版社和万神殿出版社的书销路很好。矛盾的是,德国国防军士兵却是其最好的顾客之一,他们不仅不惜重金购得精装藏本,而且还给流亡者们赠送食物。弗罗莫尔用这些食物养活了一批躲藏在他们那里的犹太青少年。在弗

---

① Karlhans Kluncker, *Castrum Peregrini : een uitgeverij in het teken van Stefan George*, Brüssel: Koninklijke Bibliotheek Albert I, 1979; Günter Baumann, *Dichtung als Lebensform. Wolfgang Frommel zwischen George-Kreis und Castrum Peregrini*, Würzburg: Königshausen & Neumann, 1995.

罗莫尔自己命名的"异域城堡"(Castrum Peregrini)中,人们活在文学经典的精神之中,保持平和。"异域城堡"里有这样一条规定:每当听到"现在我们开始读!"这句话时,年轻人们就都要坐下,而其中一人则要朗诵一首诗。当外面成千上万的犹太人被纳粹以德意志帝国的名义强行驱逐的时候,弗罗莫尔用这样一种方式在他的阿姆斯特丹避难所中创造了一个德语文学的平行世界。①

尽管德语文学只占了抵抗文学中的一小部分,但它却提供了一种不同于刻板的负面德国印象的重要选项。作为反例,抵抗文学中的德语文学令人意识到,德国文学不仅可以像在赫尔曼那里一样提供反抗纳粹的武器,还能成为与德国和解的机会。正是这些地下的德语出版物,使著名作家西蒙·维斯特戴克(Simon Vestdijk)得以在圣米歇尔监狱服刑期间发表一次关于卡夫卡的演讲。对于这一出人意料的决定,维斯特戴克辩解道,卡夫卡应当被视为抵抗运动的一部分。②

当维斯特戴克于 1947 年反对文化部部长盖里特·波尔克施泰因(Gerrit Bolkestein)终止在中学继续教授德语的计划时,他所想的正是这"另一个德国"。尽管这一计划从未落实,但战后人们学习德语的热情仍旧大大消退,不可能再达到之前的程度。③ 即便在今天,相较于德国的其他邻国,在荷兰学习德语文学的大学生数量也明显更少。④

但对德语文学的兴趣之所以在荷兰并未消失殆尽,显然与 20 世纪 30 年代那些投身于支持德语流亡文学事业的人所扮演的文化交流者角色密切相关。阿姆斯特丹的科维利多(Querido)出版社德语部创始人之一弗里茨·赫尔姆特·兰茨霍夫(Fritz Helmut Landshoff)在战后结束了在美国的流亡,回到德国,并于 1948 年出任新成立的贝尔曼·费舍尔/科维利多出版社总经理。不过,尽管出版社在荷兰坚持经营了下去,但它的德国分部不久就停业了。更为成功的则

---

① Lisette Lewin, *Het clandestiene boek 1940-1945*, Amsterdam: Van Gennep, 1983, S. 234.
② Hans Visser, *Simon Vestdijk. Een schrijversleven*, Utrecht: Kwadraat, 1987, S. 300.
③ Friso Wielenga, *Van vijand tot bondgenoot: Nederland en Duitsland na 1945*, Amsterdam: Boom, 1999, S. 33.
④ Arjen van Velen, *Was ist los?*, http://www.kennislink.nl/publicaties/was-ist-los (01. 11. 2009).

要数海因茨·科恩(Heinz Kohn)。他在1934年流亡荷兰时,按照德国古登堡书业协会(Büchergilde Gutenberg)的模式建立了"团结书会"(Boekenvrienden Solidariteit)。科恩在战时成功隐居,逃过一劫,在战后则成为德国文学在荷兰图书市场上最重要的代理商。几乎所有的德国大出版商——彼得·苏尔坎普(Peter Suhrkamp)、恩斯特·罗沃尔特(Ernst Rowohlt)、莱因哈特·皮珀(Reinhard Piper)、库尔特·德施(Kurt Desch)——都让科恩代理他们在荷兰的业务。还有伊丽莎白·奥古斯丁-格拉瑟(Elisabeth Augustin-Glaser)、海因茨·维勒克(Heinz Wielek)、康拉德·莫尔兹(Konrad Merz)和汉斯·凯尔松(Hans Keilson),他们都在战时流亡荷兰,战后却没有返回德国,而是在当地致力于于德国与荷兰之间的文化交流活动。身为记者和翻译家的尼克·罗斯特(Nico Rost)扮演了尤其重要的角色。作为曾驻柏林的通讯记者,他积极支持德国流亡文学。在纳粹占领期间,罗斯特曾被捕并被遣送至达豪集中营。战后,他凭借自己的道德威望,投身于德国和荷兰的文化交流事业。他认识到德国文化的意义远远超过纳粹暴行,而他在集中营中所写日记的标题《歌德在达豪》(*Goethe in Dachau*, 1946)尤其体现了这一点。

而奥托·弗兰克(Otto Frank)与社会学家巴施维茨在荷兰流亡期间结下的友谊,则产生了更加深远的影响。巴施维茨是第一批视安妮·弗兰克(Anne Frank)的日记为一部伟大的文学作品的人之一。① 正是得益于巴施维茨等友人的不懈支持,老弗兰克才能最终找到书商出版女儿的文字。在德国流亡者的语境中,就这样产生了《安妮日记》这部世界上最著名的荷兰文学作品。

七、抵抗文学在战后

在解放后最初的几周内,人们还给予抵抗文学一种近乎神圣的尊重。阿姆斯特丹市立博物馆首次举办的抵抗文学专题展"不自由时代的自由之书"(*Het*

---

① David Barnouw, *Anne Frank voor beginners en gevorderden*, Den Haag: Sdu Uitgevers, 1998, S. 62.

vrije boek in onvrije tijd)专门为"自由之声的烈士"设立了一个单独的展厅。进入这一展厅的观众都被要求对那些在创作抵抗文学的过程中失去生命的人们致以崇高的敬意。这一展览还曾远赴巴黎,荷兰语文学家赫尔曼·德·拉·封丹-费维(Herman de la Fontaine-Verwey)在1945年11月10日接受法国《世界报》(*Le Monde*)的采访时表示,抵抗运动不仅拯救了荷兰民族,也拯救了荷兰文学。

虽然如此,人们对于抵抗时期文学作品的兴趣却消退得很快。尽管勤蜂出版社于1944年12月自豪地宣布将出版整个抵抗文学的精选集《丐军新歌》(*Het Nieuwe Geuzenlied*),但这一项目却在解放后由于人们缺乏兴趣而不得不中断。1947年,人们就已经能在书店中看到抵抗时期文学作品最低五折的促销广告。抵抗文学已经完成了使命,地下出版物的魔力也不复存在。短短几个月前还被视为荷兰文学救星的抵抗文学,现在只不过是藏书家热衷搜寻的藏品。

尽管抵抗文学已经从公众视野中消失,然而在很大程度上,由它共同构建的消极的德国这一"异质形象"却继续留存。打造一个宽容而热爱自由的国度这样一种纯洁的"自我形象",并以此与消极的德国"异质形象"相对比,完全符合战后荷兰政府把本国军队的迅速溃败、自身抵抗的软弱、外国军队的长期占领以及最终通过外国军队实现的解放重新解读为民族胜利的努力。这样一来,抵抗运动的光晕就远远超过了那25000名真正的反抗斗士。而关于自身在占领时期与德国在经济上的紧密合作,以及对迫害犹太人的实际支持,荷兰政府却闭口不谈,对荷兰人民在占领期间普遍的态度不是反抗而是顺从这一事实也保持缄默。所有的责任都被推卸到一小批同流合污者,当然还有德国人身上。其结果就是德国丑恶的异质形象得到延续。因此,在占领时期用于抵抗纳粹宣传的策略,在解放后就摇身一变,变成了一种推卸责任的自我辩解。一切都是条顿人的错。

"世界若要与德国人共存,必须教化之",赫尔曼以这句话结束了他的《查拉图斯特拉如是说》。我们不能说赫尔曼认定荷兰就是这个教化过程中的老师。荷兰解放后不久,他就不得不意识到,一度作为抵抗运动大旗的自由精神竟被人恬不知耻地滥用于政治目的。更有甚者,新选举的民主政府在1947年重印当年的抵抗文学,竟是为了以自由之名为印度尼西亚的殖民战争赢得支持。赫尔曼虽被说服共同创作战后的第一部自由戏剧《自由之民》(Vrij volk),但却拒绝参加议会竞选。战后所有主要的政治势力都不愿意让殖民地人民分享新的自由,这一事实令赫尔曼感到极度失望。拒绝参选时他说道:"在我自己的国家甚至连普选权都没有。"1949年,他离开荷兰,义愤填膺地返回了苏里南。

作者简介:杰罗恩·德伍尔夫(Jeroen Dewulf),加州大学伯克利分校日耳曼研究系贝娅特丽克丝女王讲席教授,国际问题研究所和欧洲研究中心主任。

译者简介:朱房煦,慕尼黑大学日耳曼研究系硕士;李牧翰,北京大学德语系硕士在读。

重整军备与"快乐"生产

——纳粹党工人休闲政策探源

宋 昊

内容提要：重整军备、对外扩张是纳粹党一贯的目标，为此他们十分重视安抚、控制工人阶层。纳粹选择推行有组织的工人休闲政策来达到这一目的，其背后是功利性与欺骗性的经济动机与社会动机。

关键词：纳粹党 军备 工人阶层 休闲政策

纳粹党自1933年上台后，便开始推行重整军备、对外扩张的政策。为实现这一目标，保障军事工业的高效运转与迅速发展至关重要。而实现这一军事—经济目标的主体则是德国的工人阶层。为此，纳粹党想尽办法试图争取工人阶层的支持。然而工人阶层最为主要的诉求——提高工资、减少工时，恰与纳粹党竭力让整个经济服务于军事目的、尽可能榨取工人劳动力的追求产生矛盾。面对这一矛盾，纳粹当局采取了另类解决方案：不提高工资或减少工时，代以用官方休闲组织"力量来自欢乐"，为工人提供各种有组织的休闲活动，如度假旅行、体育课程、文化活动、劳动环境美化等。纳粹当局为何选择以休闲政策来安抚工人阶层？本文将对纳粹推行工人休闲政策的动机进行探讨。

一、重整军备与安抚工人

  纳粹党上台执政后,逐渐显露出对发展军事力量的强烈欲望。希特勒在入主德国总理府数日后,1933年2月3日与德国军方领导层会晤时便提出要"对东方的生存空间采取军事征服"的设想。1933年10月14日,纳粹政府借机退出了世界裁军会议,随后又退出国际联盟。当年12月,国防部军队处(实际上承担总参谋部职能)主任路德维希·贝克签署了扩军计划,预计将和平时期的陆军扩充至30万人。[①] 1934年兴登堡去世后,希特勒便指示德国军方,当在五年内做好战争准备。当年便有14家大型企业重新开始进行军备生产,如格鲁松、汉诺威机械制造公司等。[②]

  1935年3月16日,希特勒宣布重新实施普遍义务兵役制。6月18日,英德两国签署海军协定,德国扩充海军的镣铐也被解除。当年7月,军方修改了扩军计划,将和平时期的陆军编制规模扩大到70万人。1936年3月7日,德军进驻莱茵兰非军事区,英法等国并未及时采取有力的遏制行动。1936年8月,德国军方再度修改扩军计划,要在1939年10月之前将和平时期的陆军规模扩大到80万人,空军海军也要大举扩充。同月,希特勒还决定实施让经济完全转向军事需要的"四年计划"。按照这一计划,德国军队当在四年内拥有作战能力,德国经济也当拥有承受战争的能力。该计划要求严格限制民用工业的生产与投资,原料、劳动力、资金都要优先供应军事工业;要尽量发展替代用品,尽量利用本国原料,以追求自给自足;现有的原料必须尽快投入军事生产。

  1937年11月5日,希特勒向国防部长、外交部长、三军司令阐述了他的对外扩张战略。他指出,德国未来无法凭借现有领土来实现自给自足,将会面临生

  [①] Wilhelm Deist, *Militär, Staat und Gesellschaft: Studien zur preussisch-deutschen Militärgeschichte*, Oldenbourg: De Gruyter, 1991, S. 307.
  [②] Militärgeschichtlichen Forschungsamt (Hrsg.), *Das Deutsche Reich und der Zweite Weltkrieg*, Band 1, Stuttgart: Deutsche Verlags-Anstalt, 1979, S. 243.

存空间不足问题,需要扩张生存空间。要解决德国所面临的这一问题只有通过武力。他进而设想了德国在此后可能面临的战略处境,并在此基础上构思了一整套侵略扩张计划。

综上可知,希特勒自上台之初便致力于增强德国的军事力量,其对外政策的核心在于通过战争实现对外扩张。这种对外扩张需要尽可能动员德国的经济能力来服务于军事目的。在经济转向军事化的"四年计划"中,整个经济体系的核心目标,便是保障军事工业的高效生产。工业生产的实施者——工人阶层,也就不可避免成为纳粹当局迫切需要安抚取悦的对象。然而,工人阶层最为主要的诉求——提高工资、减少工时,与纳粹党竭力让整个经济服务于军事目的、尽可能榨取工人劳动力的追求产生矛盾;工人阶层此前所怀有的阶级斗争观念,更是纳粹当局所不乐见的。纳粹党于是决定采取一种在不提高工资、不减少工时的前提下安抚工人的方式,即通过官方组织"力量来自欢乐"为工人提供休闲娱乐活动。凭借这一休闲政策,纳粹党不仅宣称要促进工人体力与精神的休养与恢复、保证并提高其生产效率,而且还声称要弥合阶级冲突、创造"企业共同体",进而最终实现"民族共同体"。

二、创立休闲组织与实施休闲政策

纳粹实施工人休闲政策最主要的实行机构,是一个名为"力量来自欢乐"(Kraft durch Freude)的休闲组织。1929年,纳粹党人罗伯特·莱伊作为普鲁士邦议员受邀前往意大利考察。① 在这次旅行中,他注意到意大利法西斯的休闲组织"国家休闲俱乐部"(Opera Nationale Dopolavoro)。在纳粹当权后,莱伊出任纳粹党全国劳动组织"德意志劳动阵线"的负责人。1933年7月1日,他首次公开表示要在德意志劳动阵线的架构下,创建一个类似"国家休闲俱乐部"的休

---

① 参见1929年3月18日意大利使馆致罗伯特·莱伊的信,转引自 Ronald Smelser, Robert Ley, *Hitlers Mann an der „Arbeitsfront ". Eine Biographie*, Paderborn: Schöningh, 1989, S. 208。

闲组织。① 当年 11 月 27 日,德意志劳动阵线在普鲁士邦参议院的小宴会厅举办一次特别会议,决定成立一个休闲组织,其名称起初完全仿效意大利②,此后不久更名为"力量来自欢乐"。组织甫一成立便开展了多种业务,包括组织国内国外的团体旅行,提供各种体育课程,安排戏剧、歌剧、音乐会、杂耍歌舞秀,促进大众业余艺术活动,改善工厂环境与设施等。上述种种业务由不同分支部门负责,部门的数量和职能随时间而有所变化,但其中最为重要的几个是:旅行、漫游与休假处;业余娱乐处;体育处;民俗与乡土处;德意志人民教育处;劳动之美处。

尽管具体业务上各有不同,但各部门在开展活动时所奉行的指导原则是一致的:即在组织和宣传各种休闲娱乐活动时,尽可能突出"欢乐"与"团结"。例如纳粹在组织宣传体育活动时,极力强调参与体育活动所带来的愉悦感,以及人际互动所产生的共同感。在活动过程中常常配以音乐,并有意安排摄影师捕捉人们快乐的表情,在宣传材料中更是不厌其烦地大量使用快乐、开心、愉悦等词语,力图以此造就德国人民亲密无间、正在携手迈向一个"民族共同体"的印象。例如"欢乐是力量之源"在柏林万湖边举办的一次集体游泳活动,便特别要求参与者人人都将双手搭在前一个人的肩膀上排成长龙。这种对于身体接触的强调,传达出的是一种人与人携手并肩、共同娱乐的氛围。

在安排休闲娱乐活动时,纳粹组织者并不是将工人单独组织起来开展活动,而是将工人与其他阶层的人群一同组织起来,以此营造一种打破阶级壁垒的印象。美国芝加哥的一份报纸转载了纳粹的宣传报道,其中写道:"工人们,你们艳羡地站在一旁,以为骑马只是有钱人的消遣的时代已经成为历史了……在国家社会主义领导下,某一个阶层所享有的特权已经被彻底抛弃。"③又如,在设计和组织旅行时,"力量来自欢乐"也有意打破地区隔阂,安排一些强调集体互动的活动。在组织国内旅行时,组织方会安排旅行团成员在旅行的最后一天与当地民众一同参加名为"同胞之夜"的联谊活动,联谊活动常伴有舞蹈、唱歌和啤酒。例

---

① Nationalsozialistische Gemeinschaft Kraft durch Freude, *Der Gemeinschaftsring „Verzeichnis der Dienststellen der NS.-Gemeinschaft Kraft durch Freude" in der Deutschen Arbeitsfront und der Angeschlossenen und nahestehenden Verbände und Vereine*, Berlin-Wilmersdorf: Süßerott, 1939, S. 14.
② 该组织起初被命名为"Nach der Arbeit",意为"下班后",即意大利语"Dopolavoro"的德文翻译。
③ "Nazi offer Free Horseback Rides to Danzig Workers," *Chicago Daily Tribune*, 1934.10.30.

如从柏林出发的西门子工厂的工人,便在游历巴伐利亚的旅行中体验了类似的欢迎联谊会。①

"力量来自欢乐"面向工人开展的休闲活动因其表面上的福利性质而广受欢迎。根据纳粹官方统计数字,参与各项休闲娱乐活动的人数迅速增长。统计报告显示,参加短途旅行的人数从1934年的21万余人增长到1939年的62万余人;参加海上旅行的人数从1934年的8万人增长到1939年的13万余人;参加体育课程的人数从1934年的47万人增长到1936年的63万余人;参与音乐会的人数从1934年的57万余人增长到1938年的251万余人。② 尽管统计数字的真实性有待商榷,但"力量来自欢乐"的受欢迎程度与发展之迅猛是一个不争的事实。

三、纳粹推行工人休闲政策的经济动机

纳粹的工人休闲政策在表面上具有某种福利性质,因而颇受欢迎,但在这一表象之下,隐藏着纳粹党功利性与欺骗性的经济动机和社会动机。

其中的经济动机,乃是希望在不改善工人经济状况与生活水平的前提下,安抚并激励工人,以调动其生产积极性,从而保障军事工业的稳定运转与快速发展。事实表明,纳粹无意在扩军备战时期改善工人的经济状况和生活水平。1937年10月1日,赫斯以元首的名义发布了一项命令,宣称在现有情况下提高工资只会导致物价上涨,让德国人民再度陷入此前物价飞涨时期的绝望境地;提高工资只会给集体与个人造成损害,并不会带来利益,因此必须加以避免。③ 该命令还表示,待国民生产从此前受损的状况得到恢复,或对于保障德国生存空间

---

① Shelly Baranowski, *Strength Through Joy: Consumerism and Mass Tourism in the Third Reich*, Cambridge: Cambridge University Press, 2004, p. 120.
② Wolfhard Buchholz, *Die Nationalsozialistische Gemeinschaft „Kraft durch Freude": Freizeitgestaltung und Arbeiterschaft im Dritten Reich*, Dissertation, München 1976, S. 286f., 295, 273.
③ Mason, *Arbeiterklasse und Volksgemeinschaft: Dokumente und Materialien zur deutschen Arbeiterpolitik, 1936-1939*, S. 463-464.

有意义的生产任务完成后,民众的生活水平才能循序渐进地逐步提高。基于上述判断,该命令要求党的所有机构,不得为了讨工人欢心而满足其工资要求。① 统计数字显示,在1933—1939年间,工人的经济状况并未得到明显改善。1937年的时薪是1932年的97%,1939年的也只有1932年的98%。② 考虑到物价的上涨,工人的实际生活水平可能还有所下降。此外,工作时间有时也被延长。比如机器制造业的工人在1933年每周平均工作时间为43小时,到1939年上半年则超过50小时。③ 收入增长的停滞、工作时间的延长,将不可避免地引发工人的不满情绪。作为解决这一问题的替代方案,纳粹推出了价格低廉、多种多样的休闲娱乐活动,希望以此安抚工人。

纳粹之所以尤其热衷以休闲娱乐来调动工人的生产积极性,部分原因也出自其领导人对于"劳动""效率""休闲"之间关系的理解。在纳粹的意识形态体系中,"劳动"和"效率"这两个概念占据了十分重要的地位。希特勒宣称,"唯一的高尚就是劳动。"而德意志劳动阵线的领导人莱伊则表示:"劳动是我们的荣誉所在,人与人的区别就在于劳动效率的高低。"他们在不同场合的讲话与文件中都多次阐述过对劳动的理解,典型的诸如:

> 应废除体力劳动与脑力劳动的区分,对两者平等看待;劳动是人类生活唯一的意义;劳动是荣耀而高尚的,真正的精神贵族必然是劳动者与奋斗者;劳动是一种奋斗,它维护着我们的家庭与我们的本性;劳动是评价人的标准,它决定着个人在民族共同体中的地位;劳动塑造了人的个性,劳动赋予其坚定的自我感,也赋予其发展的最佳条件;只有通过劳动,人才可以成为民族共同体的完全意义上的成员;劳动是对人民与国家的服务,它保障着民族的存续;劳动是一种道义上的责任与文化,国家社会主义文化必须是劳动的文化。④

---

① Mason, *Arbeiterklasse und Volksgemeinschaft: Dokumente und Materialien zur deutschen Arbeiterpolitik, 1936-1939*, S. 463-464.
② Fritz Blaich, *Wirtschaft und Rüstung im Dritten Reich*, Düsseldorf: Schwann, 1987, S. 19-20.
③ Michael Schneider, *Unterm Hakenkreuz: Arbeiter und Arbeiterbewegung 1933 bis 1939*, Bonn: Dietz, 1999, S. 546-552.
④ Buchholz, *Die Nationalsozialistische Gemeinschaft „Kraft durch Freude": Freizeitgestaltung und Arbeiterschaft im Dritten Reich*, S. 62f.

在《我的奋斗》一书中,希特勒提出,"人民的国家"应当从根本上转变对"劳动"的看法:

> 如有必要,人民的国家应当通过长达几个世纪的教育来彻底消除对体力劳动的不尊重。不应当以个人所从事的劳动种类来评判一个人,而应当以他在劳动中的表现与效率来评判他。一个最没有脑子的专栏作家都可以认为自己比最为聪明的精密技工贡献还要大,这可以说是相当令人痛心的。这种错误的评价并不是基于事物的本质做出的,而是人为创造出来、此前从未有过的。眼下这种不自然的状态乃是我们这个过度物质化的时代的整体病症的一种体现。①

希特勒认为,尽管实际上工人的工资确实有高有低,但它绝不直接与个人对全社会贡献的大小画等号:

> 每一份工作都有两重价值,一是纯物质层次的,一是精神层次的……全体人民必须保证所有人彼此平等,每个人都要在自己的岗位上尽最大的努力。对一个人的评价不应当看他工资高低,而应当看他在多大程度上完成了共同体交给他的任务。②

综上可知,纳粹领导人对劳动的关切集中于两个方面:一是试图淡化劳动分工所造成的阶级差异;二是激励工人,使之提高工作效率。纳粹党认为工人的生产力是经济与政治实力的决定性要素,因此十分重视采取各种手段保持并提高工人的生产力。其中的关键手段之一,便是大力开展有组织的休闲活动。

纳粹领导人对劳动与休闲关系的看法,首先可见于希特勒本人的一段话:

> 我要给予工人们充足的休假,要让他们的生活从容不迫、有条不紊,使他们拥有属于自己的空闲时间,以让他们获得真正的休息。我这样要求的原因是,我要让人民拥有强大的精神力量,一个民族只有拥有强大的精神力

---

① Adolf Hitler, *Mein Kampf*, München: Eher Verlag, 1943, S. 482.
② Ebd., S. 483.

量,才能取得真正伟大的政治成就。①

莱伊在"力量来自欢乐"成立时所做的纲领性讲话,也体现了他对于劳动与休闲关系的认识。②在讲话中,莱伊首先概述了国际背景,指出在机器化大生产日益发展的当下,劳动日益成为一个亟待妥善处理的问题。工作方式的惊人机械化导致生产效率提高,美国的企业主们得以实行一天8小时、每周48小时的工作制,但生产节奏骤然加快也使得单位时间内的劳动压力陡然提高。倘若不能与此同时确保本国人民在休闲中获得充分放松,那么将会导致本国人民的毁灭。他进一步声称,缔造了魏玛共和国的所谓"马克思主义者"对于48小时工作制极其迷恋,以至他们在革命之后便急忙将其加以贯彻落实,但他们并未考虑如何安排工人的闲暇时间,而只有闲暇可以让工人从工作的疲劳中得以恢复。

莱伊称这一失误是"此前的马克思主义当权者所犯下的一桩重大罪行"。他表示,德国工人不仅被迫屈服于机械化的蹂躏,而且还深受一种"自卑综合征"的折磨,因为他们的劳动方式变得简单、低级而重复。在此基础上,莱伊宣称,纳粹创立的休闲组织将承担起让德国人民强心健体任务。有组织的休闲娱乐活动可以在放松身心的同时陶冶情操,从而让工人在工作中得到满足,抛下自卑感,变得更加高产。而提高了生产效率的工人则理应享有更加充足的休闲。这一组织原则可概括为劳动和休闲相辅相成缺一不可。由此可见,纳粹领导人对"劳动""效率""休闲"关系的理解,促使他们关心工人的休闲问题。当然其背后依然是尽可能挖掘工人劳动潜力的功利目的。

四、纳粹推行工人休闲政策的社会动机

纳粹推行工人休闲政策,除上述经济动机外,还有一重社会动机。这其中又包含两层考虑:其一是通过有组织的休闲活动来加强对工人的社会控制;其二则

---

① Robert Ley, *Durchbruch der sozialen Ehre: Reden und Gedanken für das schaffende Deutschland*, Berlin: Mehden, 1935, S. 208.
② Bundesarchiv, R43 II/557.

是以此向工人灌输所谓"共同体"理念,打消工人的阶级斗争观念,同时打造劳资双方"和谐共处"的"企业共同体",促进实现纳粹的最高社会理想——"民族共同体"。

如前文所述,纳粹党提供给工人的各种休闲活动,具有鲜明的组织性和集体性特点。为什么要有组织地让工人参与休闲活动?这一点首先植根于纳粹党领导人加强社会控制的考虑。第一次世界大战前德国社会的迅速现代化,使得社会的差异与分化以空前的速度扩大,这同时也体现在政治领域中——德国民众的政治立场开始与其日常生活密切捆绑在一起。在第一次世界大战前,社会民主党人已经可以在本党的组织范围之内完成几乎一切日常活动:读本党办的报纸,去本党的小餐馆和酒吧,加入本党的工会,从本党的图书馆借书,让子女参加本党组织的青年运动,甚至在本党的丧葬基金支持下举行葬礼。中央党的情况与之类似。①

社民党和中央党两大党的情况足以表明,德国民众的日常生活已呈现出围绕政治立场来组织进行的趋势。这说明,上述政党试图加强对本党成员及支持者的社会控制,以确保党员们的政治忠诚。纳粹上台后推行一体化措施,进而试图对全体德国民众——包括工人阶层——施行类似的社会控制。为工人安排有组织的休闲活动,正是这一意图在休闲生活领域的体现。对此,其领导人莱伊曾宣称,大众的休闲活动不应由代表各阶级的党派或工会来直接组织开展,而应当"建立在国民的集体热忱之上";对于国民中的工人阶层,绝不能放任其自行开展休闲活动,因自行其是的工人会陷入无聊与懒散的状态之中。换言之,纳粹不满足于仅仅支配工人的工作时间,而且还要支配工人的业余时间,使工人无时无刻不处于纳粹的宣传与控制之中。

除了加强对工人阶层的社会控制,纳粹有意为工人安排有组织的休闲活动的第二个社会动机,便是向工人灌输所谓"共同体"理念,使之放弃阶级斗争思想,从而使工厂成为劳资双方"和谐共处"的"企业共同体",并希望以此逐步实现纳粹的最高社会理想——"民族共同体"。

---

① 理查德·J.埃文斯:《第三帝国的到来》,赖丽薇译,九州出版社,2020年,第130—155页。

尽管纳粹党人对于"共同体"与"民族共同体"概念尤其热衷并大肆使用,但它们并非纳粹党人的创造发明。在纳粹的意识形态体系中,绝大部分内容来自对当时社会风潮的杂糅式吸纳与极端化扭曲,"共同体"与"民族共同体"亦是如此。19世纪晚期,"共同体"概念开始在德国学术界风行,社会学家滕尼斯对该概念的兴起与传播发挥了重要作用。在1887年的著作《共同体与社会》中,滕尼斯对"共同体"与"社会"作出了二元对立的界定。他认为,社会是一种外在的、非人格化的结合形式,个人与他人因明确目标而理性地结合起来,以完成个人所不能完成的目标,进而满足个人的利益;与之相对,共同体则是一种基于本能和天性的结合,将人凝聚为共同体的可以是血缘、地缘或心灵,而身在共同体中的人应绝对接纳其他同胞,展现关爱与尊重,表现归属感。滕尼斯进一步指出,倘若一个民族的人口都来自共同祖先、拥有同样传统,这样的民族便可以称之为民族共同体。[①]

滕尼斯面对社会差异与阶级分化日益凸显的情况,试图在理论上制造一种对立:一面是自然、和谐、有机的过去,另一面是理性、冷酷、自私的现在。这表现出他对社会进一步分化的担忧。"共同体"概念在此后因应了时代潮流,开始成为政治生活中的重要元素。第一次世界大战期间,德国的"城堡和平"在一定程度上强化了民族团结,"民族共同体"一词也开始为各个政党所使用。由于德国的战败与魏玛共和国时期的政治动荡,"民族共同体"一词变得极为流行。库尔特·松特海默指出:"共同体是魏玛时代诸多具有魔力的词汇之一⋯⋯共同体之所以能够在政治领域产生如此强劲持久的影响,是因为它宣告了统一、力量、权力与完整,即一切魏玛共和国所没有的东西;此外还因为共同体对其个体成员做出了承诺:给予他们安全感与确定感,提供稳固的社会活动场所,营造温暖而神圣的氛围。"[②]松特海默引用了1932年共和国晚期的一本小册子:

> 民族共同体!一听到这个词,青年人便热血沸腾,因为在他们看来,这个词将会跨越腐朽的资本主义时代,把最美好的历史与果实累累的未来联

---

① Ferdinand Tönnies, *Gemeinschaft und Gesellschaft*, *Abhandlung des Communismus und des Socialimus als empirischer Culturformen*, Leipzig: Fues's Verlag, 1887, S. 7.
② 库尔特·松特海默:《魏玛共和国的反民主思想》,安尼译,译林出版社,2017年,第203页。

结在一起。青年的崇高意志,是把自我与他人融于"我们"之中。因为他们知道,父辈的世界就是在日益放纵与自由化之后,才毁于个体的。只有在共同体里面,一个民族及其个体才能彼此成就,个体的生命才能得以提升。①

可见"共同体"的流行,植根于魏玛共和国时期德国大众对于共和国的脆弱体制与动荡现实的不满。在这一时期致力于反对共和体制的纳粹党人,同样注意到了"共同体"这一概念。在纳粹党人看来,"共同体"十分适合纳入本党派的政治观念体系,因为它在否定自由主义与共产主义的同时,又提供了另一条进行集体化整合的途径。根据"共同体"的理论,决定人际关系的应当是天性而非理性,这就否定了崇尚个人理性选择的自由主义;该理论还否认阶级的存在,主张成员不论经济状况如何,都应互敬互爱,因而也与马克思主义的立场相反。纳粹党人在政治实践中充分利用并改造了"共同体"与"民族共同体"这两个概念,以使之服务于本党的政治需要。罗伯特·莱伊对"共同体"的理念甚为热衷。早在1925年,他便曾对鲁尔区的工人宣讲过如下主张:

> 从最高级的领导到最低级的学徒,都应当加入同一个工会中。这个工会应当持久致力于寻求改善劳动条件、增进劳动愉悦的方法。它应当成为一个共同努力以克服各种困难的机构。②

可见莱伊对于劳资和谐的"共同努力的机构"的热衷,早在纳粹尚未上台时便已经开始。此后,莱伊更是按照纳粹的政治需要对"共同体"的理论进行了改造与运用。首先,他将"共同体"与"领袖原则"关联起来。根据滕尼斯的观点,尽管共同体并不一定意味着平等,但它仍然是以人与人之间相互的义务与信任为重要特质。共同体并不意味着服从权威与纪律。然而莱伊改动之后的"共同体"理论则并非如此。在1935年的一次讲话中他宣称:

> 共同体的最高原则便是纪律,这一点体现在"领导者与追随者"的观念之中。我们的模范是士兵。士兵体现了共同体成员所应具备的一切美德。

---

① 转引自库尔特·松特海默:《魏玛共和国的反民主思想》,第204页。
② Walter Kiehl, *Mann an der Fahne*, München: Zentralverlag der NSDAP, 1938, S. 185.

所有马克思主义者的演说与宣言加起来,也不如一个最低军阶的士兵更能体现真正的社会主义。①

其次,莱伊利用"共同体"概念来证明资本主义存在的合理性。根据莱伊的说法,在共同体中,最为重要的是雇佣者与劳动者在种族与文化上的相似性,而双方在经济上的差异并不会对他们在共同体中的身份造成关键影响。雇佣者不应被继续看作剥削者,而应当被视为朋友。他在1933年9月的一次演讲中表示:

> 在工厂中长期视对方为仇敌的劳资双方现在必须团结到一起。以前,资方指控劳方没有祖国或国家观念,而劳方则称资方为资本主义的走狗。我们一定要消除这种互不信任。过去十四年的惨痛经历一定不能继续下去。身在德意志劳动阵线中的我们想要运用一切力量来创造出一个互信的环境,而且我相信,我们已经在这条路上取得了相当的进展。②

希特勒本人也在《我的奋斗》中表达过类似观点:

> 阶级利益不同,职业立场不同,是我们经济生活的自然后果,这并不等于阶级分化。职业分工绝不会妨碍真正的民族共同体,因为一个真正的民族共同体在所有与自身相关的问题上都能够达成一致。③

由上述表达可以看到,纳粹党人承诺提供给德国工人的既不是政治自由,也不是经济平等,而是一种含糊的社会平等。纳粹不遗余力地宣扬一种绝对理想化的"共同体",其实就是在刻意淡化、掩盖、否认阶级差异的客观存在。正是为了向工人灌输上述这种弥合了阶级差异与阶级冲突的新型社会愿景,纳粹当局才在为工人提供的各种休闲活动中,煞费苦心地对活动的形式加以设计安排,特别强调集体参与和人际互动,以便让工人得以从中感受到团结友爱的氛围。

---

① Ley, *Durchbruch der sozialen Ehre*, S. 268.
② *Arbeitertum*, 1939.09.01, S. 6.
③ Hitler, *Mein Kampf*, S. 372f.

五、结　语

纳粹面向工人所推出的一系列休闲政策,虽然从表面上看似乎起到了一定的积极效果,甚至有时被视为所谓"纳粹政权的美好一面",但它在根本上是为纳粹的战争经济而服务的,是为了回避工人提高生活水平的切实追求而设计的。正如弗里德里希·迈内克所说:

> 我们探索了可能成为希特勒的事业中的"有积极意义"的东西,并且也发现了有某些东西是符合我们时代巨大的客观观念和需要的。或许我们还可以再加上一点什么,但这样就只不过是在擦光一下那个精心布置的橱窗而已,它向顾客展示出了价廉物美的商品,却不担保货柜里也真正是这些东西。而商店里边则是阴暗的,而且在它的深处裂开着一道更黑暗得多的深渊;天真的顾客可能意想不到地就陷进那里面去。第三帝国的每一项本身是值得称道的制度,背后都屹立着一种特征性的权力意志。[①]

揭开各种宣传所织成的虚伪面纱,我们可以确定,纳粹当局之所以面向工人推行有组织的休闲政策,是为了加强对工人阶层的社会控制,为了充分利用工人的劳动能力。这一切都最终服务于纳粹当局对内加强控制、对外侵略扩张的整体目标。

作者简介:宋昊,北京大学历史学系博士研究生,北京大学德国研究中心毕业生,研究方向为纳粹德国史。

[①] 弗里德里希·迈内克:《德国的浩劫》,何兆武译,商务印书馆,2012年,第96页。

罪责与罪责反思

"沟口雄三之问"与部分日本学者的二战说辞

韩东育

内容提要：第二次世界大战之后，日本学界在战争性质的反省问题上一直言人人殊，莫衷一是。其中，"帝国主义不能裁判帝国主义"的竹内好言说和"感情记忆还是事实记录"的沟口雄三之问，较为集中地体现了这一特征。从史实和逻辑上厘清这类问题，对于正确认识那场战争，具有正本清源的意义。

关键词：竹内好言说 沟口雄三之问 战争性质 逻辑陷阱

第二次世界大战后，日本方面有关战争的解读，已堆积成浩瀚而庞大的问题库。在此，本文拟对其中几个代表性人物和代表性观点加以评述。

战后伊始，追悔战争的日本人曾有过"一亿转向"和"一亿总忏悔"的表现。然而，这一本来具有积极意义的思想和行动，不久则被"忘掉战争"的群体舆论所冲淡。这一具有"双刃剑"功能的"忘掉"，刚好从人们喊出它的瞬间起，便开始滑向了正负参半、善恶并进的双轨。

一、美国人的作用

首先，美国的烧夷弹、原子弹和随之而来的满目疮痍与举国失序，除了让日本人看到自己的"被害惨状"外，已很难使他们想起日本军队在别国的"加害场景"。在这种状况下,"一种普遍的受害者意识落地生根实不足为怪,它使得许多日本人都觉得自己是战争的最大受害者。自身的悲惨境遇,远比帝国军队在遥远的异国对陌生人实施的暴行记录更直接,更看得见摸得着"。于是,"对自身苦难先入为主的成见,使得绝大多数日本人忽视了他们对他人造成的伤害。这一事实有助于阐明,受害者意识是通过何种方式扭曲了集团和族群为自身建构起来的身份认同。对于战争罪恶的历史健忘症,在日本自有其特定的形式,但是将之置于一个更为广阔的、有关群体记忆与神话制造的背景中来进行观照,其记忆和遗忘的模式则更加寓意深长"。①

从接下来将要讨论的第二类现象中人们不难看出,美国占领军也曾经在相当程度上助长了日本人的"历史健忘症"。1945年12月15日,驻日盟军总司令部(GHQ)发布了一道被戏称为"神道指令"的命令。在这道命令中,"大东亚战争"的提法遭到禁止,"太平洋战争"的概念被推向前台。而且即便到GHQ已完成使命的1952年4月以后,"大东亚战争"的概念亦未尝复活。这显然已直接影响到学者们对那场战争的表达:丸山真男发表于1946年5月的论文《超国家主义的逻辑与心理》之所以使用"太平洋战争"而未用"大东亚战争"的表述,应该是忌惮于那道"神道指令"的结果;而他在文中依然敢使用"支那事变"一词则意味着,这种表达方式并未被GHQ纳入禁忌。② 美国人之所以要废止"大东亚战争"的提法而代之以"太平洋战争",除了嫌恶日本军国主义引以为荣的亚洲殖民扩张行径外,显然还有过度强调美国对日宣战的决定性意义等考虑,尤其是后者。

这样一来,日本所发动的原本包括侵略亚洲在内的所谓"大东亚战争",却因为易名,不仅使战争的时间和空间被人为地缩短和收窄,而且战争本身也变成了一场只针对美国的战争。这就意味着,在日本人心目中曾经有过的"加害"亚洲的历史,在如此设计下将极易被有意无意地淡忘掉。③ 一个案例或许有助于人

---

① 参见约翰·W.道尔:《拥抱战败:第二次世界大战后的日本》,胡博译,生活·读书·新知三联书店,2008年,第87、11页。
② 参见松本健一:「丸山真男:八·一五革命伝説」,勁草書房,2008年,第126—127页。
③ 参见焦兵:《访韩东育:拨开近现代日本对外战争的迷雾》,《中国社会科学报》2013年5月6日。

们的上述观察。虽说甲级战犯东条英机发迹于关东军并在推进亚洲战争的过程中担任了主要角色,但当他1946年在东京远东国际军事法庭受审时被指认为"共同谋议"首谋者的理由,却主要与他参与决策对美以及欧洲列强的开战有关。审判期间,GHQ的审阅官压制了认为东条的角色被夸大以及"战争责任问题"的真正核心是对中国的侵略等批判声音。① 甚至在审判结束后这种批判的见解也仍被列入禁忌。法学家戒能通孝曾撰文发出这种批判声音,试图发表在一家学术杂志的1949年6月号上,结果遭到全文查禁。②

问题所呈现的第三类现象,实际上分别在价值和情感层面,点明了美日间可能发生的友好关系和已经开始的终身怨恨。东条英机的遗言能在《世纪遗书》中占据永久性地位,是因为在他看来东京审判只是政治审判,还因为他指明了英美的三大错误:其一,他们破坏了日本这一反共堡垒;其二,他们容许了"满洲"的"赤化";其三,他们会把朝鲜一分为二,给未来的纠纷种下祸根。东条相信,人的本质不可能改变,他由此推测出第三次世界大战不可避免。他要求美国人不要让日本"赤化"。在遗言的结尾,他还要求美国对使用原子弹与轰炸平民的行为进行反省。

东条的反"赤化"言说,使得美国人和他们在日本统治层中的反共支持者,有了对中国之苦难轻描淡写的新理由:中国将要"共产化",并将代替日本成为美国人眼中在亚洲的主要敌人;然而东条让美国人反省所谓"无差别杀戮"的遗言,却引来了道尔大义凛然的批判。道尔如此斥责被某些日本人誉为"伟大圣书"的《世纪遗书》:"这是为宽恕不名誉的死者所作的民族主义的辩解,这是遮蔽日本的战争罪犯与暴行的可怕现实的烟幕!"然而在此后的岁月中,人们毕竟目睹了公众意识中甲、乙、丙级战犯大规模的名誉恢复过程。于是早前被认定为有罪并被判刑的被告,开始被公认为是受害者而非加害者。这导致了如下后果:人们记住了罪犯,却忘记了他们的罪行。③ 而尤其值得关注的是,仅就后来的东亚国际

---

① 参见吉田裕:「占領期における戰爭責任論」,『一橋論叢』105卷2号,1991年2月,第134頁。
② 参见约翰·W.道尔:《拥抱战败:第二次世界大战后的日本》,第492—493页。
③ 参见巢鸭遗书编纂会编:『世紀の遺書』,巢鸭遗书编纂会,1953年,第683—685頁;〔美〕约翰·W.道尔:《拥抱战败:第二次世界大战后的日本》,第497、493、501、495页。

关系和美日情感关系而言,无论是朝鲜战争、越南战争的爆发,还是它们导致的冷战,或者是隐藏在日本每年原子弹爆炸纪念仪式背后的悲情,都或多或少应验了东条英机的预言:前者是关乎价值的,而后者却是饱含怨恨的。

二、"近代的超克"与"沟口雄三之问"

1942年,河上彻太郎、小林秀雄、林房雄等人在《中央公论》和《文学界》杂志提出"近代的超克"命题,其宗旨是要克服欧美文化,从欧美的"近代"中解放亚洲并最终肯定"大东亚战争"。对这场讨论,竹内好表现得十分热衷。这是一位学界公认的中国学、主要是鲁迅研究者,也是对中国革命抱持相当同情态度的日本思想家。然而这似乎并不妨碍他同时对"近代的超克"命题表现出超常的热情,并试图多方论证"大东亚战争"提法的正当性与合理性。这种矛盾决定了其有关中国说辞的拗口和怪异:

> 作为存在物的中国终究在我之外,但因为在我之外的中国是作为超越的存在在我之外的,所以在终极意义上说它必须在我之内对立毋庸置疑是真实的,但这种对立只有在成为我的肉体痛苦的时候它才是真实的。就是说,中国在终极意义上必须被否定。①

有学者指出,"右翼思想"几乎贯穿了竹内战前战后的学术主张。L. 奥尔森甚至认为,竹内有将日本所发动的对外侵略战争予以合法化的倾向,其中国论的理论基础是亚洲主义。② 竹内好忽左忽右的政治立场和学术立场,显然不易使竹内本人被简单定性为左翼或右翼。早在1948年,他曾借助鲁迅研究严厉批判

---

① 参见竹内好:『中国文学の廃刊と私』,『竹内好全集』第14卷,筑摩書房,1981年,第455頁(译文参考孙歌:《竹内好的悖论》,北京大学出版社,2005年,第46页注1)。
② 参见 Lawrence Olson, *Ambivalent Moderns: Portraits of Japanese Cultural Identity*, Lanham MD: Rowman & Littefield Publishers Inc, 1992, p.65;诸葛蔚东:《战后日本知识共同体的流变》,《社会学研究》2010年第5期。

过日本的"脱亚"式近代主义,并将亚洲的未来寄托在中国身上。① 尽管如此,关于日本对外战争的认识问题,却已在他发表于1959年的长文中,有相对定型的表述:

> 大东亚战争,既是殖民地侵略战争,也是对帝国主义的战争。尽管这两个侧面事实上已被一体化,但我们却必须对其做出逻辑上的区分。日本并没有要侵略美国和英国的意图。它虽然从荷兰手中夺取了殖民地,却并无夺取荷兰本国的想法。由帝国主义来打倒帝国主义是不可能的,由帝国主义来裁判帝国主义,也同样鲜存可能。②

也许不是偶合,作为战后日本的中国学研究者,沟口雄三教授曾对中国近代化运动所开辟的有别于西欧和日本的第三条道路——"王道式近代",给予过较高评价;其以"日本知识分子的良心"承载者身份广泛游走于中日学界的学术形象,也时令中方学者和普通民众感动有加。③ 然而这一切似乎同样无法构成他在战争性质解读上的任何妨碍。所不同的是,竹内好不承认"帝国主义裁判帝国主义"的合法性,但认可"大东亚战争乃殖民地侵略战争",而沟口教授在谈到1931年以来的侵华战争性质和1945年向谁投降之"意义"等问题时,却提出了令人费解的"沟口雄三之问",且给出了离奇的解释和答案:

> 我们日本人对于战争要谢什么罪?谢罪到什么范围?是仅就残酷暴行谢罪,对出兵侵略中国本身谢罪,还是对明治以来的近代化全过程谢罪?可是,一个国家的历史全过程就这样成了对其他国家的罪孽,这难道是可能成立的事吗?

当谈到"南京大屠杀"中死亡人数是否成立时,沟口还创造了一个离奇的"比喻":

---

① 参见竹内好:『魯迅』,東京:未来社,1961年;「中国の近代と日本の近代—魯迅を手がかりとして」,東京大学東洋文化研究所編:『東洋文化講座』第三卷『東洋的社会倫理の性格』,白日書院,1948年。
② 参见竹内好:『近代の超克』,近代日本思想史講座7『近代化と伝統』,筑摩書房,1959年,第253页。
③ 参见沟口雄三:『方法としての中国』,東京大学出版会,1989年,第11页;沟口雄三:《历史认识问题是什么问题》,中国社会科学研究会编:《全球化下的中国与日本:海内外学者的多元思考》,社会科学文献出版社,2003年,第6页。

有个国家遭到邻国军队的侵略。在该国的一个城镇,邻国士兵入侵后实行了掠夺。后来,一个少女控诉说,那时她被一士兵强奸,该兵是身高两米多的大汉。但是,这个邻国承认入侵及掠夺行为,却不肯承认强奸这一事实。理由是当时在军队中不存在两米高的士兵。

这个比喻揭示了感情记忆与事实记录的差异。对那个少女来说,两米高这一数值并非事实记录,而是恐怖心理的表征即感情记忆。在邻国一方则以此数值为事实的记录,并以两米高的士兵之不存在来证明强奸事实的不存在。①

于是,在他看来"南京大屠杀被害者三十万"的说法就成了"复杂的政治性数值",而这一"数值"又"足以显示日中之间围绕感情记忆与事实记录产生的认识上的错位,同时因为各自所处的语境互不相通,使之成为两国间在历史认识上的隔阂之象征"。②

这段表述大概想说明,既然与战争有关的"明治维新"是东亚公认的文明进步事件,既然战争的后果已被解读为"政治性数值"而不是"事实性数值",既然要求谢罪者的谢罪根据只出自"感情记忆"而不是"事实记忆",一言以蔽之,既然这一切都发生于"日中之间围绕感情记忆与事实记录"之"认识上的错位",那么,侵略一方便无需对被侵略者谢什么罪,无论是代表"近代化"的日本历史"全过程",抑或两米高士兵的强奸罪与三十万人的屠杀罪等,似乎均应作如是观。

战后日本学界在研究这场战争时有一个惯用的常套,即:拿"近代"遮掩"暴力",用"被害"置换"加害",以"定量"否决"定性"。其中,首先需要关注的应该是利用"近代文明"之"善"来消解对外侵略之"恶"的学术手法。沟口教授所给出的设问是:

为什么日本的侵略战争行为与日本近代化的过程被视为不可分割的整体呢?

……就是说,在这里存在着以近代化的迟早、先后为衡量其民族历史与

---

① 参见沟口雄三:《创造日中间知识的共同空间》,赵京华译,《读书》2001年第5期,第3页。
② 同上。

文化之优劣标准的历史,而且,基于这种历史意识上的记忆仍以现在时态存在着。①

于是,"不管中国人是否意识到,通过控诉日本人的残酷暴行,中国人是在对从自尊心上无法接受的日本人近代优越意识之傲慢进行焦虑的抗议。而且,当中国人站在西洋标准的近代史观上,身处不得不承认日本近代的优越性这一两难之境时,则更加焦虑。所抗议的对象轮廓的不清晰,使得抗议之矢不知何时如同'归去来器'般又刺向自身,于是这时其焦虑便越发严重"②。

在如此框架下再来讨论谁是战争的受害者,则片面的"历史健忘症"在战后日本人身上周期性发作的反应频谱,也就不再难以捕捉,即:比较起"南京",他们只记住了"广岛";相对于日本对亚洲的涂炭,他们只记得"下町烧夷弹"和"东京大空袭"。于是,在讨论战争胜负时的以下说法,在日方看来似亦不违逻辑:"日本是与欧美对抗、与欧美争战,最后败于欧美特别是美国,而非败给了亚洲。"唯此,一连串潜在的反问也似乎同步成立:既然日本自己才是"受害者",又怎么可能会变成"加害者"?既然日本没有败给亚洲,为何要向亚洲谢罪?既然"帝国主义无权裁判帝国主义",那么除了实力不逮于其他列强外,日本人又错在哪里?这些反问仿佛在提醒那些曾与日本交战过的相关国家包括英美,你们其实并不了解战后日本人的复兴动力和真实想法,即:上述日本人的历史观和战争观,"同时也成为从战败中站起来之不屈精神及国民困苦与勇于奋斗的象征;而诱导这些思考的就是关于近现代的历史认识"③!

这试图在帮助中国人逆推:被强奸少女对施暴者身高的放大,只表现了中国人的群体性"被害妄想";而在强调"事实记忆"的情况下,日军在南京大屠杀中杀死三十万人的问题,似乎也应在"感情记忆"的归谬中讹为虚诞。在"定量"不等于"定性"的被害国呐喊声中,日本或许会一时谢罪,但这种谢罪好像也很难逾越沟口教授的"坦言"范围:

---

① 参见沟口雄三、陈光星、孙歌:《创造日中间知识的共同空间》,第6—7页。
② 同上刊,第7页。
③ 同上刊,第6页。

日本人就本国的侵略行为向中国人谢罪,并对日本资本主义的发展始于中日甲午战争这一事实进行反省时,即使未必是有意的,但仍是以"资本主义化的成功"这一优越性为潜在的前提,而其谢罪本身亦是寓于"谢罪之傲慢"这一认识中的。而就同一问题的另一面而言,中国人如果视日本的近代化为成功而给予肯定性评价,在逻辑上便完全可能容忍日本的侵略,从而使自己陷入两难之境。①

然而,既然谈"逻辑",并且假如是"学者良心"在独白,那么,沟口教授的上述观点或许只有在否定明治近代意义的前提下方能成立:"我很久以来就主张这样一种近代史观:以未受到欧美压力的16、17世纪为日中两国近代过程的起点,两国近代构造的架构在'西洋的冲击'以前即已形成了。"②

可由于这一学术假设不啻"以取消问题的方式来解决问题",因而无奈之下假设者也只好去续写假设不成立时自己的真实反应了:想要日本人认错,恐怕还需要"少则半个世纪,长则一个世纪以上"的时间。因为在沟口看来,"日本人的历史认识问题,从根本上说是政治责任问题"而不是其他。③

三、神岛二郎与丸山真男的"结构—原型"分析法

事实上,那些不动声色潜伏于日本肌体中,并足以规定日本人全部表象行为的非表象结构,才应该是战后日本人史观的终极制约者。换言之,那些不动声色潜伏于日本肌体中的下意识反应,或某种可以规定日本人全部表象行为的非表象存在,才应该是战后日本思想辙迹的终极制约者。那么,这个看上去不乏结构性思考的终极制约者,到底是什么呢?日本学研究者神岛二郎在《现代日本的精神构造》中开宗明义指出:"我这里所提出的'现代日本的精神构造'问题,并不是现代日本人的精神构造问题",换言之,"我的研究对象并不是个人的精神构造,

---

① 参见沟口雄三:《创造日中间知识的共同空间》,第6页。
② 同上刊,第7页。
③ 参见沟口雄三:《历史认识问题是什么问题》,第16页。

而是'现代日本'之'集合主体'的精神构造"。① 神岛试图从五个层面展开这一构图:一,关于非武装国家问题;二,关于单身者本位体制问题;三,关于战后民主主义问题;四,关于日本社会和日本文化问题;五,关于天皇政治的逻辑问题。其中,第一、二、五个层面需要研究者给予特别关注。

可当问及非武装宪法何以会落脚于日本时,培林·诺艾尔(Perrin Noel)的《抛却铁炮的日本人:日本史中的军缩》(*Giving Up The Gun*: *Japan's Reversion To The Sword*, 1543—1879)一书,则为神岛提供了历史性佐证:1543年葡萄牙人把步枪(铁炮)传到种子岛后不到一年工夫,日本人便仿制成功并迅速将这种新式武器普及到全国。其中,以堺和国友村的步枪制作最为有名,以至于1549年,当织田信长预订枪支时,国友村竟能一次性出具五百余条,而这件事距离日本人拿到第一支步枪才过去六年。在培林看来,16、17世纪时,日本已是世界上为数不多的工业国,无论在原料和产品方面,还是在武器生产方面,其优质度都不但远超亚洲,而且甚至已凌驾于欧洲之上。尽管如此,当国内和平局面得到确立后,日本在武器装备上却由步枪退回到重操刀剑的老路。

培林对此举出了五点原因:一,日本武士团的规模超过欧洲骑士团,且人数也是后者的十倍以上;二,日本士兵武艺高强,只用通常的冷兵器即可以完成国家的统合与防卫任务;三,与欧洲相比,刀剑在日本远具有更大的象征意义;四,轻视步枪的背后有忌避西洋人的基督教和商人观之用意;五,刀剑被认为是强于远射程道具的品位高雅和富于美感的武器。可见尽管日本完全掌握了当时各种口径的新武器制作技术,但由于上述原因,19世纪中叶前,日本显然是有意关闭了这条迈向现代化军备的道路。直到黑船事件发生后,日本才接续起当年的能力,并且到1900年,其军事装备也再度追赶上了西洋列强。

培林由此认为,日本人具有控制技术选择方向的能力;他们可以完全中止兵器的发展甚至令其倒退,而将这种能力转向其他领域,并使之走向发达。这意味着,近代以降的日本尽管可以应对军事化时代的要求,但日本同时还有技术选择上的非军事化经验②。神岛于是得出结论说,这才是战后日本可以选择并维护

---

① 参见神島二郎:「現代日本の精神構造」,「戦後日本の精神史」所收,岩波书店,2001年,第25页。
② 即以日本传统文化的表现方式(以日本刀为武器)代替西方的洋枪洋炮。

非武装宪法的历史远因。① 问题是,这是否也意味着,当某一天再有需要时,日本人也会同样带着技术选择的基因式天分,在军事领域重新披挂上阵呢? 当人们看到安倍戎装临幸的"731"号战机和下水不久的"出云号"准航母等当年曾肆虐于中国和东亚的标志性符号复制品时,相应的担心自然并非无端。

与"非武装国家"相关的"单身者本位体制"问题,还为人们提供了另一个对战后日本的观察视角。似乎有这样一个不争的"事实":在近代化过程中,前近代以家族和自然村落为基本单位所结成的社会结构走向解体,并首次代之以集团性社会组织形式。在前近代的家族走向崩解而近现代家族又无法成立的情况下,以往的组织形态只能转化成"单身者本位"的社会体制,并逐渐演变成日本社会的现实。在神岛看来,近代日本单身者集团的典型体现便是军队。近代以来直到第二次世界大战战败时为止,日本之所以会发动旷日持久的对外战争并迈向军国主义道路,都是单身者本位的社会体制基础使然。战争的失败固然使军国主义国家走向崩溃,但作为其基础存在的单身者本位社会体制,却非但没有解体,反而更加彻底了:战败前被编入到单身者本位社会体制中的人员只有男子,而战败后,随着占领军对妇女的解放,女子也颇具讽刺意义地被编入到该体制中。

神岛在这里用"家族度"的概念,来判断家庭到底以多大的内涵在充任着共同体的职能,结果发现,当男女均被编入单身者本位的社会体制中去的时候,家族度已显示为零。而且相对于战败前的"国家",战败后以单身者本位社会体制来彻底吸收社会成员的装置,则是"企业"。就是说,战败后,企业在吸收单身者的行为中已代替了往日的国家职能,其所带来的日本经济高速发展意味着,曾经的军事大国和当下的经济大国,其实是建立在相同的社会体制基础上的。

值得注意的是,就社会将"家族"化为单身者本位的分解能力而言,企业比国家还要彻底,所谓"一亿一村"的说法,形象地道出了战后日本社会的实存状态。② 透过神岛氏的上述观察,人们很容易想起战败前日本国家发动"总力战"时的"一亿一心"和"一亿玉碎",也不难忆及战败后日本国民整体转向时的"一亿

---

① 参见神岛二郎:「現代日本の精神構造」,第26—29頁。
② 同上书,第29—32頁。

忏悔"和"一亿谢罪"。而且,无论怎样观察,战败后的日本"企业"功能很容易被直观解读为战败前"军国"结构的接收器。如果还要继续追问:既然军国主义的国家组织形式可以轻易变身为资本主义的企业经营方式,并且这种变身还为日本国民日用而不知,那么,当外部条件一旦要求日本人去实现"军国"对"企业"的"逆接收"时,坚持《和平宪法》的"应然"口号和实务主义的"必然"选择之间,还会形成持久的"张力"吗?可这一类问题,在神岛的逻辑中,大概也只是一个"设问"。

作为前两个特征的某种背景性因素,即"天皇政治的逻辑",在神岛看来显然还属于日本社会中更加本质问题。他认为,所谓"天皇政治",一言以蔽,是以最少暴力来实现最大凝聚的政治形态。古代律令制下的天皇政治形成于中国文明的影响下,却不尽同于中国政治;明治宪法下的天皇政治虽来源于西欧近代文明的形塑,却并未尽失古来的传统。天皇身上似乎凝聚着两种权力:一个是看不见的人心归趋,一个是看得见的政治支配。"以最少暴力来实现最大凝聚"的天皇政治逻辑,到明治时代发生明显改变,改变了的天皇政治一直持续到第二次世界大战战败。明治以来的天皇政治最终因日本战败和美军占领而遭到否定,这种否定构成了新日本国宪法的立宪基础。也就是说,战败后昭和宪法下的天皇政治,形成于美军的压倒性优势下。其新的内涵虽日渐含混,但古来的传统却或多或少得到了保留。

律令制时代的天皇,原本是"归服推戴""嘉纳听许"(まつらう・しらす)之所在。尽管明治宪法下的天皇政治向西欧君主政治做出明显倾斜,但起草明治宪法的井上毅,仍借用了古代天皇的固有价值指向,使天皇的"有权力无责任"旧习获得了在近代社会的延伸。于是,明治宪法下控制广大国民的天皇权力究竟是什么性质的权力,恐怕直到今天也并没有被搞清楚。神岛的叙述显示,与传统迥然有异并一直影响至昭和前期的明治宪法,似乎并不能完全代表天皇政治的本来属性。但天皇固有的建立于权威基础上的权力以及附着于其上的"无责任"属性,之所以能被历史地继承下来,恐怕与天皇原本的"归服推戴"和"嘉纳听许"特征有关,即与"看不见的人心归趋"有关。在这样的前提下,神岛的发问也就具有了别样的味道:

日本人曾经脱却的天皇权力与战后再遭束缚的核武器权力，果然是基于同一逻辑上的权力吗？如果是，当然毋庸置喙，但如果不是，那应该是怎样一种逻辑上的权力呢？之所以这样发问，……是因为统治的逻辑与归趋的逻辑毕竟是两码事。为了客观地解明天皇政治，我认为，似乎有必要将上述逻辑从天皇家的营为当中进行一次剥离。

这一主要针对美国的疑问，耐人寻味，可神岛接下来的表达，似乎更加意味深长：

因战败而理应回到原点的日本，却在60年代经济高速发展中再度挺立于文明的前沿。当我们意识到这一点时，日本似乎已不再处于什么"追赶"，而是步入了"领先"的行程。之所以能造成如此局面，亦如我所指出的那样，一个原因应该是支撑日本战争过程的单身者本位社会体制，另一个则是非武装和平宪法，而事实上是二者的乘积使然。然而这两者也恰恰是相互矛盾的东西：前者优先，则后者必将改变，而后者牵制，则前者亦将倾覆。

于是，日本是继续追随西方，用民主主义价值和武装市民去迎合西欧现代的世界战争和核权力，还是从再度被发现的江户时代去汲取现代日本的养分？神岛认为，摆在日本人面前的道路只有两条，而现在，这种选择才刚刚开始。①

被约翰·W.道尔誉为"进步文化人"的丸山真男，曾经是战后批判日本军国主义的一面旗帜。他明确将反省日本战败原因的焦点集中于天皇的权力结构——日本"国体"上。在丸山看来，明治以来，作为兼具权威中心和道德源泉的"超国家主义"核心装置——天皇体制，曾利用时间性的延长和空间性的扩大之巧妙逻辑，恶性发作为系列兵燹。从这个意义上说，给日本军国主义打上终止符的1945年8月15日，也同时意味着"超国家主义"总基盘——"国体"的绝对性的丧失。②

然而，"非政治存在却能发挥最大的政治功能"这一独特的政治结构，与其说

---

① 参见神島二郎：『現代日本の精神構造』，第38—43頁。
② 参见丸山真男：『超国家主義の論理と心理』，『現代政治の思想と行動』（増補版），未来社，2004年，第26—28頁。

是"日本官僚制的传统秘密",不如说是日本传统天皇制,特别是明治天皇以来日本国体的"秘密"。该"国体"及其"意识形态"在战后的"一举崩溃"固然值得庆幸①,但天皇乃"非政治存在"的"无责任"者这一认识本身,已透露出日本"国体"在战争性质问题上的反现代和反民主本质。从某种意义上说,这其实已构成丸山真男"原型论"或"古层论"出台的最初触媒。对"国体"的苦恼,使丸山将"原型"的思考更多投向了日本的"政治意识原型",即古代天皇的祭祀与行政功能在"政事"上的二元分立与矛盾统一结构。

"政事"一词,在日本语中写作"まつりごと":既是"政事",也是"祭事"。但是,在"记纪"神话②中,却出现了与中国政治原则截然相反的祭政分离倾向。由此而形成的"二重权力结构",便是"卑弥呼与男弟""神功皇后与武内宿祢""推古天皇与圣德太子"等政治关系格局不一。丸山曾就字面的意义解释说,政事与祭事,是通过"まつる"="奉"(奉仕、服从)之中介才实现的链接。行文至此,人们或许会发现,丸山已在日本传统的政治体制中找到了天皇作为"无责任者"的原始根据。这是否意味着,如果日本传统的"二重权力结构"一直持续到明治乃至昭和时代,那么,对第二次世界大战期间日本侵略行为的主要负责者,恐未必是天皇,而是担当具体事务的政府和军部呢?

这大概意味着,原本在祭政高度一致的中国皇帝身上才会出现的责任追究问题,将因为儒教的极权导向而使日本固有的"祭—政"二元"国体"改弦易辙,并给天皇本人带来可以逆料的灾祸。丸山于是通过所谓日本"政治意识原型",对日本人之所以对"易姓革命"和"万世一系"同时并存现象提出质疑的历代言说③赋予结论,认为那是中国人平行但对立的两种传统政治思维次第涌入日本后给日本人带来的政治信仰上的混乱:

> 儒教思想在日本化之际所引发的甚大困难和抵抗,表现在这一民本的"革命"思想和与之相关的王朝"正统论"问题上。江户时代的"国体论",正

---

① 参见丸山真男:『原型・古層・執拗低音』,『丸山真男集』第十二卷,岩波书店,1996年,第117页。
② 《古事记》和《日本书纪》简称"'记纪'神话"。
③ 参见荻生徂徕:『弁道』、『弁名』,日本思想大系36:『荻生徂徕』,岩波书店,1973年;本居宣长:『直毘灵』,野口武彦编注:『宣长選集』,築摩書房,1986年;本居宣长:『源氏物語玉の小櫛』二の卷,『本居宣长全集』第七卷,吉川弘文馆,1927年,第515—518、529页;福泽谕吉:《文明论概略》,北京编译社译,商务印书馆,1997年,第2页。

是将兼容儒教的"君臣之义"和有德者君主思想这两种意旨完全相反的观念间是否具有同一的可能性,即君臣名分的绝对不动性(以伯夷叔齐的故事为代表)与有德者君主思想(德治主义)之根本性归结的禅让放伐肯定论之间所存在的矛盾,作为最大的 issue(争论点)来展开的。①

他之所以通过"徂徕学"来次第裁断朱子学的"连续性思维"②,并推尊"古学派"所谓"天人相分""政教相分""圣凡相分""公私相分""物我相分"这"五大斩断"③,所要解决的也正是上述问题。

然而,无论怎样曲为之说,战争的发生逻辑和因果关系总会随着时间的流逝而得到真实的显现。关于日本何以会如此对待周边被害国的正当诉求问题,纐缬厚教授指出:随着 20 世纪 50 年代的朝鲜战争、60 年代的东京奥运会和越南战争特殊供给下日本经济的高度成长,"经济大国"的意识开始笼罩全日本;冷战所导致的美日默契,使昔日的敌对关系转变为同盟关系。关系性质的改变,使美国对日战争责任追究问题只能走向暧昧。这帮助日本人忘却了曾经发动的侵略亚洲的战争以及在美国原子弹爆炸打击前已败给亚洲抗日战力的事实,其逻辑后果便是可以不承认战败。于是,不但加害意识无从谈起,其至还复苏了日本对邻国曾经有过的轻蔑嫌忌之心,而周边邻国也显然已被日本再度措置于"落后的亚洲"地位。纐缬厚教授把日本的这种变化,明确地称为被恢复了的"大国意识"和"帝国意识"。④

作者简介:韩东育,东北师范大学历史文化学院教授。

---

① 参见丸山真男:『丸山真男講義録』第七冊,東京大学出版會,1998 年,第 224 頁。
② 参见丸山真男:『日本政治思想史研究』,東京大学出版會,1952 年,第 25—26、30 頁。
③ 参见韩东育:《日本近世新法家研究》,中华书局,2003 年,第 367—378 页。
④ 参见纐缬厚:『日本はなぜ戦争をやめられなかったのか:中心軸なき国家の矛盾』,社会評論社,2014 年,第 200—201 頁。

克服与重建
——战后德国罪责反思话语

安 尼

内容提要：第二次世界大战结束后,对罪责的追问几乎覆盖所有人文学科与社会公共领域,跨越代际、种族与国界。罪责问题的复杂纠结,令追责过程本身不断成为新的研究客体和舆论焦点。在历史与现实关联方面,战后罪责反思话语交织着克服与重建的此消彼长。本文从罪责问题概念出发,围绕战后数十年间最具代表性的经典著作、公共事件、法律审判以及历史书写中的流行语汇和经典案例,认识德国战后反思话语中的迂回进退,为罪责与追责话语勾勒出一个动态轮廓。

关键词：罪责问题　克服过去　纳粹历史

一、"复数"的罪责话语

在德语中,"罪责问题"一词基本上都以单数形式出现,但它的含义却从不清晰明确。20世纪最早关于罪责问题的文献诞生于第一次世界大战前后。那时的法律罪责问题主要针对战争破坏和赔偿,仅涉及政治军事层面。相对于"巴黎和约"规定的战争赔偿,对当时公共舆论影响最深的,莫过于"背后一刀"之说。这种说法的不胫而走,是对罪责问题的一种典型而蛮横的简化处理——寻找替罪羊,后来演变成针对犹太人更大规模集体犯罪的借口。

第二次世界大战结束以后,罪责问题渐渐成为一个含义丰富的敏感词汇。从时间上看,它首先针对的不是纳粹对犹太人的集体屠杀,而是泛指纳粹德国在法律层面曾经犯下的事实罪行。从根本上说,研究并讨论罪责问题,并不是为了论证"罪责无处不在"这个基督教教义式的观点,而是首先要清算纳粹的战争罪行,还社会以公正;其次,也是更长远的任务,是要拯救德意志民族与历史的顽疾。尽管目标得到认可,然而在方式方法上难成共识。施米特有言:

> 战争是否合法的问题以及战争责任的深层背景问题,必然会在历史、政治、社会学以及道德等领域引发深刻而广泛的讨论,但是不要指望能产生什么实际性的答案。相反,如果只讨论单个的侵略行为是否合法的问题,就简单多了。只要不考虑深层责任问题,起码能将侵略行为单独视为法律上的事实构成,能够准确地予以定性,并禁止此类侵略行为。①

罪责问题涵盖了许多与时代密切相关的现象,也成为人类文明在破坏与重建过程中不得不克服的创伤。由于这个词本身具有多重含义,它所衍生的词条往往跨越学科边界。"罪责话语"(Schulddiskurs)的跨学科性,是对被异化、被破损的关联性进行修复,以恢复关联的方式重现丧失关联的历史现象。丧失关联,是纳粹横行的深层原因,直到纳粹失败之后才显形。战后数十年里,所有积极检省历史的尝试,都是在践行恢复关联的工作。然而首次将"失去关联"作为纳粹症结的,是瑞士作家马克斯·皮卡尔德。在第二次世界大战刚刚结束出版的专著②中,他以"失去关联"诊断纳粹时期的德国社会,虽与1946—1947年间出版的大部分探讨罪责问题的著述相比,这本书欠缺专业论文式的严谨,字里行间透露出强烈的情绪冲动。然而,皮卡尔德的批判有多么不留情面,建构就有多么用心良苦。他指出,如果"失去关联"意味着社会价值的倒退、伦理道德的沦丧,那么拯救被纳粹摧毁的人类文明、重拾对人类文明信心的唯一出路,就是重新建立关联。由是可见,反思罪责问题,就是为已经发生的事情寻找原因,在因果之间

---

① 卡尔·施米特:《大地的法》,刘毅、张陈果译,上海人民出版社,2017年,第257页。
② Max Picard, *Hitler in uns selbst*, Erlenbach-Zürich: Eugen Rentsch Verlag, 1949. 此书初版时间为1946年。

建立联系,在过去与现在甚至未来之间进行沟通。无论是 20 世纪 40 年代末雅斯贝尔斯的"罪责问题讲授课"、60 年代初期沃格林的"希特勒与德国人"专题课程,还是哈贝马斯提出的沟通理性,乃至 90 年代出现的回流,无一不是把"失去关联"和"恢复关联"作为对象和目标。

哲学家雅斯贝尔斯曾在第三帝国期间跟他的犹太妻子流亡瑞士。第二次世界大战结束后,他回到海德堡大学,用一整个冬季学期讲授第二次世界大战和德国的罪责问题,划分出刑事、政治、道德与形而上四个罪责范畴。这四种罪责并非各自独立、井水不犯河水,而是彼此交织,不可分割。一般来讲,刑事犯罪必然要追究个人的内心动机,这就涉及道德罪责;而在一场政治犯罪中,跟风、沉默、无动于衷也是道德犯罪,所有属于这个政治共同体的人都应当共同承担后果。我们又可对个人罪责作进一步区分:内与外之别,即显见的事实层面之罪,与抽象的非事实层面之罪。事实层面的罪对应具体的惩罚措施,非事实的罪则需要以抽象的精神劳作和内心反省去克服。形而上的罪责和道德罪责,虽然不像刑事罪责一样,对应显而易见的惩罚措施,但却与之存在因果关系。如果一个人怀有道德良知,对他人和社会投入积极关注,就不会对身边罪行视而不见,就可能帮助降低,甚至避免集体罪行泛滥的风险。遗憾的是,雅斯贝尔斯关于罪责问题的思考,直到 20 世纪 60 年代以后才得到重视和更广泛的回应。

纳粹罪责的复数性还体现在,它并不仅仅是指德国法西斯对犹太人的集体屠杀罪,也包括其对本民族犯下的罪行,这也就肯定了德国人的受害者身份。在政治原因引发的集体屠杀中,个人责任往往被抹杀,而且,根据后世对罪责证据的不断补足、对纳粹身份认识的不断加深,这种个人责任的合法退场,恰恰被证明是纳粹罪行的一部分。在法律面前,集体责任与个人责任被重新并置在一起,导致罪责话语变得异常复杂。这种复杂性在近二十年里引发争议的德语小说中体现得最为透彻。① 罪责的交叠不仅在虚构的文学作品中,而且在现实政治层面也具有合法性:经历纳粹时代的人,已经无法为罪责找到一个明确解释;就连

---

① 格拉斯的魔幻现实小说《铁皮鼓》(1959)和揭露第二次世界大战末期苏联炸沉德国难民船的小说《蟹行》(2002)、拉尔夫·霍赫胡特问责罗马教廷在第三帝国的剧作《议员代表》(1967)、施林克备受非议的"大屠杀庸俗小说"《朗读者》(1995)等,都曾因政治不正确而饱受诟病。

纳粹罪行的内容,也涵盖了事实罪行之外更多的方面。由此可见,追溯和反思罪责,必然放弃对直线式因果思维模式的依赖,在诸多社会、政治文化现象之间,在偶然性与必然性、在受害者与施害者之间,建立或恢复联系。

二、流行语:克服过去、集体罪责与集体沉默

对话并反思历史,令第二次世界大战后的德国知识界衍生出许多概念。有些虽不是直接诞生于战后,却从此演变成公共流行话语,并覆盖几乎所有人文学科领域。比如,"零时刻""克服过去""集体罪责"等跨学科术语、诞生于社会心理学的"哀悼工作"以及人类文化学的"耻文化与罪文化"等概念。多学科探讨充实了战后的反思话语,也为明确定义设置了障碍,更给翻译和阐释工作提出艰巨任务。

作为这些概念中最为炙手、也最难阐释的一个,"克服过去"不仅贯穿战后心理学、历史学、法学、政治学、人类学等多学科话语,更渗入到战后的公共政治和舆论层面。德语词"Vergangenheitsbewältigung"直译应作"对过去之事的克服",乃是德国在战后发明的一个术语。由于该德语合成词词义本身及其应用的复杂性,在其他语言中很能找到对等翻译,译作"克服过去"亦为权宜。"克服"(bewältigen)一词在德语中有两个基本含义,一指完成了一项艰巨的工作,二指从精神上处理、消化、领悟、吸收一件事,通过反复的精神劳作,直到它不再造成痛苦和伤害。"克服过去"中的"克服"主要取第二个意思,即从精神层面处理、消化、领悟和吸收过去。在战后语境中,这个"过去"无疑指向第二次世界大战和纳粹历史,而克服过去,就是"与沉重的纳粹历史进行有意识的交往"①。

"克服过去"的前世今生对于战后流行语极具代表性。这个词从诞生起就引起争议,甚至成为一个在词义色彩上褒贬不一的套话。如果"克服过去"以澄清事实、净化道德为目标,而不是机械式、复仇式地消灭过去各等有罪之人,那么这

---

① 孙立新、孟钟捷、范丁梁:《联邦德国史学研究——以关于纳粹问题的史学争论为中心》,社会科学文献出版社,2016年,引言部分,第2页注2。

个词就是褒义的。然而,由于它还有通过强制力取胜之意,所以听上去更像把纳粹罪行和德国人的罪责从记忆中强行抹去。因此,历史学家称之为"与过去作斗争";社会学家强调用"处理"(aufarbeiten)代替"克服";心理学家则不置褒贬,认为这是个长期的、个人的、反复的心理过程;政治学者紧随战后联邦德国政治事件,论证其与所谓正常化的关系;法律学者则通过一系列战犯审判,为随之产生的新型罪责种类下定义,给出司法解释;在文学创作和文学批评领域,"克服过去"越来越成为一个专属区域,甚至催生《战后克服过去文学词典》。战后所有关于罪责问题的小说都隐含"克服过去"的诉求。多数作者对于政坛和社会文化生活中的"克服过去"概念虽持保留态度,却以文学活动自觉加入这个过程。无论褒义还是贬义,过程还是结果,保留还是明示,赞成还是反对,"克服过去"都体现出战后文化的复杂背景和多元态势。

在文学领域,"克服过去"类作品专指那些以探讨第二次世界大战历史创伤和罪责为主题的文学创作,但这些作品并非从一开始就受到重视。[①] 两德统一后,对"克服过去"文学的讨论达到高潮,其具体所指也随时代发生了改变,但第二次世界大战历史依旧是经久不衰的主题。格拉斯的《铁皮鼓》是代表作之一,虽然他自己对过去能否被克服始终持保留态度。另一个统一后反思第二次世界大战罪责的坐标,当推施林克的《朗读者》,虽然作者本人明示"过去永远过不去"。现代科学无不秉承自信昂首挺进,遵循各自的学科规律,提出问题、分析问题、得出结论、做出判断,唯独文学志不在此。对于文学创作而言,正是这些保留和明示,体现了反复出现的戏剧化体验[②]向批判性反思过渡的艰难。之所以说战后有关罪责问题的小说都隐含"克服过去"的诉求,是因为小说的基本叙事模

---

① 第二次世界大战结束伊始,文学领域曾掀起一股强韧的求新之风。但是,无论是"四七社"还是其他有影响力的文学组织,都没有把罪责问题当作一个问题来集中讨论。人们急于吐故纳新,恢复自信,反思类作品却受到冷遇。无论是"砍光伐尽"(Kahlschlag)还是复归宗教,无论是字精句简的诗歌还是凝聚战时创伤与战后迷茫的戏剧,从内容到形式,虽不乏痛定思痛之音,但罕有将反思作为主要话题并掷地有声的作家作品。对历史和现实持有批判态度的长篇小说,出于各种原因也没有获得成功的先例。20世纪50年代文学领域在表现罪责问题上虽显乏力,但这个相对贫弱的状态,反而成为后来反思文学经典之作的素材。

② 美国文化学者斯维特兰娜·博伊姆(Svetlana Boym)针对战后德国对遗忘的呼吁,指出怀旧与历史批判的隔阂,认为现在对待历史的方式更多是通过某种戏剧化的体验,而不是对于过去无法补救梦魇的痛苦批判反思。参见斯维特兰娜·博伊姆:《怀旧的未来》,杨德友译,译林出版社,2010年,第240页。

式显示了这一特点:满怀歉疚地回忆过去,表达过去给当下造成的痛苦,寻找出路,无解的结局。虽是无解,但比起政治上的简化,文学作品塑造和探讨了更多人性棱角和社会沟壑,道出了更为纷繁的道德疑难,直接影响个人的道德反思。

  "集体罪责"作为战后语境中最早诞生也最为"长寿"的流行语,"几乎构成战后初期德国公共话语的基本元素"①。这个词的字面意思是,在一项罪行中,受到指控的不是单个罪犯,而是整个集体。② 第二次世界大战结束初期,其含义具体化为"不仅是希特勒和纳粹领导层要对第二次世界大战和犹太大屠杀负责,整个德国都被指控负有责任"③。在1945—1948年间,围绕罪责问题在德国内外的知识分子和教会领域形成激烈争论。④ "集体罪责说"从一个来自国外的指控开始⑤,随着盟军对德国人"去纳粹化"的"再教育"流传开来。然而,民间普遍流行着一种默契:"集体罪责"是战胜国单方面对德国的指控,是胜者为王的强硬逻辑。在维护民族尊严和反思罪责之间,德国人更倾向于选择前者。"集体罪责"讨论虽然遍及人文学科各个领域,影响波及之后几十年的罪责反思,但是它更像是知识精英们的一场头脑风暴,并未真正触动德国的公共政治和社会更广泛阶

---

  ① Norbert Frei, *1945 und Wir. Das Dritte Reich im Bewußtsein der Deutschen*, München: C. H. Beck, 2005, S. 145.
  ② Torben Fischer, Mattias N. Lorenz (Hrsg.), *Lexikon der „Vergangenheitsbewältigung" in Deutschland. Debatten-und Diskursgeschichte des Nationalsozialismus nach 1945*, 2. Auflage, Bielefeld: transcript, 2009, S. 43.
  ③ Ebd.
  ④ 关于战后初年集体罪责的争论,详见 Jan Friedmann, Jörn Später, „Britische und deutsche Kollektivschuld-Debatte", in: *Wandlungsprozesse in Westdeutschland. Belastung, Integration, Liberalisierung 1945-1980*, hrsg. v. Ulrich Herbert, Göttingen: Wallstein, 2002, S. 53-90; Thomas Koebner: „Die Schuldfrage. Vergangenheitsbewältigung und Lebenslügen in der Diskussion 1945-1949", in: ders., *Unbehauste. Zur deutschen Literatur in der Weimarer Republik, im Exil und in der Nachkriegszeit*, München: edition text+kritik, 1992, S. 320-351; Barbro Eberan, *Luther? Friedrich „der Große"? Wagner? Nietzsche? ...?... ? Wer war an Hilter schuld? Die Debatte um die Schuldfrage 1945-1949*, München: Minerva, 1983; Aleida Assmann, Ute Frevert, *Geschichtsvergessenheit, Geschichtsversessenheit. Vom Umgang mit deutschen Vergangenheiten nach 1945*, Stuttgart: DVA, 1999, S. 112-117.
  ⑤ "集体罪责"的说法最早见于1941年英国人罗伯特·范西塔特爵士的《黑纪录:德国的前世今生》(*Black Record: Germans Past and Present*)一书。书中指出,纳粹出现在德国不是偶然"越轨",而是必然"结果"。此书一出即引起轩然大波。德国人感到,英国人的理论刺伤了一个"英雄民族"的自尊心,伤害了"善良的德国人的正义感"。范西塔特的观点从理论层面拉开了"集体罪责"争论的序幕。1945年以后,英美在西占区大规模展开对德国人的"去纳粹化"(Entnazifizierung)和"再教育"(Re-education),试图以此推进德国民主化进程。英美的做法隐含一个前提,即德国人集体有罪——所以他们要通过"再教育"接受集体改造。这就等于让德国人在实践层面承认"集体罪责"。因此,德国人一方面要接受调查,在思想上与纳粹划清界限,另一方面要接受英美的民主思想和教育,否认自己的民族文化。

层的公共意识。

20世纪60年代初期,德裔美国政治学者埃里克·沃格林在慕尼黑大学讲授了一系列课程,后以《希特勒与德国人》为书名结集出版。著作结合战后德国社会现实以及古典政治哲学、神学,对"集体罪责"与"克服过去"两个敏感词进行深刻剖析。他一针见血指出:"集体罪责"与"克服过去"都是脱离实意的套话。他否认集体罪责的存在,因为一个人不能为别人在过去做的事情负责,而集体罪责意识背后隐藏着的经验事实是,每个人都生活在社会之中,社会所有成员需要共同承受罪行后果。①

沃格林怀有深厚的学术素养和广博的学术视野,同时对纳粹罪责有着切肤经历,早年曾被驱逐并逃亡到美国。然而这些经历并没有影响他在思考德国罪责问题时的审慎立场。他立足于政治哲学,旁征博引神学、文学与法学案例,解剖德国社会的灵性病理——一个不同于心理和思想的层面的病理。沃格林的论述没有囿于学理层面,而是高度与社会政治现实同步,恢复学术理性与现实生活的关联。相比于经历了魏玛共和国和纳粹时代毫发无伤的、享有学术权威地位的哲学家、法学家——他们在学理上指出犹太思想和犹太人生活实践的邪恶,论证排犹的合理合法性、纳粹军事进攻的必要性,却回避讨论犹太同行遭遇的不公正乃至大屠杀这样的极端恶行——这是作为学者且首先作为人的沃格林最为可贵可敬之处。在否定集体罪责的同时,他肯定雅斯贝尔斯提出的集体责任,将纳粹掌权的社会精神处境作为认识和反思的根本,以诸如"布特梅尔希综合征"②这样的概念,说明众多德国社会阶层无法达成反思的深层原因,问责德国新教与天主教会、知识分子与普通民众身上的"愚蠢",揭露政治、历史、法律等学科中的陈词滥调。在"德国战犯审判中的道德问题"③一节中,沃格林提出刑法综合性

---

① 埃里克·沃格林:《希特勒与德国人》,张新樟译,上海三联书店,2015年,第94—96页。
② 沃格林用"布特梅尔希综合征"(Buttermechler Syndrome)直接与当权者合作的那些人,他们如果承认当权者在理性和精神上是可鄙的,承认他愚蠢、有罪、疯狂,那么就得承认自己也是如此。但是他们不愿意承认,尤其是因为"这涉及德国社会的整个代表阶层:诗人和思想家、哲学家和文学家、牧师和教授、法官和公务员,还有将军等。也就是说,德国整个有威望的阶层都跟纳粹政权的罪恶和愚蠢有纠葛,并且至今仍受这种纠葛的负累,因为那些人还活着。"同上书,第74、101页。
③ 同上书,第283—290页。

的边界,再次指向道德腐败问题。书中许多洞见很快在其他人文学科得到了回应。① 数十年后的 1996 年,在大洋彼岸的一本名为《希特勒的志愿行刑者——普通德国人与大屠杀》的书中,德国人的集体道德腐败问题作为一个心照不宣的话题,以另一种面目登场。

在众多与纳粹历史绑定的词汇中,原本为中性词的"沉默",也带上贬义色彩。"沉默"几乎等同于"对过去保持沉默",也就是在公共交往中,对过去避而不谈。它意味着政治上不作为,对历史有意显示出麻木,尤其针对参战的一代人对下一代人保持的缄默。"沉默"一方面显示出,德国人内心并没有悔改迹象,如汉娜·阿伦特在德国之旅后有感而发的,德国人在第二次世界大战中丧失了传统道德与宗教后,思维惯性未发生丝毫改变,在心态和气质上一如从前。但另一方面不能否认,沉默同时也暴露出一种内疚心理。如果完全丧失良知或对公序良俗的基本认知,如果对过去毫无忌讳,也就不会完全保持沉默。因此,沉默更多是一种矛盾心态的表现——沉默的人既没有完全丧失良知,但又不具备完整的良知,既有道德缺陷,又存有部分良知。针对这类人,当代政治学者格西娜·施万提出"对罪责保持沉默"②这一概念。施万认为,有罪者之所以"沉默",首先并非因为缺乏良知,而是出于屈从权威的心理,出于自卑和缺乏对自我价值的认知。由个体及整体,沉默归根结底不利于整个社会在政治、道德层面对罪责的反思,不利于战后的道德和民主重建。

三、法律与公共政治层面的有限"克服"

第二次世界大战结束后,围绕纳粹罪责展开的公开审判构成一种持久的文化景观。许多著名审判延续多年,一波三折,为后世接触第二次世界大战罪责问

---

① 讲座三年之后,米彻利希夫妇出版了《无力哀悼》(Die Unfähigkeit zu trauern),从心理学角度分析沃格林从哲学立场得出的结论,明确提出压抑、自卫等心理机制。参见迪特里夫·克莱门斯:"《希特勒与德国人》英译本编者导言",埃里克·沃格林:《希特勒与德国人》,第 30 页。

② Gesine Schwan, *Politik und Schuld*, *Die zerstörerische Macht des Schweigens*, Frankfurt am Main: Fischer, 1997, S. 69.

题提供契机,成为构建记忆文化的起点。从纽伦堡审判到法兰克福的奥斯维辛审判以及后来的一系列针对集中营看守的审判,德国在法律意义上的"克服过去"一直没有结束。在特定时期具有积极政治含义的举动,如今值得我们重新思考。首先,"克服过去"在德国愈发趋向公共化,"集体罪责"说在战后德国社会重建中一度发挥重要作用,对个人责任的集体沉默成为经济奇迹的副产品。其次,国家在反思话语建构上存在矛盾和反复,一方面要摆脱战败阴影、回归正常化,一方面又要塑造一个诚心悔过、热爱和平的国家形象。最后,战后公共领域的反思活动和普通人的罪责意识之间存在鸿沟。一系列事件表明,战后德国政治上层对待第二次世界大战和纳粹历史经历了多次反复。无论是寻找替罪羊心理,还是以集体无罪置换集体有罪、以集体罪责回避个人罪责,都反映出人们面对历史的尴尬:既无法释怀,又不知如何是好。

纽伦堡审判的第一轮审判是在 1945 年到 1946 年,后来直到 1949 年还有些后续审判。审判当时引起轩然大波,尽管从结果上看,它并没有撼动广大民众阶层的罪责意识。受审的是 22 个纳粹高级战犯以及被定为犯罪性质的一些组织团体,可是最后,真正得到惩罚的人并没有几个,大部分被无罪释放。纽伦堡审判也有非常值得称颂的一面,它促使国际法确定"反人道罪"或曰"反人类罪",即对任何一个平民实施杀戮、消灭、奴役、放逐及其他非人道行为,或基于政治、种族或宗教信仰关系的迫害行为以及任何涉及反和平罪和战争罪的迫害行为。

1958 年 4 月 28 日,乌尔姆审判开庭,这是第一次在德国就纳粹时期的犹太人大屠杀进行审判。从此,审判对象不再仅仅是纳粹高官,而是也包括一些具有专业知识技能的从业者和身份相对普通的人。60 天后,十位被告皆因协助集体屠杀被判监禁,时间从 3—15 年不等,并暂时被夺政治权利。乌尔姆审判是对纳粹进行法律清算的一个重要里程碑,为后来一系列针对纳粹凶手的诉讼以及后来法兰克福的奥斯维辛审判做了准备。也是从这里开始,大屠杀才引发公众关注。而此前,外界对大屠杀尚且一无所知,遑论展开调查诉讼。

国际层面最受瞩目的是 20 世纪 60 年代初的艾希曼审判。这场审判并未在德国进行,却是讲到纳粹战犯审判时最不能绕过的一个。第二次世界大战期间,艾希曼参加过万湖会议,曾负责运送匈牙利犹太人到波兰集中营;战争结束后,他更换姓名,逃到世界尽头——大西洋彼岸的南美洲。在阿根廷生活17年后,他被以色列情报机构摩萨德秘密拘捕,带回耶路撒冷接受审判。[①] 审判持续一年半,艾希曼至死不认罪。这个事件掀开了新一轮对纳粹当中非首要、非高层人物的审判,诸如"办公室杀手""平庸之恶"等新的身份标签随阿伦特的争议之作《艾希曼在耶路撒冷》而广为流传。此外值得一提的还有奥斯维辛审判,发生在艾希曼审判不久后。奥斯维辛审判的主要对象是奥斯维辛集中营等死亡营的看守人员。由于审判牵连人数众多,取证难度极大,奥斯维辛审判从1963年开始经过三个阶段,但后续审判一直没有间断。

除震惊世界的各个审判,德国在国家政府层面对历史问题的处理十分耐人寻味。德国人对待纳粹历史的宽容态度,得到冷战背景下国际政治势力的支持,盟国主动放弃去纳粹化的努力,迁就德国政府的"复辟"行为,从而为反共阵营铸就力量。[②] 这个策略的直接成果是,联邦德国政府在十年里缔造了"经济奇迹"。然而该奇迹的前提是,大量在纳粹时期履职的人得到留任。联邦德国众议院先是通过赦免纳粹分子一般犯罪行为的法案,1951年又通过"131法案"批准,除盖世太保和已被定为"主要罪犯"的人员外,其他纳粹文职人员均可被重新雇用,恢复一些原纳粹官员的职位。1954年,众议院又再次赦免纳粹罪犯。

罪犯还在审判时,就已博得很多同情和支持。这些声音一直伴随战后多年,总结起来就是:存在另一个德国,有更好的德国人;纳粹不是德国人民,我们也是受害者。这声音背后的心理结构与受害者类同,构成了德国经济奇迹的重要立场——我们是好人,所以可以代表新的德国人去建造新的德国——并且符合文化文学领域塑造"新人"(如"四七社")的急迫愿望。与此同时一直被刻意压制的另外一种声音,直到很多年后才得到普遍认同:希特勒就在我们中间,恰恰是小人物推动了纳粹历史,不存在一好一坏的德国,每个人都负有责任。在清算罪行

---

① 这场审判本身在法理上缺乏依据,被公认为政治意义大于法律意义。艾希曼当时已取得阿根廷正式国民身份,从外交、当地或者世界任何文明国家的法律上来看,不经过官方手续被押送到以色列审判既不合理也不合法。该事件对于以色列的国家政治则意义重大。以色列政府彼时正因与阿拉伯国家的领土争端而面临舆论危机,把艾希曼审判推向公众视线,意在提醒全世界犹太人的第二次世界大战受害者身份。这也是阿伦特对审判不满的原因之一。

② 参见迪特里夫·克莱门斯:《〈希特勒与德国人〉英译本编者导言》,埃里克·沃格林:《希特勒与德国人》,第20页。

与自我拯救的两种呼声中,托马斯·曼对德国罪责问题所发的让德国人自我检讨之音,在当时就颇具"挑衅性"①。

如果说战后的前二十年,德国社会主要倾向是自卫、自怜和沉默,那么到了20世纪60年代中期,随着世界政治格局的变化以及德国经济秩序的恢复,政治呼声转变为与历史决裂。1965年,德国围绕历史问题展开激烈辩论。一方是政府要员的表述,一方是史实给予的回应。是年5月,联邦总理艾哈特在电视讲话中痛惜德国人蒙受苦难,盛赞德国人如何为人类做出过伟大贡献。他尤其指出德国人如何全力以赴重整旗鼓。几个月后的政府报告中,艾哈特直接宣布"战后时代的终结"②。时任柏林市长、社民党主席威利·勃兰特也在纪念第二次世界大战结束二十周年之际,提出当务之急是要"保护这个改过自新的民族不再受恶语中伤",因为"二十年已经够了,分裂、断念、回首,已经做得足够。……这二十年意味着我们的勤劳,我们的忧虑,我们的理智和我们的信念,我们的希望和我们的骄傲。这些都是我们的生活"③。

20世纪60年代末出现一些抽象理论,掩盖了罪犯、犯罪地点、从犯以及受害者的具体身份(这种情况一直延续到80年代)。这是继阿登纳时代之后的所谓"第二次抑制",这也是联邦德国政党角逐的缩影。④ 70年代又出现两种声音,一方面有人认为,经过对纳粹历史长期不懈的思考,过去已经被"克服",战后时代已经终结。另一方面,保守派批评人士坚称,德国尚处于一个长期忏悔阶段,要通

---

① 托马斯·曼1945年前后在BBC上发表了一系列关于德国人与德国的讲话,以及此前曾在作品中称"希特勒老兄",受到当时留在德国的主流知识分子反驳。这个"希特勒就在我们中间"的声音并没有得到广泛认可。曼将德国历史发展的不幸上溯至宗教改革和马丁·路德其人,由此发现德国历史具有善恶交织、善恶转换的诡异特点并总结说:"不存在一善一恶两个德国,德国只有一个,由于魔鬼作祟,德国的善变成了恶。恶的德国,正是误入歧途的善的德国,正是坠入不幸、罪责和毁灭的善的德国。"

② 1965年11月10日的政府报告,转引自Edgar Wolfrum, „Die Suche nach dem Ende der Nachkriegszeit", Christoph Corneließen, Lutz Klinkhammer, Wolfgang Schwentker, „Nationale Erinnerungskulturen seit 1945 im Vergleich", in: ders., *Erinnerungskulturen. Deutschland, Italien und Japan seit 1945*, Frankfurt a. M.: Fischer, 2003, S. 185.

③ 原文: „Zwanzig Jahre sind genug—genug der Spaltung, genug der Resignation und genug des bloßen Zurückhaltens ... Diese letzten zwanzig Jahre ... sind unsere Arbeit und unsere Sorgen, unsere Einsicht und unsere Standhaftigkeit, unsere Hoffnung und unser Stolz, sie sind unser Leben." *Frankfurter Allgemeine Zeitung*, 3. 5. 1965, Brandt: „Zwanzig Jahre sind genug", 转引自Wolfrum, „Die Suche nach dem Ende der Nachkriegszeit", S. 185.

④ 关于阿登纳执政时期及至20世纪70年代联邦德国政界的历史反思,保守右翼与自由左翼的权力制衡,可参见孙立新、孟钟捷、范丁梁:《联邦德国史学研究》,第12—26页。

过爱国思想与自己的历史建立亲和关系。80年代初,德国政界出现所谓"正常化"①吁求:1982年底,联邦德国政府表达出要做"正常"国家的愿望。1985年5月,美国总统里根在比特堡为德国阵亡将士墓敬献花圈②,保守派媒体将此举解读为美德之间谋求和解的姿态。比特堡之行被官方视为"克服过去"的终结。

在外交和国家形象层面,联邦德国政府的路线基本保持一致,从一开始就采取积极改善的姿态。阿登纳时期,德国和以色列之间实现国家层面的和解,先在1952年通过全面赔偿协定,又在1965年与以色列正式建立外交关系。勃兰特出任总理时期,以新的东方政策将和解姿态推向高潮。1970年访问波兰时,他与包括民主德国在内的社会主义国家展开和平对话。勃兰特在第三帝国时期曾是反抗战士,于是,他代德国人向波兰起义者那一跪,更有理由收获赞美与尊敬。他的努力不仅为自己赢得次年诺贝尔和平奖,也为后来的两德统一做了铺垫。

由国家政府层面发起的哀悼仪式,通过纪念馆、博物馆文化而越发普及开来。德国境内集中营从20世纪60年代中期开始一一曝光,并修建为纪念馆。当年的联邦总统海因里希·吕普克曾在贝尔根-贝尔森纪念馆前面向八千参观者发表《对德国人民的讲话》,明确提出德国人不能与历史决裂,因为不是"我们令历史阴魂不散,而是历史令我们欲罢不能"③。而今,柏林犹太博物馆是欧洲最大的犹太人历史博物馆,记录与展示犹太人在德国约两千年的历史,包括德国

---

① 跟战后诸多概念的命运相似,"正常化"也是一个争议颇多并且带有政治救赎色彩的词,它表达了德国人要摆脱历史阴影、做回正常国家的诉求。历史学家扫罗·弗里德伦德尔毫不含糊地道出了这种"正常化"的悖论,即一方面作为特殊的民族,要求与自身负面历史一刀两断;另一方面,任何一个民族,却不应也不能中断与过去的联系。历史学家耶恩·吕森认为,假如这种正常化意味着让纳粹大屠杀这类持续烦扰德国人的消极事件退出德国人自我认知的历史框架,那么就必然以放弃德国人的代际关联为代价,来实现所谓"正常化";而假如这种"正常化"也包含这样的内容,即通过对自身历史的负面经验进行解释来掌握这种经验,并且带着它继续生活,那么人们倒是可以使用这个"正常化"概念。这第二个"假如"恰恰回应了"克服过去"的积极含义。

② 1985年5月5日,正值欧洲人民纪念战胜德国法西斯40周年,美国总统里根在联邦德国总理科尔的陪同下,到坐落在波恩西南的比特堡德国阵亡将士公墓献了花圈。这个墓地除了安葬德国士兵之外,特别还埋葬了49名专事屠杀犹太人和欧洲各国无辜人民的党卫军成员。因此,此消息一经公布即引起轩然大波。里根的计划虽曾遭反对,但他还是不愿取消比特堡公墓之行,并访问了一处集中营以平息公愤。

③ 原文:„Nicht wir beschwören die Vergangenheit, die Schatten beschwören uns, und es liegt nicht in unserer Macht, uns von ihrem Bann zu entziehen." *Süddeutsche Zeitung*, 26. 4. 1965, „Lübke am Ehremal von Bergen-Belsen", 转引自 Wolfrum, „Die Suche nach dem Ende der Nachkriegszeit", S. 186.

纳粹迫害和屠杀犹太人的历史,表达对于大屠杀的追念。① 欧洲被害犹太人纪念碑林位于首都柏林市中心标志性建筑勃兰登堡门和波茨坦广场之间,联邦议院和总理府近在咫尺。2005年5月10日,大屠杀纪念碑揭幕并向公众开放。

四、论争中的纳粹史书写:从希特勒到普通德国人

战后初年的历史研究聚焦于纳粹历史与整个德国历史的关系问题——究竟是运转失灵还是必然结果?后来,焦点转向希特勒其人与德意志民族的关系问题。研究倾向于回避个人罪责问题,对待纳粹历史的任务变成集体事务——无论是慕尼黑当代史研究所的成立,还是战后早期研究中以"希特勒主义"取代国家社会主义的做法,乃至极权主义理论的提出,都是将希特勒个人妖魔化的进程,从而令大多数普通德国人掠过近史、集体沉默。即便是历史学科内部的细节再现,也并没有为德国人"克服过去"起到积极作用。②

20世纪60年代是德国反思话语的第一个转折期。也是在这个时候,雅斯贝尔斯的《罪责问题》得以再版,围绕犹太大屠杀罪行的审判相继展开,阿伦特关注的焦点从多年前的极权主义和政治精英转向艾希曼一类的普通纳粹和德国人,库尔特·松特海默研究纳粹前史的教授资格论文《魏玛共和国的反民主思想》出版,对第二次世界大战的思想根源进行全面清算。纵观战后数十年,在承认纳粹历史与德国整体历史关联的同时,德国本土历史学家采取了与政治学者不同的路数。③ 纳粹史研究始终以建构和恢复民族自信为宗旨,细化社会历史文化、经济、法制、教育和心态气质研究,更有挖掘纳粹时期抵抗者事迹的纳粹抵

---

① 该博物馆初建于1992年11月9日,1998年底竣工,全部设施到2000年10月才安装完毕,2001年9月9日正式开馆。其展品以历史文物与生活记录为主,多达3900件,其中1600多件是原件。博物馆多边、曲折的锯齿造型像是建筑形式的匕首,展示德国犹太人两千年生活历程,对德国艺术、政治、科学和商业做出的贡献,及20世纪经历的悲惨历史。

② 参见迪特里夫·克莱门斯:"《希特勒与德国人》英译本编者导言",埃里克·沃格林:《希特勒与德国人》,第21—23、26页。

③ 参见孙立新、孟钟捷、范丁梁:《联邦德国史学研究》,第62、80页。

抗史研究,甚至出现修正历史判断用力过猛的现象①,以及不定期出现的史学家争论。而德国之外的纳粹史研究(作者出身大多与德国有历史渊源)中,产生最大回响的往往是针对德国人——从希特勒到普通德国人——的心态气质和精神状况的研究。

如果给撰写纳粹德国和希特勒的作者列一个名单,首当其冲的是专事德国史的大学教授,继而是以历史科普栏目著称的通俗作家或影视工作者,包括德国历史学家约阿希姆·费斯特和汉斯·蒙森、英国历史学家阿伦·布洛克、荷兰历史学家伊恩·布鲁玛、德裔美国历史学家扫罗·弗里德兰德和德裔英国历史作家塞巴斯蒂安·哈夫纳等。② 然而,若从出版著作的社会影响力而论,恐怕就要重新调整名单的顺序。这其中,希特勒传记领域获得超越学科和国界的关注,成就了严肃学术与通俗写作结合的典范。

战后 70 年,希特勒传记源源不断,昙花一现者不在少数。哈夫纳的《解读希特勒》则甫一出版就畅销全球,译成二十多种文字。③ 哈夫纳素有历史散文家之称,耐人寻味之处也正在于此。但凭借其对德国民族性问题的不懈关注以及多年流亡和专栏记者经历养成的轻快文风,哈夫纳的普鲁士和希特勒研究拥有广泛读者。与历史学家严肃拘谨不接地气的论著相比,故事性的历史写作普及度更高。不过,这是否也说明,即便不对希特勒妖魔化,人们仍愿把他当作一个被历史叙事陌生化的冒险故事主人公呢?这是否印证了沃格林所警示的压抑与自卫,以及吕森所形容的"他者的历史"?

同样曾以《希特勒传》闻名于世的英国谢菲尔德大学教授伊恩·克肖,选择了一条完全不同的路线。在《希特勒神话——领袖崇拜与民众意见》④一书中,研究对象不是希特勒本人,而是塑造希特勒个人形象和克里斯马(领袖魅力)的内外原因。该书在两个方面具有典范价值:首先,作者把希特勒神话作为各种时

---

① 最有代表性的例子是,恩斯特·诺尔特以军事必要性和种族屠杀不唯一性,沾染为希特勒和第三帝国洗白之嫌,并引燃历史学家之争。
② 如果把大屠杀幸存者的回忆录、口述实录、影像资料也算进来,这个名单将无限延长。
③ 参见景德祥:《征服希特勒的幽灵》,塞巴斯蒂安·哈夫纳:《解读希特勒》,景德祥译,译林出版社,2016 年,前言部分,第 5—6 页。
④ Ian Kershaw, *Der Hitler-Mythos. Führerkult und Volksmeinung*, München:DVA, 2002. 该书内容早在 20 世纪 80 年代中期就曾部分发表于学术期刊。

代元素、社会关系、宣传攻势的结果,而不仅从身世经历、非理性层面剖析其领袖魅力;其次,作者并不认为反犹意识形态在希特勒神话建构中具有突出作用,在涉及反犹问题尤其是德国民众对于犹太大屠杀的责任问题时,采取较为克制客观的态度。① 在克肖看来,魏玛体系瘫痪、整顿内政的希望、反共之共识,才是构成希特勒神话的三要素。

对希特勒神话的重构是追问纳粹罪责的一个途径,它衍生出另一个引人瞩目的方向,即大屠杀和反犹意识形态研究。大屠杀日益成为德国人建构集体身份过程中不可忽视的因素。1996年,一部名为《希特勒的志愿行刑者——普通德国人与大屠杀》②的专著问世,短短几周内将历史学界、公共媒体到普通百姓,统统卷入一场新的关于集体罪责与个人责任、德国民族性和普通人与大屠杀关系的争论。戈德哈根的这本书采用的案例和方法都并非首创,甚至在结论上也有老生常谈之嫌。因为早在1992年,美国华盛顿路德大学历史学教授、犹太大屠杀问题专家克里斯托弗·R.布朗宁就以第二次世界大战后期纳粹在波兰设立的预备警察营成员战后审讯资料为蓝本,出版《完全普通的人——101预备警察营与波兰的"最终解决"》一书。

无论在原始资料还是诸多分析方法、论点乃至书名上,戈德哈根都与布朗宁高度一致,但是在一些根本性的伦理价值和政治判断上,二者却大相径庭。对此,布朗宁在专著再版时加入一篇四十多页的后记,肯定戈德哈根对某些迄今为止历史研究中忽略的现象做出的贡献,承认二者在诸多问题上有共识,比如都认为是无数"极为普通的"德国人参与了犹太人大屠杀,参与者很大程度上是出于自愿。布朗宁坦陈历史研究自身的局限,指出即便在科学家内部,就证人证词也产生很大分歧。证人们一方面要回忆,一方面又要遗忘、压抑、扭曲、逃避、说谎。

---

① 作者开篇指出,英雄主义在19世纪的德国乃是一种国家文化,第一次世界大战溃败并未动摇德国人的英雄情结,反而令人更加怀念和呼唤俾斯麦这样的铁腕人物,加之传统权威思想和基督教救世论,共同滋养了魏玛共和国时期的伪宗教和伪民主色彩。帝国时代的臣仆关系,对领袖的依附,魏玛的软弱,更促使人们期待一个君主或独裁者,一个来自人民的代表,一个战斗、冲突和战壕的化身。Kershaw, *Der Hitler-Mythos. Führerkult und Volksmeinung*, S. 29-34.

② Daniel Jonah Goldhagen, *Hilter's Willing Executioners. Ordinary Germans and the Holocaust*, New York: Vintage, 1996. 脱胎于其1992年完成的博士论文,出版前获得多个奖项。1996年3月出版,不到一年再版9次。该书在德国出版起初碰壁,但很快即出德语版: *Hitlers willige Vollstrecker. Ganz gewöhnliche Deutsche und der Holocaust*, übers. v. Klaus Kochmann, Berlin: Siedler, 1996.

但他还是坚持认为，101预备警察营的法庭证词在质量上是出众的。因为负责审讯的都是精英，他们的证言也不同于那些谎话连篇的供词。他相信，这些证言是历史学家的唯一机会，他能和戈尔德哈根在这里相遇不是偶然。这篇后记的主要目的是指出二者的本质差异，批驳戈德哈根以主观臆断代替逻辑分析，以耸人听闻的描述代替冷静客观的推理，夸大意识形态和主观恶意而忽视具体的环境和历史因素，从而刻意制造惊悚效果。①

那么，究竟是什么原因让戈德哈根这本漏洞百出的书一石激起巨浪呢？②

在该书德语版前言中，戈德哈根每页至少强调一次写作目的或原因。继抛出"大屠杀起源于德国"③的论断之后，他说明是且仅仅是德国来组织大屠杀的三个必要条件：在德国，人类历史上最恶劣的反犹主义者拥有了国家权力，德国有广大追随反犹国策的民众，德国有欧洲最强的军事实力。戈氏强调，此书并非要穷尽犹太种族屠杀或纳粹德国历史，只是"去解释为什么大屠杀会发展到那个地步"④，"由于此书的目标是历史解释，而非道德评判，不会直接述及罪责和责任问题"⑤。然而，具有相关领域阅读经验的人都知道，大屠杀研究不可能完全摒除道德层面。即便作者不明确写出，读者也会看出他的写作动力中包含了一些难以名状的仇恨。

乍看上去，戈德哈根同20世纪末针对普通纳粹的主流观点相似⑥，且明言，既不讲法律意义上的罪责问题也不讲政治组织机构（政治责任），而只是要反驳

---

① 参见 Christopher R. Browning, *Ganz normale Männer. Das Reserve-Polizeibataillon 101 und die „Endlösung" in Polen*, Erweiterte Neuausgabe, 6. Auflage, Hamburg: Rowohlt, 2011, Nachwort, S. 249-292。

② 针对这本书，迪特里夫·克莱门斯曾指出："世界上没有哪一个卷入战争罪行的民族能够像德国在1960年代以后那样，在学术上如此努力地去分析它自身过去的阴影。但是这本忽视或者蔑视这些研究、从而遭到大西洋两岸绝大多数专家激烈批判的书，却在近年成了最畅销的历史书，并且在德国有教养的公众中激起了激烈的公开讨论，这只能解释为部分原因在于它的成功营销，或者是由于它的主要观点简单，容易理解。"（迪特里夫·克莱门斯："《希特勒与德国人》英译本编者导言"，埃里克·沃格林：《希特勒与德国人》，第31页。）另则，戈德哈根的论辩式文风、对德国学界研究成果的漠视、以美国文化独尊而采用拯救姿态等，都成为众矢之的。参见孙立新、孟钟捷、范丁梁：《联邦德国史学研究》，第170—187页。

③ Goldhagen, *Hilter's Willing Executioners*, p. 7.

④ Ibid., p. 10.

⑤ Ibid., p. 11.

⑥ 比如提出普通纳粹身上的五种常见模式：被迫、盲目服从、来自同行或同事的压力或期待、对同类麻木不仁，以及意识不到自己行为的性质或意识到以后竭力将责任推脱于他人。在布朗宁的《完全普通的人》和施万的《政治与罪责》中，也有许多类似表述。

"小齿轮"的流俗观念,认为广大德国人参与大屠杀是出于主观故意、心甘情愿。至此可见,作者的矛头仍旧指向道德罪责。诸如此类的文字游戏和诡辩,掺入过于饱满的情绪色彩,在历史专业学者看来不够专业不值一驳,在政治学者看来居心叵测昭然若揭,对于更广泛的出版传媒而言却恰恰是点燃公众情绪的引线。①他触及的是德国人整体的道德腐败问题,这令所有日益远离纳粹历史却关心民族尊严问题的德国人如坐针毡。换言之,这本书令读者感到各种不适:学者认为它不够严谨而蹙眉厌恶,普通百姓为居心叵测的论点感到痛苦。难怪出版不到两年,读者来信已经可以编成一部新书。

贯穿《希特勒的志愿行刑者》的另一个令德国人痛苦同时缺乏逻辑推理、忽视历史真实关联的判断是:灭犹之心自19世纪以来一直扎根德国社会。戈德哈根从此出发,不惜重复论争根除和灭绝行为在德国人身上的原生特质。②戈氏引证反犹出版物以及大量凶手、证人和知情者。假定整个19世纪德国反犹思想都执着于灭犹理念,为其招来更多反感和批评。首先被质疑的是,他并没有解释为什么1933年以前德国成为欧洲犹太人最满意的"祖国",并对第一次世界大战中犹太人的为国捐躯视而不见。布朗宁在针对戈德哈根的那篇后记中就明确指出,德国19世纪的反犹主义是一阵强大的意识形态潮流,但他不认为它"或多或少统治了市民社会的观念世界";纵然1933年之前的反犹主义成为德国右翼价值标准的组成部分,却不至令整个德国社会在犹太问题上跟希特勒"想法一致";而具体到大屠杀的实施过程,戈氏忽略了其他受害民族、集中营其他囚犯的命运,尤其是波兰和苏联战俘;同时,他也不去探讨那些甘愿与德国纳粹合作甚至迫害手段更为残忍的波兰人、比利时人的行为动机。德国的种族政策不只涉及犹太人,志愿行刑者也不只有德国人,还有更多德国之外的仇恨犹太人、参与大屠杀的人。然而这些都被戈德哈根忽略。③

在诸多恢复历史与现实关联、重建纳粹与德国人谱系的努力中,德国历史学

---

① 戈德哈根1996年赴德国参加电视现场访谈节目时,一路携带保镖。
② 2009年,已是政治学教授的戈德哈根推出新作《比战争更严重——民族大屠杀如何产生以及如何阻止》(*Schlimmer als Krieg. Wie Völkermord entsteht und wie er zu verhindern ist*),明确提出"根除主义"(Eliminationismus,或译作"灭绝主义")的概念。
③ 参见 Browning, *Ganz normale Männer*, Nachwort, S. 270-275,284-291。

家约恩·吕森的"三阶段论"尤其具有代表性。吕森把纳粹大屠杀、回忆、认同视作代际关系的三种实践形式,并以1968和1989为分割点,将战后划分为三个阶段。在战后第一阶段,大屠杀和纳粹构成战后德国的集体身份同一性。在第一代人里,纳粹时代的恐怖特征被指向罪犯的另一面,自身界限的另一边,纳粹被妖魔化,被排除在德国历史之外。第二阶段批判集体沉默,解构德意志精神。解构意味着在道德疏远的基础上将历史现实化。第二代人对大屠杀的了解和想象存在两个矛盾:一个是有意识地把纳粹放进集体记忆之中,从而构成德国身份同一性;另一方面,纳粹与大屠杀却是通过否定性的划分、隔离而成为身份同一性的组成部分,纳粹从反面成了自我身份的一部分。人们依然采取妖魔化另一方的姿态保全自己;不同的则是,这一次排除在外的是所有经历过纳粹的一代人。第三阶段即历史化与融合阶段,人们把与凶犯的谱系关系当作客观事实予以尊重和接受,一种跨越代际的沟通露出端倪。在这个阶段,纳粹一代的声音已经十分微弱,第二代人的反思成为构建集体责任的重要基石。彻底改变德国人自我认同的那种关键性的新要素,是敞开德国历史文化的大门,准备接纳与犯罪者的谱系关系。

吕森所勾勒的后纳粹历史的第三阶段——"与纳粹历史的融合"——以自然时间的流逝为条件,为当下德国人的道德距离感正名。正是这种距离感促使年轻的德国人把纳粹历史作为"我们的历史"来接纳。既然纳粹一代从生理上已经遁入历史,令人不安的、痛苦的罪责拷问已经失去具体对象,德国人就可以跳出感性纠缠去谈历史责任。而戈德哈根的出发点则恰恰是历史与现实的感性关联,其潜台词是道德控诉,让德国人良心不安。所以,无论书中的局部论点多么千篇一律,论据多么断章取义,言辞多么自相矛盾,这本书还是"脱颖而出"了。而戈德哈根对"普通德国人"的指控,无异于又一种"集体罪责"说。[①]

[①] 然而,如果从作者自身经历和写作动机出发,或许可以理解,他字里行间的仇恨支持这样一种立场:对种族屠杀这类人为灾难,不能遗忘更不能原谅,揭露和讨债乃正义之举。作为大屠杀幸存者后代,同时也作为社会政治学者,戈德哈根在接下来的二十年里一直没有放弃追责,一度将矛头对准教会(又是一个具有地震效应的话题),将研究对象扩大为地球上所有的种族屠杀。

五、结　语

　　20 世纪的德国经历了对一个又一个神话进行克服与重建、解构与建构的过程。当威廉帝国和哈布斯堡王朝随第一次世界大战彻底沉入史册,当魏玛共和国摇摇欲坠的 14 年民主制度随希特勒上台而瓦解,当第三帝国的 12 年被盟军彻底终结,甚至当阿登纳时代被"六八运动"所诟病,当每一个前朝成为后来者的叙事对象,我们发现,以神话为核心词的偏正短语,频繁出现在诸多史政论著中。① 神话不再是一种文学体裁,而渐渐成为一个饱含政治寓意的概念。

　　第二次世界大战在时间上远去,而人们还原或演义历史的兴趣却有增无减,探索脚步遍及各个人文学科,战争题材不停被翻拍、重演,记忆学自成一体。第二次世界大战和纳粹的文献资料卷帙浩繁,我们在此只能通过有限的例子管窥一二。无论是战后初年的集体罪责、克服过去、集体沉默,还是工具理性、官僚层级、种族理论,无论是极权主义、乌合之众还是小齿轮、平庸之恶,只要放在大屠杀背景里,再完美的理论都只是令人一时激动,随即遁入语焉不详的理论神话,无法制造痛定思痛的效果,遑论持续的思考与行动。另一方面,着力于细节刻画和恐怖场面的纪实性图文,同样因千篇一律的感官刺激和理性思维的断条而无法直抵人心,或流于陈词滥调和顾影自怜,或招致对道德大棒的警惕反感,最后以"人性皆脆弱"或"永远活在希特勒阴影下?"②的反诘收场。毕竟,如果看不到积极前行的动力,哀悼过去就是重复消耗。对此,20 世纪的德国和德裔知识分子做出了不懈努力,但也提供了不少反例。在智识上占据顶峰的人只专注学科内部之辩,漠视知识分子的社会责任,是科学脱离现实关联的傲慢的化身,或多或少会成为政治黑暗与社会灾难的帮凶。第三帝国和大屠杀留给世人的哲学疑

---

　　① 除了《希特勒神话》,还有近年来出版并已有中文译本的《海德格尔与犹太世界阴谋的神话》《德国人和他们的神话》等借用神话寓意的书,以及 20 世纪早期就出现在政治哲学家笔端的神话说。
　　② 海因里希·奥古斯特·温克勒:《永远活在希特勒阴影下吗?》,丁君君等译,生活·读书·新知三联书店,2011 年。

难——无罪的有罪者——就是一个明证。

作者简介：安尼，首都师范大学外国语学院副教授，研究方向为德语现当代文学、战后德语文学、魏玛共和国时期小说研究，近期发表作品有《抹不掉的身份印记——汉娜·阿伦特与〈拉结·范哈根〉》(《北大德国研究（第五卷）》，北京大学出版社，2016年)、《佯装与反叛——解析〈雅各布·冯·贡腾〉的辩证艺术》(《国外文学》2019年第2期)。

二战之后如何克服历史
——德国与东邻的和解及中日关系

毛明超　整理

内容提要：第二次世界大战是人类历史上的一场浩劫。直面历史、反思历史，是战后实现和解与合作的前提。但无论是德国与其东邻的关系，还是中日关系，都有着复杂的历史渊源，此外，冷战也使得历史问题更为纠葛。德国通过"克服历史"清算自身的战争罪行，较好地实现了与波兰和捷克两国的和解，促进了欧洲的一体化；而日本则因其文化心理传统，难以真正直面自身罪责。但欧洲经验证明，民族和解需以共同的历史记忆为基础，而德国的历史事件值得东亚借鉴。

关键词：历史记忆　克服历史　德波关系　德捷关系　中日关系

一、缘　　由

2019年11月9日，北京大学区域与国别研究院和北京大学德国研究中心携手德国赛德尔基金会（Hanns-Seidel-Stiftung），共同举办了北京大学区域与国别研究院第27期"博雅德信工作坊"。本次学术研讨会的主题是"二战之后如何克服历史——德国与东邻的和解及中日关系"。

1938年秋，纳粹德国在英法绥靖政策纵容下，吞并了捷克斯洛伐克共和国的苏台德地区,又在一年后的1939年9月1日入侵波兰,导致第二次世界大战在欧洲的全面爆发。而在两年之前,"卢沟桥事变"也拉开了中国全面抗日的大幕。战争之惨烈、侵略者之暴行,使得这段历史记忆在八十余年后依然如挥散不去的阴云,笼罩在欧亚上空,给民族的自我认同、国家间的和解与区域合作带来种种不确定因素。

"克服历史"(Vergangenheitsbewältigung)是一个特殊的德语词汇,意指第二次世界大战后德国对于战争罪责与屠犹暴行的清算与反思过程。"克服历史"意味着历史是困境,是难题,无法简单地随着时间的流逝而褪色;但也表达出人们内心中卸下历史重担的渴望,以及对未来和对"正常化"的期待。然而,同属"轴心集团"的德国与日本,在战后对待历史的态度不尽相同。至少在战后中日关系史中,找不出可与勃兰特的华沙一跪相提并论的事件。要探究其中缘由,必须综合思想史、国际关系与地缘政治乃至文化心理学的众多维度。

另一方面,冷战与德国的分裂又使得德国与其东部邻国的关系更为错综复杂。在强调作为欧盟一体化之支柱的德法和解之外,我们也应对德国在战后与东欧各国,尤其是与波兰和捷克之间的和解予以关注。在民粹主义与保护主义日渐盛行的今天,坚持多边主义、国际协作与区域一体化就显得尤为重要。尽管欧盟遇到种种挑战,但欧洲区域联合的实践证明,建基于共同历史记忆基础上的民族和解,是构建命运共同体不可或缺的前提。而德国的历史实践值得东亚思考与深究。因此,在第二次世界大战爆发八十周年之际探讨这一复杂而深刻、既关系历史又影响未来的话题,就显得尤为必要。

本次研讨会由北京大学德国研究中心主任、北京大学德语系主任黄燎宇教授主持,北京大学区域与国别研究院常务副院长、北京大学外国语学院院长宁琦教授和德国赛德尔基金会北京代表处主任刘小熊(Alexander Birle)先生到场致辞。共有四位学者与会做学术报告,分别是教育部特聘长江学者、东北师范大学副校长、著名的日本史专家韩东育教授,德国波兰学院院长、德国大十字勋章获得者迪特·宾根(Dieter Bingen)教授,奥地利科学院副院长、奥地利科学与艺术一级荣誉勋章获得者、维也纳大学历史学系阿诺尔德·苏潘(Arnold Suppan)教授,以及北京大学历史学系副主任、日本史专家唐利国副教授。本次研讨会共吸引了近百位来自首都多所高校的师生参加,更有德国、波兰等国留学生专程从外地前来参加活动。

首先,黄燎宇教授代表北大德国研究中心,欢迎与会专家学者与听众在秋冬之交到访北京大学,参加研讨活动。他说,北京的秋天固然美丽,但从历史上看,古谚"多事之秋"绝非一句空谈。对于德国人而言,11月9日就是一个非同寻常的日子。1918年11月9日,菲利普·谢德曼和卡尔·李卜克内西分别在柏林宣布建立"德意志共和国"和"自由社会主义德意志共和国",揭开了导致德皇威廉二世下台、魏玛共和国建立的德国十一月革命的序幕;1923年11月9日,希特勒与鲁登道夫在慕尼黑发动了"啤酒馆政变",想要以墨索里尼进军罗马为模板推翻巴伐利亚政府;1938年11月9日,德国的纳粹分子打砸犹太人商铺,橱窗玻璃碎了一地,后世将这一事件称为"帝国水晶之夜";1989年11月9日,象征德国分裂的柏林墙轰然倒塌,开启两德统一的历史进程。

选择这样一个富有历史重量的日子来探讨历史记忆与"克服历史"这样复杂而又沉重的问题,是主办各方深思熟虑的结果。而本次活动的海报——联邦德国前总理威利·勃兰特的华沙一跪与日本前首相小泉纯一郎参拜靖国神社的对比——所展现、所暗示的,只是这个棘手问题的一个侧面。例如,海报左面是一幅1970年勃兰特华沙之跪的照片,但波兰当局却一直未向国内公开,直到1989年才终于将照片公之于众。为何波兰人在近二十年的时间中不愿意展示这张照片?这是本次活动需要探究的问题。在设计本次活动时,黄燎宇教授特别提出应将目光东移,关注德波关系的历史维度。这是因为2019年是一个特殊的年份:2019年除了是柏林墙倒塌三十周年,也是第二次世界大战爆发八十周年、华沙起义七十五周年。德国总统施泰因迈尔、外长马斯分别专程前往波兰(默克尔亦于12月前往奥斯维辛集中营旧址),承认德国的历史罪责,并请求波兰原谅。[①] 今

---

① 德国外长马斯于2019年8月1日前往波兰,在华沙起义七十五周年纪念集会上发表讲话,表示面对当年纳粹德国对波兰的侵掠,他"无地自容";德国总统施泰因迈尔则于9月1日前往波德边境小镇维隆(Wieluń),参加第二次世界大战爆发八十周年纪念日活动,并发表致辞:"我向维隆袭击的受害者鞠躬,向德国暴政下的波兰受害者鞠躬。我请求宽恕。"而德国总理默克尔则于12月6日前往奥斯维辛集中营旧址,并在讲话中坚定的表示:"奥斯维辛是由德国人经营的一座灭绝营,德国人的责任永无终结,没有商量余地。"

天的波兰甚至有声音呼吁要在柏林的犹太人纪念碑、辛提与罗姆人纪念碑之外，再建一座波兰死难者纪念碑。但是华沙起义这一历史事件，不仅大多数中国人不了解，就连许多德国人也对此一无所知。因此德波之间的历史纠葛，并不是勃兰特的华沙一跪就能一笔勾销的，而是在今天依然具有现实意义。

接着，宁琦教授也作了简短的致辞。她指出，黄燎宇教授刚刚对历史上的今天之回顾，已揭示出"二战之后如何克服历史"是一个相当沉重的话题。从1917年的十月革命至今已百年有余，百年对于人的一生可能是一个漫长的维度，但在历史上不过是短短一瞬。此次研讨会的主题证明，即便经过一个世纪的反思与沉淀，历史难题依旧不曾得到解答。历史有自己的困境，也有自己需要面对却无法面对的事实。因此，为了在今天能更好地认识历史、尊重历史，就尤其需要区域与国别研究院、德国研究中心这样的学术交流平台，通过多元的、跨文化的视角来阐述历史，在还原历史的同时为现今的人类提供参考与借鉴。她感谢参与组织的学术机构汇集资源，邀请到国内外学界的优秀学者，以敏锐的学术视角设计出这样富有探讨价值与现实意义的话题，能够激荡思想、启迪新知。她认为，北大集中各方资源、推动区域与国别研究的发展，其意义正在于此。

随后，刘小熊先生致辞。他指出，在今天这个饱含历史的沉重分量的日子里，很荣幸能够同与会学者一起讨论欧洲与亚洲历史记忆问题。1939年9月1日，纳粹德国对波兰发动了闪电战，把欧洲拖入了第二次世界大战的深渊；而在两年之前，日本在宛平城外挑起卢沟桥事变，中国的全面抗战就此开始。德日两国都给自己的邻国带去了无以复加的灾难。但尽管二者在战后都发展出各自的民主制度，对待历史的态度却有极大不同。德国在1945年之后承担起了自身的历史责任，无论是在政治层面还是在公民社会层面，都与邻国实现了和解，而这也成为战后欧洲一体化的坚实基础。然而中日关系却完全不同，始终被历史问题的争议所拖累。直到今天，东京的靖国神社中还供奉着不少甲级战犯的牌位，日本政府对国家的战争罪责含糊其词，而日本教科书中对这段历史的描写也常常引起中韩等国的抗议。但为了应对当今世界的挑战，中国与日本必须化解历史重负，塑造更为互洽、更为交融的共同历史记忆。这将会是一个多层次的漫长而复杂的过程，需要新的思考契机来冲破多年来固化的立场与观念，开启自我批判、自我反思的过程,以期将历史的重负置于身后,更好地面向未来。在今天讨论德国及奥地利与其东邻捷克和波兰在战后的接触、对话与和解过程,或许可以为解开中日间的历史心结提供若干借鉴。而鉴于当前日益增长的全球化挑战,世界的和平、稳定与繁荣比任何时候都更需要各国间的合作。

二、宾根:德国历史上的波兰政策与战后德波关系重建

工作坊首先由迪特·宾根教授做报告。他的报告分三部分:"德国的传统波兰政策""1939—1945年间占领波兰政策的历史遗留问题"以及"共同价值观与相近利益基础上的德波伙伴关系"。

德国的传统波兰政策:宾根教授在报告中指出,要理解德国与波兰在1945年实现互相理解与宽恕的成就,就必须回顾一段双方互不谅解的漫长历史,尤其是普鲁士德国自18世纪末以来对波兰的"殖民"政策,因此首先必须反思德国曾经高高在上俯视波兰的眼光。德国以及与波兰直接接壤的普鲁士面对波兰时的优越感,可以一直追溯到18世纪。波兰曾有近千年的历史,诞生于10世纪末,其立国过程可与德意志神圣罗马帝国相比较,因此可以说,德国与波兰的国家政权从传统上几乎有着一样长的历史。但从1795年至1918年,却不存在一个作为国家的波兰。在普鲁士的推动下,普、奥、俄三国曾在1772年、1793年和1795年三次瓜分波兰,使得作为国家的波兰荡然无存。直到1918年第一次世界大战结束,威廉德国、沙皇俄国与哈布斯堡奥匈帝国这三大帝国分崩离析,波兰才得以恢复独立,重新建国。

在1871年之后的德意志帝国时期,无论是在政治决策层面,还是在社会精英的话语体系之中,德意志民族主义的反波兰情绪始终占有统治地位。但在1918年王朝覆灭后,那种"种族的"(völkisch)意识形态,不断增长的宣扬德意志民族优于斯拉夫人和波兰人的种族主义,以及帝国与殖民的政治心态,却并未随之消失,而是成为一种历史负担,被政治精英带入了德国第一个民主政体,即1918至1933年的魏玛共和国。也就是说,在魏玛共和国时期也存在对波兰的

怀疑、敌意与优越感。而第一次世界大战后的德国被排除在《凡尔赛和约》所规定的欧洲政治框架之外,战败与所受的屈辱又进一步放大了德国对波兰的负面情绪。魏玛共和国不情愿地承认了波兰的主权,而在大多数德国人看来,新的波德边界依旧是以暴力强行划定的沾着血的分界线。① 在德国的集体记忆中,针对波兰的刻板印象甚至从两次大战期间一直延续到1945年后的联邦德国。

1939—1945年间占领波兰政策的历史遗留问题:老派普鲁士的政治精英所持的反波兰的政治传统,与纳粹德国——尤其是1939年至1945年占领波兰期间——的对波政策相结合,在性质上愈发极端。德国在波兰占领区的政策,出自传统上的优越感,具有鲜明的殖民主义性质,其主要目的并不仅仅在于对千百万波兰人的迫害与谋杀,更重要的是一劳永逸地毁灭作为国家的波兰及其基础设施。在中世纪晚期,波兰一度是欧洲最大的基督教国家,并且具有文化、宗教与种族多元性的特点。但纳粹的目标就是要不可逆地一举终结波兰的千年历史。希特勒本人在1939年8月22日向麾下的将军们宣布,他的目标是毁灭及消除波兰的有生力量。相比起在西欧的占领政策,纳粹出于种族观念,对东欧国家要凶残得多。

波兰又与纳粹在东欧占领的其他受害国有所不同。直到今天,波兰人的肩上依旧背负着历史的重担:纳粹是在波兰的土地上"工业化"地组织了对欧洲犹太人的大屠杀。德国最大的几个集中营与灭绝营,都建在被占领的波兰。② 不光是奥斯维辛、比尔克瑙(Birkenau)和莫诺维茨(Monowitz),还包括众多小型集中营,其中一些作为纯粹的灭绝营,只存在过几个月,例如特雷布林卡(Treblinka)、索比堡(Sobibor)等。因为纳粹德国在东欧对波兰的占领时间最长,部分集中营一直运转到1945年初,例如奥斯维辛直到1945年1月27日才被解放。也就是说,在与德国直接接壤的波兰,有纳粹德国设立的集中营。德波这对千年来

---

① 伍德罗·威尔逊(Woodrow Wilson)在其"十四点计划"中,就提出要建立一个独立的波兰;根据《凡尔赛和约》的规定,德国需将波森(Posen,即今天波兰的波兹南[Poznań])、几乎整个西普鲁士以及下西里西亚的若干边境地区划给新成立的波兰共和国;东普鲁士虽经全民公决回归德国,但和德国本土之间却隔着"但泽走廊"。

② 而波兰对于其历史责任的反思却是不彻底的。2018年1月,波兰政府通过所谓《大屠杀史实纠正法》,禁止使用"波兰集中营"等把波兰与大屠杀联系到一起的名词,否则将因涉嫌诽谤波兰而被判处最高3年的有期徒刑。

一衣带水的近邻,其地理上的接近在第二次世界大战期间成了悲剧的根源,进而导致了双方特殊的对立与冲突。

共同价值观与相近利益基础上的德波伙伴关系:正是在这一背景下,1945年(即战争结束)或曰 1949 年(即联邦德国成立)以来的和解与互信政策,就更显出其非同寻常的意义,其最终的成功事实上也超出了人们的预期。两国的和解经历了漫长的时间,又因第二次世界大战后重建的国家间秩序而不得不面临更大的挑战:在普鲁士—德意志帝国的传统对波政策以及纳粹带有种族主义的侵略与占领政策之外,第二次世界大战后的德国还必须将大片领土划归波兰。根据 1945 年美、英、苏三国《波茨坦公告》的规定,德国须将超过 20% 的土地交还波兰,导致近千万居住在东普鲁士等地区的德国人不得不背井离乡,从传统上属于德国文化圈、但现如今归于波兰的故乡,迁移到断壁残垣的四大国占领区中。这一决定使得一种新的负面的波兰形象在德国出现。

在历史包袱之外,德波关系还常常在德国内政中被工具化。因此,以下这一点如何突出都不为过:从德国的视角看,没有任何一段双边关系像德波关系一样,伴随着如此之多的自我批判,如此之多的对固有偏见的克服,以及如此之多的具体的放弃。德波关系自 20 世纪 60 年代以来,一直受到高强度的关注与研究,导致无论是在联邦德国的政治精英圈子,还是在社会层面,保持积极正面的对波关系,直到今天依旧被视为不容置疑的方针。这是两国历史中从未有过的状况。我们必须特别强调这一事实,因为若非联邦德国市民社会在千千万万个细微之处的努力,若没有来自波兰的善意回音,就无法实现对波关系的这一历史性转折。

但为了再次突出问题的复杂性,必须指出的是,在 1949 年之后,并没有唯一的"一种"德波关系,而是有两个德国、两种对波关系。民主德国在 1949 年之后主动地寻求与波兰和解,并在国家层面承认奥德-尼斯河边界。不过,这并不是政治与社会领域长时间讨论或内政辩论的结果,因此,如果人们想要关注德波间"原生态"的关系,就必须关注联邦德国自 1949 年之后漫长的接近波兰与直面自身历史的过程。但为公平起见,也不应忽视民主德国内部的基督教会等团体对德波间的理解与和解所做出的贡献。总体来说,民主德国的社会政治条件要比联邦德国复杂得多。

天主教知识分子、政治家斯托玛（Stanisław Stomma）将德国传统的波兰政策称为"敌对宿命论"。而正如之前所指出的，主要是市民社会的运动，使得德国从20世纪60年代起逐步摆脱了传统对波政策的桎梏。这种和解政策也包括一套符号话语，作为浓缩了社会、政治与文化领域之发展的精髓。显然，威利·勃兰特于1970年12月7日在华沙犹太隔都纪念碑前的惊世一跪，就属于这种不可质疑的姿态与象征。这个姿态其实属于宗教领域，双膝下跪的政治家实在是太过罕见，本来在政治与外交实践中并不会出现，勃兰特的一跪也彰显出德波关系的特殊之处。

这个符号在当今德国被所有支持民主的政党接受，然而在1970年却激起了极大争议。德国著名政治杂志《明镜周刊》在12月7日之后那期杂志的头版发问："勃兰特可以下跪吗？"持否定回答的读者大约比同意的要多1％至2％，但基本上还是支持与反对的各半。同样备受争议的还有勃兰特领导下的社民党与自民党执政联盟提出的"新东方政策"①，对此当时有一场异常热烈的议会辩论，讨论的就是1970年12月7日签订的《正常化条约》②。辩论的核心包括奥德-尼斯河边界、两德分立的事实、事实上放弃的大片领土，而条约最终也仅以微弱优势获得通过，于1972年由联邦议会签署生效。

可以说，威利·勃兰特就是德波和解的标志之一，而同样具有这种象征意义的还有1965年梵蒂冈二次公会期间波兰天主教主教团致德意志主教的公开信。在2014年9月10日，时任波兰总统科莫罗夫斯基（Bronisław Komorowski）在德国联邦议会纪念纳粹德国入侵波兰七十五周年的讲话中，甚至提出"和解的奇迹"这一说法。数十年来德国与波兰的学界和公共领域以相互尊重为前提，对第

---

① "新东方政策"是时任联邦德国总理勃兰特及其外交部计划司司长埃贡·巴尔（Egon Bahr）所提出的面对民主德国与其他东欧国家的外交策略，其主旨是通过与东欧国家的接触寻求缓和外部局势，主要内容包括承认民主德国并与之开展两国关系正常化进程、承认战后欧洲各国的边界、改善与苏联的关系等。

② 《正常化条约》又名《华沙条约》，全称是《德意志联邦共和国与波兰人民共和国关于相互关系正常化之基础的条约》（Der Vertrag zwischen der Bundesrepublik Deutschland und der Volksrepublik Polen über die Grundlagen der Normalisierung ihrer gegenseitigen Beziehungen），于1970年12月7日签署，1972年5月17日由联邦议会批准通过。联邦德国在条约中保证尊重奥德-尼斯河边界，承诺不提出任何领土要求，并确保不再有任何武装行动。

二次世界大战及纳粹的起因与影响展开了多场历史讨论,成为我们当今的珍贵宝藏。这在德国与俄罗斯、乌克兰或白俄罗斯的双边关系中都是没有的。

在第二次世界大战爆发八十年里,尤其在德国结束分裂、波兰共和国成立之后,可以说,德波关系有了历史性的转折。但在理解这段历史时,除了考虑德国的政策决断,我们也同样应关注波兰对德国的积极回应。波兰清楚地认识到,1949年后实现了民主与多元化的联邦德国已不再是历史上的德国,而这样一个新德国正是波兰回归欧洲、融入欧洲一体化进程的重要伙伴。对于波兰而言,重要的首先是德国的战略转向,此外还有其自身对德策略思想的变化:波兰不再视德国为"宿敌",而是要与德国结为战略伙伴。而德国自1949年以来所实现的政治文化的更迭、所建立的民主制度,以及双方市民社会的互相开放,都使得波兰这种战略思想的转变成为可能。

1990年后的德波关系建立在共同价值观与共同利益的基础之上,同时也依赖于德国内政与社会所给予的框架性前提。在1990年至2015年间,两国对于政治制度以及一种以欧洲融合为导向、以利益平等为目标的实用主义的双边关系之意义,已有了基本的共识。两国均视价值观导向与温和的对外政策为双边关系的基础;无论在德国还是在波兰,欧洲一体化的宏图都具有优先的意义。但是,这一点并不会排除两国在外交、安全、经济、能源与气候政策等方面的不合乃至极大的认知差异。虽然双方的政策规划原则上都以合作与伙伴关系为目标,但其出发点并不是某种"前定和谐",而是迫切地需要调和。我们当今所见的这种德波间的积极合作,其先决条件始终是放弃对立、放弃根据邻国的利益所在来针锋相对地制定本国的政策。而且尤其幸运的是,德波两国不约而同地将其共同的外交目标(即欧洲一体化)定义为首要任务,并且不认为两国观点具有本质性的、阻碍两国关系发展的差异。

我们的确可以说,过去几十年的德波关系发展史充满了幸运的成分:自中世纪晚期以来,德国与波兰第一次具有了共同的价值观基础,各自的民族国家利益也一同受到欧洲一体化与跨大西洋伙伴关系的制约。奥德-尼斯河边界成为联结波德两国的链条,也同时构建起联结一体化了的西欧与已实现独立但尚未加入欧洲共同体的中东欧国家之间的桥梁。只有借助在原则性问题上(即欧洲一体化)的共同利益,以及两国边界上的开放与流动性,才能推动欧洲一体化的深入和扩展。如果没有德波和解,欧盟东扩就绝对无法实现。波兰之"回归欧洲",只有通过德国、携手德国、将德国作为最主要的同盟,才能够实现。双方于1991年6月17日签订《德波睦邻友好合作条约》定义了两国合作的政治框架。《条约》共有38项条款,是联邦德国签订的最长、最全面的双边合作协议。对于德国而言,这个条约的核心是对于在波的德意志少数民族权利的保护;而对于波兰而言,核心则是德国自我承诺要为波兰加入欧盟铺平道路(即条约第8项)。这是两国政府为了在议会中追求最广泛的支持所着重强调的条款。

20世纪90年代之后,德波关系变得越发多元和深入,双方都感到有很多课要补,尤其是要克服德德边界与波德边界这两条四十年间难以逾越的障碍,以及双方在政治制度上的差异。在《德波睦邻友好合作条约》签订之后,两国又订立了一系列双边协议,见证了双方政治与社会关系的进一步扩展与深化。而过去数十年中,德波政治家的姿态与举动再次证明了双方具备细腻高超的政治技巧。

政治层面的象征与符号实际上浓缩了在国家、社会与文化间可以实现的一切。例如,德国前总统封·魏茨泽克在十年任期中的最后一次出访,是1994年6月会见波兰总统瓦文萨。他当然也可以去美国、法国或其他欧洲邻国,但魏茨泽克却选择前往华沙。而瓦文萨则借1994年8月1日纪念华沙起义五十周年的契机,邀请了刚刚履职的新任德国总统赫尔佐格(Roman Herzog)作为最重量级的外宾参加纪念活动。此外,赫尔佐格在活动期间还会见了华沙起义的亲历者。人们曾担心他会碰一鼻子灰,最多也就是礼节性的握手寒暄;但出乎意料的是,当年的起义者非常感激赫尔佐格的到访;对于无论是幸存者还是死难者而言,赫尔佐格的来访都是一个极为重要的政治姿态与符号,因为这证明了曾参与第二次世界大战的那一代人也能够为德波双方的和解注入推动力。另一个政治姿态则是时任德国议会议长苏斯穆特(Rita Süssmuth)邀请波兰外交部长巴托谢夫斯基(Władysław Bartoszewski)作为唯一的外国代表,在德国联邦议会于1995年4月28日组织的纪念第二次世界大战结束五十周年的活动上发言。2014年9月1日,为了纪念第二次世界大战爆发七十五周年,德国前总统高克受时任波兰总统科莫罗夫斯基之邀,在第二次世界大战第一场战役发生地西盘半岛（Westerplatter）上发表了演讲。在以上所有个案中，重要的都是相互尊重并树立相应的政治形象，这样才可以扩展自身的行动空间，提高一国所受的认同与尊敬，同时可以辅助实现特定的政治目标。这并不是一种自我屈服，反而是一种自我解放的姿态。在德波的相互接近与和解中，以上策略被证实是极为有效的。

德国与波兰的利益共同体与伙伴关系，时常被理解为德国承担了波兰加入北约与欧盟的说客角色：20世纪90年代以来的德波双方仿佛是律师与委托人的关系，前者要为波兰融入欧洲一体化的进程提供辩护意见。同时，德波两国的发展存在着不同时性和不对等性：波兰不仅在经济上弱于德国，同时亟须补上滞后的民主化与所谓"西方化"的进程；德国属于欧元区而波兰不是，货币的不同在某种程度上也影响了双方在欧盟中的地位。倘若这种不平衡一直持续下去，对双方都没有好处。我们不能不看到，波兰的历史导致其仍存在着对德国的不信任，时常觉得自己是双方关系中较弱的一方。

2015年波兰政坛更迭，法律与公正党（简称PiS）赢得大选、卡钦斯基（Jaroslaw Kaczyński）取代亲欧的图斯克（Donald Tusk）上台后，波兰国内的保守阵营声音愈发强烈。他们认为所谓的"西方化"与世俗化将会威胁波兰自身的民族认同，而这种威胁首先就来自以德国为代表的西邻。尽管波兰愿意成为欧盟的一员，但欧洲事务的集体决策又让波兰担心无法坚守本国的立场与利益；近年来的移民与难民问题，尤其是欧洲内部的混乱与不合作，再度加剧了保守派对波兰融入欧洲的抵触情绪，他们更倾向于诉诸本国历史传统来抵御全球化，抵御欧盟对本国自主决策的侵蚀。在这一背景下，波兰对德国就必然怀有戒心：不仅因为德国在历史上屡次威胁波兰的国家独立，更因为波兰将德国视为欧盟话事人，将对欧盟的不满转嫁到德国身上。在法律与公正党执政的最初几年，波兰甚至不认为德国是其最重要的政治同盟，而仅仅是最大的经贸伙伴而已。

进入21世纪，德波关系又因为若干国际热点问题而偶陷冲突，例如伊拉克问题、关于建立"反驱逐纪念中心"的争论以及"北溪"天然气项目。第一个问题是，在伊拉克问题上，波兰坚定地站在美国一边，支持国际联盟出兵伊拉克，而德国政府则很早就表达了反对战争干预的立场。第二个问题是被称为"可见的符号——反驱逐纪念中心"的项目：部分德国组织曾积极推动在德国建立一座纪念20世纪在强迫之下背井离乡的人们的文献档案馆，馆藏重点之一是纪录1945年后东欧各国强制驱逐约一千五百万原德国人或德裔少数民族的文献。但在绝大多数波兰人看来，这是德国历史修正主义在树立另一种叙事，反过来给波兰提要求——尽管这绝不是德方本意。第三个在德波双边关系中颇具争议的话题是"北溪"及"北溪二线"俄欧天然气管线项目。这一项目之所以在德国与波兰国内引发强烈质疑，是因为舆论将之视为俄罗斯在欧洲的战略布局，不必然遵循经济逻辑，更不必然符合欧洲的利益；尤其当涉及对俄的经济与能源依赖时，就会让波兰变得尤其敏感。

但我们也必须看到，德波双方尽管出发点不总是一致，观念也有分歧，但哪怕是欧盟当前面临种种困境的时候，这种分歧也并没有削弱德波双方对于一个经济上有力、政治上稳固的欧盟的共同追求，没有影响两国实现共同的安全与能源政策的努力。尤其在乌克兰危机爆发以来，无论是在"欧罗迈丹"（Euromaidan）[①]还是在克里米亚等热点事件上，柏林与华沙的研判、决策与采取的行动都相互趋近。双方利益与政策的高度一致在历史上从未出现过；可以说，在西欧众多大国中，德国的立场与波兰最为接近。

柏林政治分析家凯-欧拉夫·朗（Kai-Olaf Lang）认为，对德国而言，良好的德波关系自成目的，因为德波关系在经历了四分之一个世纪的正常化过程后，不仅成为德国成功重新赢得他国信任的标志，更成为欧盟政治架构中的重要支撑。若要确保这一支柱能够继续发挥作用，就必须以共同的价值观基础以及强有力的政治意愿为条件。但如果不能认识到和平与政治秩序的前提是克服历史矛盾与对立、在政治决策中引入对方的视角，和解的进程就会困难重重。

不过，尽管德国与波兰在世界观、文化、意识形态和欧洲政策上存在分歧，但两国间依然有广阔的共同利益，两国政府也通过一系列政治姿态体现出维护这种紧密双边关系的意愿。2019年8月1日，德国外长马斯应邀前往波兰参加华沙起义七十五周年纪念日；9月1日，德国总统施泰因迈尔应邀在波兰参加了第

[①] "欧罗迈丹"（Euromaidan）是"欧洲"与乌克兰语的"广场"（Maidan）组成的合成词，指2013年末因为时任乌克兰总统亚努科维奇宣布终止加入欧盟的进程而引发的在基辅迈丹广场的大规模抗议活动。

二次世界大战爆发八十周年的纪念活动,德国总理默克尔也一同前往,尽管波兰并未在仪式上给她安排任何活动。总统与总理共同出访,这是德国政府向波兰释放的重要信号:它体现了德国继续严肃反思其历史的决心,同时表达了对波兰的尊重。因此,虽然常有人唱衰德波关系,但我们依然应当有恰当的乐观态度,相信两国间能够实现稳定且共赢的局面。

三、韩东育:前近代东亚地区的历史纠葛

韩东育教授的报告主题为:"前近代东亚地区的历史纠葛"。韩教授首先简要地概述了日本战后之所以拒绝反思的原因。在日本学者沟口雄三看来,日本战后不道歉,很重要的原因之一就是明治维新。这场维新运动为东亚带来了近代化的曙光,也因此成为之后所有战争的源头。按照沟口雄三的逻辑,如若否定战争,就是在否定明治维新。而另一位日本学者,同时也是知名的鲁迅研究专家竹内好则认为,帝国主义不能裁判帝国主义。美英等战胜国和战败国日本均奉帝国主义,只有胜败之分,而无道德高下之别,因此也没有评断甚至制裁日本的道德基础。故而,恐怕不能希冀日本主动地为所谓"大东亚战争"及"太平洋战争"承担责任。[1]

韩东育教授认为,我们对东亚各国间错综复杂的历史纠葛,不能仅做浅表的了解。当今东亚各国横向(即国际关系)上的不和,根源是纵向(即历史)上的不睦。若要真正理解目前东亚各国间的博弈,就必须回溯其历史根源。其报告的主要素材是一场调查的结果,是大陆与台湾学者对藏有近五万典古籍史料的日本水户德川博物馆所存历史文献的研究成果。

简单来说,东亚各国在前近代的相互关系迥异于当今。前近代的东亚有自身的价值体系,也有与近现代不同的争论。近现代的东亚各国争论的是谁更像西洋、更具法制,而前近代争的是谁更像中华、更合礼制。以"中华"为核心的礼

---

[1] 详见本卷韩东育文。

治体系与"华夷秩序"曾经支配过东亚地区。这其中有文化纽带、地缘政治与经贸关系,但总体上都以中国的价值为尊。然而从水户藩所藏的资料可以看出,日本在前近代即有取中国而代之、成为东亚中心的野心。

水户藩藏有写本《右武卫殿朝鲜渡海杂稿》,收录日本渡海僧天荆在天正年间(1573—1592,即明朝万历年间)出使朝鲜的经历,作于"壬辰倭乱"(万历朝鲜战争)之前。因为宗教关系在政治往来断绝时亦可以保留,所以东亚地区常有僧人互访,既进行文化交流,又负责搜集情报。天荆在《杂稿》中曾纪录一则轶事:有朝鲜人"出高丽新扇求诗,余即走笔戏题曰:'迎秋怜婿女,题句笑苏公。扇是三翰扇,风应日本风。'"诗中的"翰"通"韩","三韩"即马韩、弁韩、辰韩这三个位于朝鲜半岛南部的国家。其意不言自明:此扇自然是朝鲜所产,但理应奉日本之风。① 日僧天荆写这两句诗,一是借此展示其学识要胜过朝鲜一筹,因为在以中华之礼治为上的前近代东亚体系中,朝鲜作为中国的藩属国,对中国文化的接受始终压日本一头;二是借此暗示,朝鲜现在应改换门庭,奉日本为尊。而水户藩中另藏有一句诗"万叠青山客杯底,一时吞却尽三韩",意思是:杯中酒倒影青山,若是一饮而尽,仿佛是将河山一口吞下。不言自明,这是要并吞整个三韩(即朝鲜),实际上是日本战争野心的表露。第三个案例是同样收藏于水户德川博物馆的《征韩伟略》,其中辑录了丰臣秀吉令朝鲜使臣转交致朝鲜国王的信(即《日本国关白秀吉奉书朝鲜国王阁下》),信中使用"阁下""方物""入朝"等词,引起朝鲜方面不满,因为"方物"指地方上供的特产,而"入朝"则指地方前往中央政府觐见。如此遣词,意味着日本将朝鲜视为自己的藩属,亦即通过外交称谓的变更暗示权力的从属关系的变化,故而遭到朝鲜来使的抗议。

朝鲜由此判断日本恐已准备侵略。事实证明,果然如此。在记载战事进程的《朝鲜物语》中,记录了丰成秀吉的战略预想:他希望以朝鲜为跳板,进攻明朝,将天皇请进北京,将大明四百县分封给手下,然后挥师南进,进攻印度。在这一构想下,进攻朝鲜便无须更多理由了。在壬辰战争中,日本出兵十六万余,朝鲜人死亡十八万五千七百三十八人,大明两万九千零十四人,明朝与朝鲜共阵亡二

---

① 以上可参见韩东育:《东亚的礼争》,《读书》2015 年第 6 期。

十一万四千七百五十二人。之所以有如此之精确的统计,是因为日本当时将死者的鼻子割下,一一清点。这种对数据精确近乎偏执的追求,也是今天日本"以定量代替定性",对南京大屠杀的叙事提出种种质疑的历史原因。这二十一万余个鼻子,就埋在今天京都东寺附近的"耳鼻冢"。每年都有来自朝韩的祭奠者,白衣素缟;但百米开外,便是供奉战争罪魁祸首丰臣秀吉的丰国神社,日本青年正在此处拍摄婚纱照。大哀与大喜的极端对立,体现着这两个民族间的情感与历史纠葛。

战争结束后,日本虽与朝鲜缔结和约,但也没有愧疚或道歉的表示。朝鲜则向日本派出使臣(称"通信使")。使臣入日时,骑马乘轿,极为讲究排场,而前来迎接的日本人则赤足步行。这就体现了日本平民对朝鲜的尊敬,因为朝鲜更贴近中国(大明)的文化。但朝鲜使臣所递交的文书,落款并非其名,而是解释其名的字,这就引起了日方的不满。因为按中国传统儒家文化的规则,君父面前需称己名,而在平辈与下级面前才可称字;日方认为,朝鲜使臣以字而非名自称,实际上是在否认日本更高一级的地位。日方有意表示不解,实际上正是借此向朝鲜施压,要求其奉自己为"君父"。朝日在称谓上的纷争,其原因在于"礼制"的规则带来的国际地位问题:朝鲜自认与日本平等,均奉中华为尊;而日本则一心想迫使朝鲜承认其"上国"的地位。

可见,日本从战国时代开始就蠢蠢欲动,意图挑战中国在礼制上的中心地位,将朝鲜等亦纳为自身的藩属国;而到"脱亚入欧"后,自恃开启了西化与现代化进程的日本则更进一步,欲取中国而代之。日本在东亚近现代史上发动的一系列战争,实际上都是为了实现其对传统国际秩序的颠覆。吞并朝鲜与琉球后,日本均采取了册封的方式,也就取代了中国的宗主国地位。所以,对近现代东亚国家间关系的考察,不能仅仅局限于战争,同样也应关注心理上的纠葛。

在这个意义上,中国与日本互为东亚的两极,互相博弈,因此不可对未来抱有任何盲目的理想主义目标。战争所造成的物质损伤容易恢复,但心理上的纠葛却易结不易解;东亚三国,尤其中日关系的历史纵深,决定了区域国际关系无法用简单的理论加以套用,而东亚的复杂性正在于此。尽管我们都希望日本在战后罪责反思上能向德国看齐,但日本肯定不会这样做,个中缘由就在于东亚的历史纠葛。

四、苏潘：错综复杂的德（奥）捷关系之历史背景

苏潘教授报告的题目为"错综复杂的德（奥）捷关系之历史背景"。他首先引用了法国著名历史学家马克·布洛赫（Marc Bloch）在 1941 年所作的重要论断：历史学的任务在于理解历史进程；只有在理解之后，才能评论、质疑或批判；而理解的前提则是充足的信息。为了理解德国、奥地利与捷克（斯洛伐克）之间的相互接近与和解过程，就必须首先回顾德国与捷克纷争不断的历史。

德奥捷关系中的五个历史问题：在苏潘教授看来，当今德、奥、捷关系的政治历史论争中，主要有五个方面的问题。第一是在哈布斯堡王朝治下的波希米亚地区，曾存在所谓的"德捷冲突共同体"：波希米亚、摩拉维亚以及奥属西里西亚。第二是 1919 年 9 月 10 日，第一次世界大战中战败的奥地利与协约国签订《圣日耳曼条约》；该条约与《特里尔条约》一起，将哈布斯堡王朝拆分成了捷克斯洛伐克、匈牙利、奥地利、罗马尼亚，以及新成立的塞尔维亚、克罗地亚与斯洛文尼亚王国，另有一部分领土则割让给了意大利。第三则是纳粹德国、意大利、法国和英国于 1938 年 9 月 29 至 30 日签订《慕尼黑协定》，将德捷边境上以德意志人为多数的苏台德地区划割给大德意志帝国（奥地利已于同年 3 月被德国吞并）。第四则是希特勒于 1939 年 3 月 16 日在捷克斯洛伐克西部建立起傀儡政权"德意志帝国波希米亚与摩拉维亚保护国"，德国在第二次世界大战期间对捷克进行军事统治。第五则是 1945 至 1947 年对苏台德地区的德国人强制遣返与驱逐。

先谈第一个问题。自 1867 年起[①]，哈布斯堡王朝在最后三四十年发展成了相当现代的多民族帝国。无论德意志人、捷克人、波兰人还是南斯拉夫人，各民

---

① 哈布斯堡奥地利在 1866 普奥战争中的失败，迫使其不得不向境内日益高涨的民族主义情绪，尤其是匈牙利马札尔人独立运动妥协。1867 年，奥地利总理封·博伊斯特（Friedrich Ferdinand von Beust）与匈牙利马札尔运动领袖久拉·安德拉西伯爵（Graf Gyula Andrássy）达成《奥匈协定》，将哈布斯堡奥地利王朝改组为奥地利与匈牙利双元帝国，安德拉西伯爵出任匈牙利王国第一任首相，奥皇弗朗茨·约瑟夫一世于 6 月加冕匈牙利国王。匈牙利在内政上独立于奥地利，仅在外交与军事上受奥地利制约。

族原则上在行政管理、司法裁判与学校教育等问题上拥有平等的权利。当然,人们今天必须批判地看到,在这个多民族国家中也因此形成了分裂。例如,学生按照母语被分到不同的学校,以捷克语为母语的学生不能进入德语学校,德语学生不能进入捷克语学校。直接的后果就是德语学生不通捷克语,捷克语学生不通德语。人们甚至在经济上也采取若干隔离措施,例如德语顾客只去德语商店,捷克语顾客只去捷克语商店。历史教训告诉我们,这种隔离的做法并不明智。

不过尽管有种种隔阂,在当时的哈布斯堡王朝内部依旧存在不同族裔间的合作。因此在研究这段历史时就必须追问:当初那些推动民族独立的民族主义者,究竟是怎样一群人?他们是在维也纳的帝国议会或布拉格的州议会里高谈阔论的政治家,是报道每一场争斗却对合作只字不提的媒体人,是宣扬民族观点的教授,是在法庭上强令人们说德语或捷克语的法官或律师,或是宗教人士。但在酒馆老板中找不到民族主义者,几乎没有奉民族主义为圭臬的医生、工程师或是铁路系统的公职人员。对于后者而言,顾客所属的民族并不是决定其工作内容的因素。在理解历史的过程中,必须在宏大叙事之外考虑具体个体的思想与意图,才能把握推动历史进程的社会潮流。此外,在1913年,也就是第一次世界大战爆发之前一年,波希米亚地区是哈布斯堡王朝最富庶的领地,其经济甚至比奥地利乃至巴伐利亚都要发达。但第一次世界大战期间日趋尖锐的民族斗争,以及其后的纳粹统治,都严重影响了波希米亚地区的发展。无论在经济上还是在社会层面,波希米亚地区在1910年至1950年间均出现了大幅滑坡,落到了奥地利与巴伐利亚的后面。通过简单的国民经济学计算就能清楚地得出这一结论。

第二点是拆分哈布斯堡王朝的《圣日耳曼条约》。其中最主要的争议在于苏台德地区的德意志人究竟应归属奥地利、德意志帝国,还是留在新成立的捷克斯洛伐克。在巴黎的捷克代表强调,苏台德地区自古以来就属于捷克共同体,捷克人与德意志人在这里和睦相处(尽管这并非事实),同时捷克也需要这一块经济发展强劲的地区。协约国认为,奥地利离得太远,又不能把苏台德地区分给战败的德国,于是就不顾三百万苏台德德意志人的反对,强行将苏台德地区并入新成立的捷克斯洛伐克共和国。这就为将来留下了隐患。

希特勒在1938年便利用了这种不满。但他的目的并非为了帮助苏台德地区的德意志人,而是为了以此为跳板,完全吞并包括捷克在内的整个波希米亚地区。原因很简单:希特勒觊觎波希米亚成熟的工业体系,包括当地的军工、钢铁工业,希望以之增强德意志帝国的实力,为战争做好准备。在《慕尼黑协定》签订半年以后,捷克斯洛伐克军队的所有武器装备、黄金和外汇储备就被德国尽数收缴。从数据统计上看,在1941年进攻苏联的德国军队中,至少有十个师装备的是捷克斯洛伐克的武器:坦克、重炮、机枪,不一而足。希特勒三年前的狼子野心由此可见。

第三是英法德意签订的臭名昭著的绥靖条约《慕尼黑协定》。希特勒究竟为何能够赢得苏台德德意志人的民心,让他们支持加入大德意志帝国?这主要是因为当时经济危机导致的大规模失业潮。苏台德地区的工业主要以消费品、纺织品、玻璃和化学制品为支柱,此外当地还有卡尔斯巴德等众多知名的疗养温泉,因此旅游业也相当发达。但在经济危机中,苏台德地区受到严重冲击,无数人失去了工作。1933年,苏台德地区德意志人的失业率一度达到30%,高于德国(25%)和奥地利(22%),更是三倍于捷克斯洛伐克的捷克人(10%),因为后者主要从事的是原材料生产和军工行业,所以受到布拉格当局的更大支持。这就导致苏台德德意志人的不满,他们于是转向希特勒求助。希特勒当然求之不得,立即在张伯伦和达拉第面前打出了这张民族政治牌。但必须再次强调,苏台德地区的民族主义并不是希特勒的主要关注点,他的眼中始终紧盯着的是苏台德地区的工业潜力。

第四是纳粹在捷克的傀儡政权"德意志帝国波希米亚与摩拉维亚保护国"。《慕尼黑协定》给捷克社会留下了难以愈合的创伤,以至于许多捷克人直到1945年以后在谈起纳粹德国的统治时,首先想起的不是"波希米亚与摩拉维亚保护国",而是"慕尼黑"。甚至在今天的国际政治中,"慕尼黑"依旧是弱势政府因为害怕战争而屈服于外敌的代名词。然而,即使是张伯伦的绥靖政策,还是无法阻止纳粹德国在1939年3月15日建立"波希米亚与摩拉维亚保护国"。希特勒本人甚至于当天夜里亲自抵达布拉格,这也是他一生中唯一一次到访这座城市。他要求国务秘书迅速制定出保护国的法规。起初,这部法规在外界看来并没有什么问题,因为它借鉴的是1881年法国在其保护国突尼斯订立的法律。但这不过是无害的表象。

保护国一步步被党卫军统治,由一个苏台德德意志人弗兰克(Karl Herrmann Frank)出任国务秘书。而负责经济事务的是纳粹二号人物赫尔曼·戈林,他通过自己的"帝国工厂"将捷克多座重要的军工厂收入囊中,其中就包括当时生产重炮和坦克的斯柯达工厂。希特勒同时下令关闭捷克所有大学,大多数捷克学生在接下去的六年中都无学可上,只有极少数人可以在德意志帝国的大学中继续修习农业、采矿冶金或建筑学科。

对于保护国的统治而言,重要的是参与战争经济生产。这一点与纳粹在波兰的统治有很大不同:纳粹在捷克建立的政权并不是以灭绝为目的,而是为了让捷克的工业与农业、捷克的工程师、管理人员等各种劳动力服务于德国的战争机器;而捷克人也的确完成了纳粹分配给他们的任务。根据统计,1944年的德国战时经济约有10%是在波希米亚与摩拉维亚保护国中生产的;这是由于当时的西部德国被盟军轰炸得面目全非,但保护国境内却很少遭到空袭,盟军只轰炸过皮尔森等少数城市。可见,盟军想要保护捷克的领土。

当然,纳粹在保护国的政策也有极其血腥的例外,这与海德里希(Reinhard Heyderich)在当地的残暴统治有关。1941年9月,希特勒将海德里希派往保护国,命令他镇压捷克境内开始露头的反抗和起义。海德里希甫一上任,就下令处决了数百人,包括反对派、前军官、知识分子等;他还制定了压迫、屠杀乃至将整个波希米亚与摩拉维亚地区"日耳曼化"的计划。海德里希希望将所有犹太人以及依旧反对纳粹统治的捷克人全部向东驱赶,即驱逐到俄罗斯腹地直到乌拉尔山地区,并在这里实行他的灭绝计划。而在伦敦的捷克斯洛伐克的流亡政府意识到了这一危险,于是在1942年5月派特工暗杀了海德里希(即"猿人计划")。希特勒的报复极其血腥,约有两千余捷克人因此惨遭毒手,两座村庄几乎不复存在。

第五点则是对苏台德地区德意志人的强行驱逐。大多数捷克人一般都将之理解为对纳粹统治,甚至是对《慕尼黑协定》的报复。捷克流亡政府曾制定了详尽的将德意志人迁出苏台德地区的计划。计划于1942年得到了英国首相丘吉尔的支持,1943年得到了美国总统罗斯福的支持,又在1943年12月得到了斯大林的同意。1945年8月的《波茨坦协定》规定，要将波兰、捷克和匈牙利境内的德意志人有秩序而人道地转移出境——这当然只是安慰人的委婉说法罢了。战争一结束，捷克就开始了第一波对境内德意志人的大规模驱逐。波希米亚-摩拉维亚地区一共有近三百万德意志人被迫离开家园；驱离行动很少有组织或秩序，而且从来不人道。很多人是在凌晨被叫醒，被粗暴地要求在半个小时之内收拾完毕上路。

在1945年战后的第一波驱逐潮中，大约有80万苏台德德意志人被赶过德捷边境，主要被发配到美占区的巴伐利亚或苏占区的萨克森；大约有25万人则逃亡到奥地利，而奥地利又在苏联的压力下，不得不将他们继续转移到巴伐利亚。主要的驱逐行动发生在1946年。这当然给苏台德德意志人留下了难以释怀的梦魇。而被四大国占领的德国与奥地利一开始对待他们根本算不上友善：这并不是因为他们来自苏台德地区，而是因为食物供给有限，人们本来就已经不够吃了。苏联元帅朱可夫原本不愿意接纳任何苏台德德意志人，只是在斯大林的命令下才不得已这样做了。

第二次世界大战以后的德奥捷关系：这就意味着，1945年后德捷或奥捷关系，几乎和德波关系一样糟糕。几百年来建立的关系几乎完全断裂。但自1948年2月起[①]，一道"铁幕"在欧洲徐徐降下，造成了自10世纪以来从未出现过的局面。这点必须加以强调，因为今天习惯了自由旅行的年轻人可能会觉得"铁幕"并不是什么大事；但这却是一道真真正正无法穿透的边界，它分隔开家庭，割断了近邻，让数百年来相互合作的地区只能望墙兴叹。幸好人们记录下这道布满铁丝网、地雷阵和瞭望塔的边界，直到它在1989年11月轰然倒塌。1989年12月，捷克斯洛伐克与奥地利两国外长共同跨越了这道曾经的"铁幕"，这对于居住在边境地区的人们来说不啻是一场解放。

在冷战期间，(当时的联邦德国首都)波恩和布拉格彼此相距甚远；不单是因

[①] 1948年2月，捷克斯洛伐克发生了"二月革命"；捷克斯洛伐克共产党领导人、时任总理哥特瓦尔德(Klement Gottwald)借政府中十二位非共产党人部长为促使重新大选而辞职之际，向总统贝奈斯(Edvard Beneš)施压，要求不举行大选，而是授权其组建由捷共主导的新政府。"二月革命"在捷克斯洛伐克确立了共产党的领导，但也使得苏联势力得以渗透捷克斯洛伐克。

为数百公里的地理距离,更因为双方分别属于北约和华约两个不同的军事阵营,属于欧共体和经互会两个不同经济集团。在剑拔弩张的冷战气氛中,曾流传着华约应对欧洲下一次大冲突的战略:捷克军队应以装甲集团军进攻巴伐利亚,挥师西进,直抵莱茵河流域,随后南下进入法国的勃艮第地区;如有必要,则应使用战术核武器。而当时的德捷与奥捷关系也因此一直被战争的阴云所笼罩。尤其当1968年8月21日,华约军队开进捷克,"布拉格之春"告终,让德国人与奥地利人不由地感到恐惧,人们害怕华约军队会继续往德国或者奥地利进发,奥地利政府甚至严肃地考虑要将整个政府暂时西迁。这绝非一句玩笑话。

到了20世纪70年代,布拉格与维也纳和波恩的关系更趋于正常化。联邦德国和奥地利的电视台在民众中创造了一种期待相互接近的氛围,但政治上依旧困难重重:双方还是解不开《慕尼黑协定》的心结。捷克斯洛伐克政府要求德国声明《慕尼黑协定》从签订之日起无效,但德国政府却表示,《协定》还包括不少涉及私法的内容,例如婚姻、继承等关系,因此无法一废了之;而只能从现在(即1973年起)无效。双方最终妥协。奥地利则在1974年与捷克斯洛伐克签订了赔偿协议,但赔偿对象却不涵盖苏台德德意志人,因为他们无权提出赔偿要求。

1968年还有一段有趣的插曲:恰恰是联邦德国和奥地利社会为"布拉格之春"提供了最强有力的支持。许多知识分子、艺术家、科学家纷纷为捷克斯洛伐克的改革运动发声,而捷克作家、后出任总统的哈维尔(Václav Havel)的剧作则是在维也纳首演。这些都导致德奥与捷克的相互接近。

但是,捷克斯洛伐克当局对知识分子的压迫一直持续到1989年。1989年初,当波兰共产党已开始与"团结工会"对话时,哈维尔却在捷克再次被捕入狱。然而这一切都无法阻挡历史的进程。联邦德国与奥地利都非常乐意看到捷克的政治变革,立刻调整了外交策略的重心。只是历史依旧是双方关系的绊脚石。哈维尔虽然支持不同语言和文化背景的民族共同生活,但大多数捷克人(也包括斯洛伐克人)在1989年"铁幕"崩塌之后,依旧认为当年对德意志人的驱逐是合情合理的,而完全区分捷克人和德国人也是那时最好的方案。哈维尔甚至因为呼吁和解而遭到批评,不得不在接下来的几次演讲中小心翼翼;但他始终认为,出于纯粹的民族主义动机、根据集体罪责的原则而强行驱离数以百万计的他族人民,是一种在道德上应受到指责的错误行为。瓦茨拉夫·哈维尔的态度的确是后世的榜样。

不过,尽管双方在历史记忆上仍有争端,经济往来却是日益紧密。大量德国企业在捷克投资,例如大众集团就收购了捷克知名的汽车制造商斯柯达;而近年来,捷克在德国与奥地利的投资也越来越多。但经济上的良性互动并不会让历史问题完全沉默,德捷之间还有一些争议,需要之后的世代通过对话与合作来化解。

五、唐利国:中日和解的历史省察

唐利国副教授报告的题目为"中日和解的历史省察"。该报告更偏重日本的思想史,意在表明中日间和解之所以举步维艰主要原因不在中国而在日本。日本之所以相对缺乏历史反省的意愿,是由政治、文化等多方面因素造成的。对此,有两种常见的解释。其一是日本的"耻感文化":日本人怕丢人,不愿认错,美国学者鲁思·本尼迪克特在《菊与刀》一书中曾对此有过精辟的分析;其二则是政治因素,主要是因为冷战期间美国的全球战略考量。一般认为,政治因素比文化因素更为重要,但文化因素依旧值得研究者关注。

关于日本战争责任的研究,战后日本有许多进步学者做了相当多的努力,甚至可以说,日本学者对此问题的分析与研究,时常较中国学者更为细致、更为扎实。然而,倘若学术研究已对战争罪责有相当清晰的认识,但民选政府中的执政党却始终坚持对历史记忆的保守主义塑造,那么可以推断,学术共识并不为民众所接受,甚至可以说:日本民众所应负担的责任要比通常所设想的更大。日本学者高桥哲哉在《战后责任论》一书中指出,日本在战后从未有过自我审判(东京审判是一场国际审判,法官均来自外国),而是始终在逃避战争责任:冷战时期的日本受国际形势所迫,没有面对自身的战争责任;而在冷战结束之后,之前积累的问题一并爆发,周边国家不断要求日本赔偿、道歉、赎罪,但日本对此一直不冷不热。

在20世纪八九十年代,日本政府的态度相对还算积极,例如时任日本首相村山富市就曾在1995年8月15日(日本宣布无条件投降50周年之际)发表"村山谈话",对日本在亚洲的殖民统治与侵略表示深刻的反省与歉意。但进入新世纪,尤其以小泉纯一郎和安倍晋三内阁为代表,日本对战争罪责问题一直持比较消极的态度。日本之所以持此种态度,一个比较重要的原因在于中日经济实力对比的变化。进入21世纪,中国的国内生产总值逐渐超越日本,使得日本开始具有危机感;甚至有分析认为,日本之所以要在2012年单方面宣布"钓鱼岛国有化",就是担心在中国发展起来后就无法"保住"钓鱼岛。

而从中国方面看,中国的传统文化中有"恕道",蒋介石在其战后演说中也曾提到要对日本"以德报怨";当然,政治考量也不可忽视。但更重要的因素还在于文化心理。或许可以说,进入近代以后,中国人并不觉得日本是多大的威胁,因为在中国的传统意识中,日本不过是偏安一隅的小国;而反过来,日本也可能具有同样的心理,认为自己在与中国的关系中是"小国"。一般文化史叙述都会在说明日本与中华文明之间亲缘关系的同时,强调日本保持了自身的独立性;但日本历史学者井上清却认为,对中华文明,尤其是铁器、稻作与儒家文化的接受,使得日本走上了一条艰难的自我解放的道路。何出此言?这是因为当时接受先进中华文明的是日本的精英阶层,而其接受是有选择、有控制的;这就导致精英与民众之间的差距愈发增加。例如当铁器传入日本后,即被上层阶级所垄断,只有为贵族服务的佃农才有可能接触到铁制农具,而下层民众只能以木质或石质工具与之竞争,因此毫无胜算;在农业中既已如此,在战争中便更不可能以石器对抗贵族手中的铁器。因此,来自中国的文明的影响意味着技术的垄断,进而造成日本的社会分裂。

此外,日本在历史上面对中国文明时还体现出某种扭曲心态:一方面认为自己是小国,一方面又把大小观念转变为价值观念,从而生成某种自卑,而因此更要寻找面对大者的优越感。这是一种典型的心理倒错。例如,日本在"文"上不如中国,甚至可能还略逊朝鲜一筹;因此,它就用"武"取代"文"的价值。丰臣秀吉认为明朝是长袖之国,在东亚的通用价值"文"上确实独占鳌头。但"文"同时又让人联想到文弱、虚势与软懦,故而日本要反其道而行之,成为"武"国。这样日本就形成强烈的武国观念，重视军事价值，重视武勇。这一价值重心具有极强的连续性，一直延续到近代，使得日本更容易接受并转向军国主义，也让日本在战后很难从价值观上真正否定战争的意义。可以说，文化心理因素在很大程度上扭曲了日本的价值观，对日后中日和解造成了若干负面影响。

此外，现在已有不少研究证明，尽管日本的确曾受儒学影响，但儒学的普遍观念并未真正深入日本。日本更突出的是自己的特殊主义。举例而言，在中国的礼制体系的理念中，君主是"有德者居之"；而日本的天皇则是"万世一系"。也就是说，日本从理念上认为相较于"德"，血脉主义才是更好的价值依据，并以此推出其优越感："万世一系"避免了改朝换代带来的政治不稳定。但这种特殊主义的优越感很大程度上不过是自我满足。例如日本和朝鲜之间原本具有平等的外交关系，但在国内宣传中，日本却刻意将朝鲜塑造成"下国"，以此对内宣扬自身的"上国"地位。进入近代，日本经历了重大的转型，切换自身的发展方向，接受西方的标准，或许正是因为没有深度接受东亚这种以儒家文化为主导的价值，才导致日本的转变显得轻而易举。

而在具体的"克服历史"这一问题上，起决定作用的主要是日本文化心理中的以下两个因素。第一个是，日本的文化心理中缺乏具有普遍规范性的观念，也缺乏具有一般有效性的哲学思辨，因此更倾向于以特殊主义标榜自身。有学者分析到，日本之所以在数百年来热衷于血腥暴力的文化，其原因在于：尽管近代日本人的基本价值观中确实有尊重生命、尊重女性的成分，但却并未形成普遍规范；日本人能够一边在日常生活中践行人道的价值观念，但同时在大众娱乐中纵容色情与暴力。也就是说，并没有一个统一的规范指导其生活、娱乐和艺术创作，他们不过是在不同领域使用不同价值标准。因为缺乏普遍规范，进而缺乏普遍道德，所以在讨论战争责任时，日本时常运用道德相对论。例如日本国内常有声音认为，日本士兵虽侵略了亚洲其他国家，但却是为国家、为天皇而死，因此理应受到日本国内的祭奠。侵略的罪恶与"为国捐躯"的"英灵"这两种矛盾的道德形象，在日本的历史阐释中仿佛是一个合乎情理的统一体。这会让习惯非黑即白的清晰的道德标准的中国人感到无所适从。

而第二个文化心理因素则是缺乏主体性与责任感。人如果缺少普遍道德的约束，就很难真正具有独立的判断力和主体性；泛泛地强调民族特殊性与优越性，恰恰是个体责任意识不足的表现。所以应当意识到，日本之所以不道歉，在种种政治因素之外还有一个更为根本的文化心理理由，就是日本并未觉得自己有任何过错，更不觉得自己需负任何责任。

战后的日本是和平主义国家，至少目前暂时还没有改变其"和平宪法"（尽管安倍内阁始终有修宪的意图）；但这样一个和平主义国家却对自身的战争责任如此宽容，很大程度上正是因为日本不觉得自己有责任。日本反战运动的一个重要论据是广岛和长崎的原子弹爆炸；日本在和平主义教育中，也会因此强调自身的受害者身份，由此突出战争的残酷，但却对遭受原子弹袭击的原因只字不提。在日本的和平教育中，从来不强调战争的发起者与其发动战争的缘由，而仅仅是像描述自然灾害一样去描述战争，描绘战争本身的残酷。因此可以说，日本的和平主义教育虽然成功，但在认识战争责任上却是相当失败的。

以上两种文化心理因素在国际关系上也有所表现。日本政治思想家丸山真男指出，日本若要适应近代国际关系体系，的确需要打破旧有的"华夷观念"；但若是像著名的脱亚入欧论者福泽谕吉那样推论，认为日本应像西方人一样对待亚洲，也就是将朝鲜等其他亚洲国家当作殖民地，那就很有问题。丸山真男认为，早期的福泽谕吉的确曾将个人的独立自主、各国间的平等与国际关系秩序合为一体，形成了启蒙主义式的理论，但福泽谕吉很快也开始提倡国权论，认为自由平等虽是"经道"，但在弱肉强食的国际社会，日本必须采取"权道"。换言之，福泽谕吉在对普遍国际关系的分析中，的确承认各民族的平等与自主，但在具体政治实践中却轻易背离了自己的观点。这是一种有意识的对普遍道德和价值判断的放弃。因此从这个角度看，战后的日本一方面坚持和平教育，一方面却又不认为自己应负战争责任，就并不显得那么奇怪了。

至于中日关系的未来，应当说，中日关系在短期内总体而言将会向好发展，这与中日所共同面对的经济压力，尤其来自美国的压力有关，也与中国综合国力的增强有关。中国国力的上升会增强中国人的自信，而中国又是一个相对容易宽容他者的民族。尽管安倍晋三纪念终战75周年的讲话中明确提出要停止"道歉外交"，中方似也未做出太过激烈的反应。虽然天皇的战争责任还未得到审判，但中方依旧于1989年出席裕仁天皇葬礼、1992年接受明仁天皇访华，并派遣高级官员出席德仁天皇的即位典礼。可以说，在日方尚未表现出十分恳切的和解姿态时，中方就已有表达宽容的政治选择。

  故而短期来看，中日双方的关系不会大幅恶化。但鉴于刚刚提到的结构性的思想史问题，中日间的真正和解恐怕在较长一段时间内都难以实现。因为中国除了"恕道"更有"直道"："以德报怨，何以报德？"因此要"以直报怨"，这也是孔子的教诲。或许在今后，文化问题恐怕还需要在政治上解决。但从另一个角度看，这种结构性的和解困难就更凸显了学术研究的价值：政治共同体的建设可能困难重重，但学术共同体却更容易成功地实现交流，各国学者间也更容易通过理性交流达成共识。这也是我们着力国际化的区域研究的原因。

以德国为鉴

东北亚的合作与未来[①]

——以欧洲与德国经验为鉴

乔治·塞尔（陈　维　译）

内容提要：东北亚的联合将形成全球最大的经济体。本文以翔实的资料和数据，介绍了东北亚的地区冲突和相互合作。一方面，东北亚有着共同的文化遗产，具有良好的合作基础。但是另一方面，东北亚又面临着现实的阻碍：领土及海洋冲突、政治和经济体制的差异等问题都亟待解决。在此基础上，本文展望东北亚的发展前景，提出要以欧洲和德国经验为鉴，进一步促进经济一体化、文化交流、可持续发展和安全对话。

关键词：东北亚　冲突　合作　欧洲/德国经验

一、欧　洲　榜　样

自 2007 年全球金融和经济危机以来，欧盟深陷困境。尤其是英国脱欧，为自欧盟成立以来首次有成员国退出，被视为欧洲大陆合作减弱的标志。在其他成员国中，右翼激进的民族沙文主义组织也试图脱欧，但至今看来成功的可能性很小。原因在于，中欧和东欧国家的政府虽然存有疑虑，但仍希望获取经济援

[①]　本文为东北亚德国学术交流中心会议"东亚的合作与未来——以德国与欧洲的经验为镜"报告稿，译文有删节。——编者注

助。此外,并非所有的欧盟国家都是欧元区成员国。2009年在日本的一次会议上,我曾称赞欧盟是20世纪最成功的和平项目。欧盟获得了2012年的诺贝尔和平奖。2016年11月10日至11日在韩国首尔中央大学举行了国际德国与欧洲研究中心会议"欧洲的伟大转型:危机、战略与未来",我曾做报告指出,英国脱欧可能会带来更深层次的一体化的机遇,因为迄今为止英国在很大程度上对欧洲一体化起到了抑制作用。今年的欧洲议会选举导致政党格局进一步分化,环保和反欧的力量加强,尽管如此欧盟高层职位的人选还是在三天内获得一致通过。

欧盟仍然是类似的大陆共同体的榜样。亚洲于1967年成立东南亚国家联盟,拉丁美洲于1991年成立南方共同市场,非洲于2002年成立非洲联盟。在东北亚,中国、日本和韩国正在努力建立一个类似的联合体,结成经济乃至货币联盟。

二、欧盟/德国—亚洲的合作

早在古罗马时期,中国与罗马帝国之间就有联系。到近代早期,欧洲殖民列强开始征服世界,也来到了东北亚,签订不平等条约或者直接占领。在20世纪两次世界大战以及随后的冷战期间,东北亚国家之间以及西方与东北亚之间的关系大多表现为冲突。第二次世界大战后,日本、韩国通过美国融入了西方世界。直到1975年,欧洲经济共同体才开始与中国建立正式关系。自那时起,欧洲和中国在各个层面、不同领域进行对话合作。在这一背景下,尤为重要的是区域政治[1]和欧中公民社会论坛[2]。在科学领域,重要的是于1998年12月签署、2014年12月第三次续签的《中欧科技合作协定》,以及同样在时间上有限期的、设于日本和韩国的欧盟中心。

---

[1] Ying Du, Hengshan Fan, Yiming Wang (ed.), "Regional Development and Policy," in: *An Anthology of EU-China Regional Development Policy Seminar*, 2006, Beijing: Central Compilation & Translation Press, 2007.

[2] Nora Sauskimat, Klaus Fritsche (ed.), *Civil Society in European-Chinese Relations. Challenges of Cooperation*, Essen: EU-China Civil Society Forum, 2010.

需要指出的是，欧盟不是一个国家，而是一个国家间联盟，各国除了欧盟的工作，也有其自身利益，两者有时甚至是相互矛盾的。现今欧盟和亚洲有着非常紧密的合作，如康拉德·阿登纳基金会和欧盟的"欧亚对话"项目，旨在增进欧洲和亚洲的政治决策者、非政府组织和科学家之间的交流与理解，涉及领域包括气候变化、外交、生态、城市、移民/融合、社会凝聚力、人口贩运、海盗与航运安全、粮食安全等；又如定期召开的亚欧会议（ASEM）等。

三、东北亚合作[①]

几十年来，东北亚的合作有着良好的基础，诞生了很多区域性的合作组织。然而，所有这些机构总体来说还很薄弱，它们虽然肯定避免或减少了一些冲突，但在这里并没有建立起一个完全信任合作的区域。原因是多方面的。除此之外，日本和韩国还是经济合作与发展组织（OECD）成员，日本是七国集团（G7）成员，中、日、韩这三国又都是二十国集团（G20）的成员。

四、历 史 遗 产

这一遗产既有消极因素，也有积极因素。我们先说消极方面：在上千年间，中国在东北亚居于主导地位，朝鲜和日本部分地区是其藩属国。自19世纪以来，这种关系发生了根本性变化。日本是第一个仿照德国模式自上而下进行现代化改革的国家，甚至复制了包括殖民主义在内的欧洲帝国主义。[②]韩国曾被日

---

① 概况参见 Joseph Y. S. Cheng, "Chinese Regional Strategy and Challenges in East Asia," Open edition, 2013; Wolfgang Pape, "The Evolving Integration in East Asia—Too many reservations?," *CEPS Essay* No. 5 (29 April. 2013).

② György Széll, „Nation, Nationalismus und Identitäten in Nordostasien und ihr Bezug zu Deutschland im 20. Jahrhundert", in: *Deutschland Studien*. Bd. 6, hrsg. v. Liaoyu Huang, Peking: Zentrum für Deutschlandstudien der Peking Universität, 2017, S. 147-162.

本吞并,至今仍遗留创伤。领土及海洋冲突是 20 世纪的冲突遗留至今的一个问题。日本曾试图建立一个所谓的大东亚经济圈,尽管可以被视为一种一体化的尝试,但违背了大多数涉及国家的意愿。在 1950 年至 1953 年爆发了朝鲜战争,随后朝鲜分裂至今仍未解决。中国在 19 世纪初仍是领先的经济大国,其国民生产总值约占世界的四分之一;经历一系列历史事件之后,中国成为一个发展中国家,经过不断的努力现已接近 200 年前的地位。

但是,在历史遗产方面也有着积极的因素,包括:东亚三国虽存在语言差异,但拥有共同文化遗产,如儒家思想、传统文化、美学、通用文字、哲学传统、历史意识、追求和谐、尊重和礼貌,此外还有手工艺、乐器和建筑。然而传统文化在西化进程中越来越被边缘化,西化实际上意味着美国化:物质主义、城市建设、生活方式、消费和流动性。①

五、地缘政治

自 19 世纪以来,除英国和美国外,几乎所有国家都借助专政实现了自上而下的现代化,尤其是德国和日本。尽管现代化的驱动力是民族主义或民族沙文主义,但各国占主导地位的意识形态却截然不同。这一欧洲发明也有其缺陷,如法国前总统密特朗 1995 年所言:"民族主义就是战争!"由此法西斯主义不断壮大,它将民族主义与种族主义联系起来,并给人类带来了至今为止最大的灾难。而今它以民粹主义或社会民族主义的形式②再次抬头。

在 2011 年中国超越日本成为世界第二大经济体之后,可以看到中国日益增强的自信心。中国自 1971 年起恢复联合国安理会常任理事国合法地位,因此对和平与发展负有特殊责任。迄今为止,与美国不同,中国并未谋求霸权,而是在

---

① Frank Sieren, "American Dream in China," *Das Parlament* Nr. 33-34 (12 August. 2019).
② György Széll, „Sozialnationalismus? Anmerkungen zu Wolfgang Streecks ‚Gekaufte Zeit. Die vertagte Krise des demokratischen Kapitalismus'", *Sozialwissenschaftliche Literatur Rundschau* Nr. 67 (2013), S. 39-46.

寻求平等。

六、当前的阻碍和挑战

那么，东北亚地区的紧密合作存在哪些阻碍呢？毋庸置疑，阻碍在于政治和经济体制的差异、朝韩分裂的复杂局面、国家规模的不同以及历史负担。

全球和亚洲金融危机是一个重大的挑战。《清迈倡议》促成了监管的成功。[①]与世界其他地区相比，该地区对 2007—2008 年全球经济危机的应对也更为有效。[②]然而到目前为止，上一次全球经济危机的后果仍未克服，每个国家都在进行自救。20 世纪 90 年代之前，国际竞争主要是美国、欧洲和日本三者之间的竞争。日本现已被中国所取代。欧盟与日本和韩国之间的自由贸易协定，将制定在何种程度上加强合作，抑或反过来加剧竞争，仍有待观察。除日本外，所有其他国家相对于其规模都有巨额贸易顺差。由于人民币尚未实现自由兑换，因此相关的贸易关系也受到限制。

恐怖主义无疑是另一个全球性挑战，在东北亚也不例外。此外还存在较小规模的有组织犯罪，如日本黑帮等。

还有一个挑战是人口问题。由于出生率低，所有东北亚国家都出现社会老龄化趋势。日韩两国男女权利不平等状况仍需改进。

人类面临的最大挑战是气候灾难，包括健康风险、自然灾害等，东北亚地区也不例外。[③]工业社会对能源的渴望几乎永无止境。但在某些举措上，东北亚比西方更早地对抗环境污染（例如 1964 年的东京奥运会和 2008 年的北京奥运会，

---

① Zhenmin Liu, "East Asia Cooperation—Challenges and Opportunities," *Speech at the Geneva Centre for Security Policy* 24 (October 2012).

② Hanns Günther Hilpert, Gudrun Wacker, „Ostasien: Konfliktnavigation als Normalfall", in: *Ausblick 2017: „Krisenlandschaften" Konfliktkonstellationen und Problemkomplexe internationaler Politik. Beiträge zu Sammelstudien 2017/S 01*, hrsg. v. Volker Perthes, Berlin: Stiftung Wissenschaft und Politik, 2017, S. 27-30.

③ Carolina G. Hernandez, Eun Mee Kim, Yoichi Mine, Xiao Ren (ed.), *Human Security and Cross-Border Cooperation in East Asia*, Switzerland: Springer International, 2019.

又如可再生能源和电动汽车的开发和使用)。自福岛核事故以来,核工业已不再是安全的能源。[①]除此以外,迄今为止任何地方都不能保证核废料的安全储存。重要的环境问题还包括海洋过度捕捞。

七、对未来的展望

2019年及以后的形势如何?联合国所有会员国都通过了《千年发展目标》和《可持续发展目标》。中国倡导多边主义、自由贸易、经济一体化、可持续发展和安全对话。[②]东北亚已经有非常紧密的经济合作,各国互为重要的贸易伙伴,相互的直接投资相当巨大。日本在对外投资上仅次于美国,排在中国之前,位于第二位。[③]公平贸易意味着双赢的局面。

文化交流也发挥着重要作用:在艺术领域,日本生产漫画和动漫,而中国是世界上最大的艺术市场。在音乐领域,韩国流行音乐影响广泛,东北亚在古典音乐领域也处于领先地位。尽管电影和电视是西方发明的,但所有东北亚国家都做出了重要贡献,中国甚至已经成为世界领先的电影制片国。在文学和建筑领域,东北亚也位于世界前列。在游戏领域(这也是艺术)以及人工智能领域,东北亚甚至已跻身世界前沿。世界其他地区,尤其欧洲,深受这些趋势的影响。而今已不再像过去那样,只有西方影响东方的单向道,而是同时存在平衡的双向交流。

东北亚今天还能从欧洲学到什么呢——即便欧洲也正在经受考验?

首先是人文主义和启蒙运动的遗产。这份遗产包括对其他价值体系的宽容

[①] György Széll, Roland Czada (Hrsg.), *Fukushima—Die Katastrophe und ihre Folgen*, Frankfurt a. M. u. a.: Peter Lang, 2013.

[②] Keqiang Li, "Speech at the 13th East Asia Summit. Singapore, 15 November 2018," *China Daily*, 16 November 2018.

[③] Felix Lill, „Asiens heimlicher Investment-Meister", *Die Zeit*, 13. Mai 2019; György Széll, "Japanese Joint Ventures in China—some preliminary findings of a research project," in *Challenges of the 21st Century in Japan and Germany*, ed. Ulrich Teichler, Gisela Trommsdorff, Lengerich et al.: Pabst Science Publishers, 2002, pp. 215-228.

和妥协的能力,例如在政府组阁过程中。①

和平依然是最重要的目标之一。联合国从一开始就将和平设定为自己的主要任务。尽管近几十年来小规模的暴力冲突仍有发生,但欧盟已实现欧洲大陆历史上最长的和平时期,并且为全球的和平做出了贡献。欧盟因此在2012年被授予诺贝尔和平奖。东北亚的地区性组织何时也能获得诺贝尔和平奖?② 另外,东北亚能否每年也像欧洲一样轮换评选一个文化首都?

在欧盟没有权力的集中,而是存在一个非常复杂的制衡机制,这当然会带来协调方面的不足。托克维尔在1835年出版的《论美国的民主》一书中,已经对多数人的专政提出警示。今天,我们不仅拥有大众民主,而且与上个世纪一样,拥有众多的大众专政。③

和平首先是指通过自决,和平解决领土争端。德国的统一就是一个例子。韩国的阳光政策受此启发。当然尽管各国做出努力,塞浦路斯终因统一方案未得到全民公决的通过而尚未实现统一。另一方面,捷克与斯洛伐克、南斯拉夫大部分地区之间完成了和平的分离,加上苏格兰的独立公投,都可谓积极的因素。遗憾的是,加泰罗尼亚地区冲突仍未解决。

以人类发展指数衡量,欧洲的生活质量最高。但与世界其他地区相比,东北亚也并非处于劣势。④ 只是使欧洲位列榜首的一项指标是福利国家模式,这在东北亚尚未得到发展。几年前在首尔举办的一次类似会议上,我曾就此问题询问了欧洲和东北亚的参会代表,并与之探讨,欧洲的社会模式是否可以移用到亚洲。⑤

那么谁来充当深入合作的载体呢?可持续发展的关键要素不仅是技术创

---

① György Széll, "Globalisation in East Asia—A View from Europe," in *Globalization in East Asia—Past and Present*, ed. Yoshimoto Kawasaki, Shigeto Sonoda, Tokyo: Chuô University, 2000, pp. 33-41; György Széll, "European Union and East-Asian Union—Perspectives of Supra-national Identity in Cross-Cultural Comparison," in *Social-Cultural Transformation in the 21st Century—Risks and Challenges of Social Changes*, ed. Shigekazu Kusune, Yoshinori Nishijima, Hidehoki Adachi, Kanazawa: Kanazawa Electric Publishing Company, 2007, pp. 169-188.; György Széll, „Europäische Werte in Korea zu Zeiten der globalen Wende? ", *Kultur Korea* Nr. 2 (2013), S. 58-59.

② 与威利·勃兰特(Willy Brandt)一样,前韩国总统金大中因其阳光政策而获得了诺贝尔和平奖。

③ Paul Corner, Lim Jie-Hyun ed., *The Palgrave Handbook of Mass Dictatorship*, London: Palgrave Macmillan, 2016.

④ 人类发展指数较高的国家:日本第19位,韩国第22位,中国第86位。没有朝鲜的数据。

⑤ György Széll, Ute Széll (ed.), *Quality of Life & Working Life in Comparison*, Frankfurt a. M. et al.: Peter Lang, 2009.

新，更重要的是社会创新。环境灾难主要是人为造成的，因此也必须通过人的行为和政治来应对。这需要强有力的公民社会和民主参与，能力和意识是先决条件。公民社会缓解了国家各层面与个人之间的冲突。[①]几个世纪以来，科学体系一直是公民社会的重要组成部分。自近代早期以来，独立的科学是欧洲崛起的一个重要因素。[②]在科学领域普遍存在温和的、有益的竞争，竞争中也包含合作。可惜在欧洲和东北亚，就科学领域而言人们更关注美国，而非这两个地区之间的合作。美国在科学领域占得主导地位的一个原因，同时也是结果，即是英语成为世界性通用语。故而除了英语和各自国家的母语外，掌握第三种语言对于欧洲与东北亚之间的紧密合作是必要的。

东北亚对欧美的了解，远比反过来欧美对东北亚的了解广泛得多。为了在今后改进和加深合作，欧洲必须纠正这一不足，即纠正西方或欧洲中心论。

自1977年以来，欧洲的一项重大社会创新，可谓在都柏林成立了"欧洲改善生活和工作条件基金会"。该基金会和国际劳工组织一样，是一个由政府、雇主和工会代表组成的三方机构。我认为不仅在亚洲，而且在世界其他地区都迫切需要这样的机构。欧洲的青年和体育交流（如"伊拉斯谟"项目等）也堪称典范，只不过需要巨大的经费支持。

最后，东北亚目前能从德国学到什么？

匈牙利经济学家雅诺西（Férenc Jánossy）早在1966年就已深入思考过，德国和日本为何能出现经济奇迹。雅诺西指出三个要素：一是高技能，二是共同决策，三是低军事开支。东北亚其他地区也具备高技能，但在共同决策方面还存在明显不足，即使在日本存在工会，也通过供应商和临时工制度，剥夺了大多数雇员的决策参与权。另外，东北亚在军事支出方面也表现不佳。

虽然困难重重、有所拖延，但德国仍然对自己在纳粹统治期间所犯罪行进行

---

① Guy Kirsch, „Wenn Wandel zur Krise wird", *Frankfurter Allgemeine Zeitung*, 17. Dezember 1988: 13.
② Erik Ringmar (ed.), *The Mechanics of Modernity in Europe and East Asia. The Institutional Origins of Social Change and Stagnation*, London: Routledge, 2005; Erik Ringmar, *Why Europe Was First: Social Change and Economic Growth in Europe and East Asia*, London, New York: Anthem Press, 2007.

了认真追责,不仅承认罪责,而且努力与邻国和其他受害国达成和解。[①]承认错误并道歉,在所有文化中都是一个艰难的过程,尤其在东北亚——在这里重要的是不丢面子[②]。但就此,我们可以向德国哲学家卡尔·马克思学习。马克思擅于用自己的方法在社会和世界中批判性地反思自己。可惜这点很多人尚未意识到。在马克思诞辰两百多周年之际,回忆这一共同遗产将大有裨益。德国在与邻国或其他国家进行和解的进程中,曾提出两项看似平淡无奇的倡议,或可将之作为更加紧密联结东北亚合作的范本:其一是共同的教科书,其二是德法青年项目。

谁是东北亚及其他地区紧密合作的反对者?所有相关国家的既得利益者、军工集团和民族主义者。这些人把自身利益置于公共福祉之上。

最后是关于"一带一路"的思考[③]:它在促进经济技术合作的同时,是否还应同时促进文化和科学的合作?欧盟包括德国与东北亚之间的合作——一如本次会议——便是这种伟大合作的基石。

作者简介:乔治·塞尔(György Széll)教授,任教于奥斯纳布吕克大学(Universität Osnabrück)文化与社会科学专业,主要研究领域为环境与社会、区域可持续发展、欧洲研究、日本研究、社会历史和社会理论等。

译者简介:陈维,北京大学外国语学院德语系博士在读。

---

① Ian Buruma, *Erbschaft der Schuld. Vergangenheitsbewältigung in Deutschland und Japan*. Reinbek: Rowohlt, 1994.
② Friedemann Bartu, *The Ugly Japanese. Nippon's Economic Empire in Asia*, Tokyo: Yenbooks, 1993.
③ China-Programm/Stiftung Asienhaus, chinadialogue (ed.), *Silk road bottom-up: Regionale Perspektiven auf die „Belt and Road Initiative"*. Köln: Stiftung Asienhaus, 2018; Andreas Lorenz, *Die asiatische Revolution. Wie der „Neue Osten" die Welt verändert*, Bonn: Bundeszentrale für politische Bildung, 2011, S. 51ff., 215.

成功的悖论和对新东亚的探索

申光荣(解英华 译)

内容提要：东亚在迈向近代的过程中，与西欧接触开始得最晚，但却是最成功地实现了追击发展，成为非西欧社会中唯一达到西欧经济水平的地区。在过去的半个世纪里，东亚国家(韩国、中国和日本)在经济上实现了飞速增长，正成长为世界经济的中心。伴随这些变化，东亚国家正共同经历着城市化、雇佣体制的双重化、低生育、老龄化、不平等加深等新的社会问题。东亚国家共同面临解决这些社会问题的课题。为了解决21世纪的问题，东亚国家之间非常需要建立"政策连带"。只有东亚成功解决这些社会问题时，东亚模式才能在21世纪成为具有全球意义的新的社会模式。

关键词：东亚　追击发展　成功的悖论　社会问题　连带

一、绪论：建构东亚地区的社会模式

东亚(这里限定在韩国、中国和日本)虽然在非西方社会中与西欧国家"接触"[1]开始得最晚，但却是实现西欧水平的经济增长最为成功的地区。非洲、南美、中东、西南亚和东南亚从16世纪起就已沦为西欧殖民地，成为西欧帝国主义

---

[1] 此处的"接触"，蕴含着被西欧帝国主义侵略的意思。——译者注

国家的侵略对象；与此相比，进入17世纪后东亚开始了与西欧帝国主义国家的"接触"，在进入19世纪中叶后才正式成为西欧国家的侵略对象。英国和清朝的冲突始于1840年的鸦片战争；而1846年美国东印度舰队要求日本开放港口，双方最终在1853年签署了《美日亲善条约》；在朝鲜，随着外国船只出现在朝鲜近海，西欧开始直接与东亚国家"接触"。考虑到南美各国从15世纪开始就已受到欧洲侵略，并且从19世纪10年代开始为摆脱欧洲殖民统治而展开独立战争，东亚意外地延迟了与西欧的"接触"。

19世纪中叶，为应对西欧的威胁，东亚三国在初期安逸地提出了具有东方中心主义论调的"东道西器论""中体西用论"等。三国将西欧的军事威胁和产业文明贬低为"在工具性水平上取得的成就"，并认为具有悠久历史的东亚国家在精神上具有优越性，继而把西方的威胁轻视为西洋蛮夷的威胁。中国和韩国沉溺于本国中心主义，未能正确把握新登场的西方帝国主义国家的本质。日本屈服于美国的开港压力，与美国建交并推行明治维新，谋求国家主导型追击发展。在此过程中，日本沿袭西方帝国主义的道路，发动甲午战争和日俄战争，最终与德国和意大利一起成为轴心国，掀起第二次世界大战。从19世纪中叶到20世纪中叶，东亚的日本、中国和韩国各自经历了不同的历史发展轨迹。

随着第二次世界大战结束后冷战体制的形成及其带来的变化，东亚经历了巨变。第二次世界大战结束后，东亚受到冷战的影响，成为系统对立和竞争的场域。朝鲜半岛分裂后，南方和北方分别受到美国和苏联的影响，从而成为以苏联、中国和朝鲜为一个阵营，美国、日本和韩国为另一个阵营的对抗前沿。但是随着冷战影响的减弱，东亚又发生了新的变化。从1989年开始，苏联和东欧发生剧变，冷战随之结束，东亚国家之间的交流和统合得以实现。随着投资和贸易的活跃、市场的统合，东亚开始成为世界经济的中心。

跟随世界体系的变化，东亚的韩国、中国和日本虽然在工业化的时期、工业化的过程与政治变化等层面上表现各不相同，但在社会经济层面上的变化却表现得极为相似。东亚三国虽然在工业化水平和政治制度层面上表现出了很大的差异，但它们却有以下共同特点：短期内实现的经济增长、不稳定劳动的增加、低生育率、老龄化、人口危机、家庭制度的变化、收入不平等深化、脆弱的福利等。

考虑到19世纪和20世纪东亚三国截然不同的历史发展轨迹，进入21世纪后,这三国所表现出的共同特征非常令人吃惊。可以说东亚在经济上正在成为世界的一个中心,这三国在经济层面上呈现出惊人的增长。本文首先在统计资料的基础上,分析东亚三国共同表现出的社会经济特征,其次对以下两点进行分析:第一,这些特征源自发展型国家的遗留问题,即在量的层面上把资源集中到经济增长上,而在相当程度上忽视了分配与社会福利;第二,克服发展型国家的遗留问题是 21 世纪东亚三国共同面临的课题。最后在结论部分,笔者认为,东亚三国需要为解决共同的问题而共同进行政策上的努力,讨论超越上世纪所形成的异质性和对抗性的过去;为重新建设东亚的未来,有必要建立政策连带和共享革新思想。通过这些努力,在东亚也能够建立起可以与欧盟(EU)相媲美的新的东亚地区共同体。如果说 20 世纪欧洲建设了令人羡慕的社会模式,那么 21 世纪东亚能否展现世界各国认可的另类社会模式?对这些问题的回答是,首先需要改革目前东亚三国所表现出的消极的社会现实。

二、东亚的追击发展和社会问题

东亚的经济增长有两大特点。第一,通过具有自律性的强大国家的经济计划或市场介入实现了经济增长。[①] 日本、韩国和中国的经济增长根据国家的经济开发计划,实现了特定产业的发展和地区开发。此外,国家还为出口企业提供了各种优惠和市场信息,提高了国内企业的国际竞争力。

第二,东亚三国谋求的经济增长,不是通过内需,而是通过海外出口实现的。他们积极利用相对较低的工资,通过出口成功实现了经济增长。并且三国主要是通过面向美国和欧洲市场的出口实现了快速的经济增长。此外,他们还利用相对高学历低工资的劳动力,成功建立起了具有竞争力的生产机制。

东亚三国经济增长比西欧国家快 5 至 6 倍。[②] 20 世纪 50 年代和 60 年代,

[①] Chalmers Johnson, *MITI and the Japanese Miracle*, Stanford: Stanford University Press, 1982.

[②] Nicholas D. Kristof, Sheryl WuDunn, *Thunder from the East: Portrait of a Rising Asia*, New York: Knopf, 2000.

日本年均经济增长率在7%至8%左右,在东亚最先达到西欧的经济水平。继日本之后,20世纪70年代和80年代,韩国年均经济增长率在8%至9%左右,在21世纪10年代达到西欧的经济水平。进入21世纪以来,中国经济以10%左右的速度快速增长,北京、上海、广州等主要城市都达到了西欧的经济水平。中国由于目前城乡差距较大,总体上还是发展中国家的水平,但主要城市的经济已达到西欧水平。

在过去50多年里,东亚国家持续保持了世界年均经济增长率的3至4倍的高增长率,21世纪东亚跃升为世界的一个经济中心。1968年日本GDP跃居世界第二位,2010年中国超过日本成为世界第二经济大国,2019年韩国GDP则排在世界第11位。东亚三国的整体经济实力已经超过欧洲和美国。毫无疑问,20世纪后半叶东亚的经济增长,在非西欧社会中是前所未有的新变化。正是这种新变化改变了19世纪和20世纪以西欧为中心的世界政治经济秩序。正如弗兰克(Andre Gunder Frank)所指出的:从20世纪后半期开始的东亚的变化,不同于西方社会理论和西方历史经验。①

城市化:伴随工业化与经济增长而发生的另一个变化是,农村人口向城市转移,伴随人口不断增长,城市化进程加快。实现城市化的时间在三个国家之间存在差异,首先经历了工业化的日本最先实现城市化。早在20世纪60年代,日本的城市人口比例就达到63.3%,有近2/3的人口居住在城市。此后,人口持续向城市集中,到2019年,大约有91.7%的人口居住在城市。韩国的城市化进程主要发生在1960到1990年间,在这段时间里,城市人口年均增加1.54%。进入21世纪10年代以后,城市人口比重的趋势变得停滞不前。从中国的情况来看,改革开放后的1980年到2010年间,城镇人口以年均1%左右的速度快速增长。

城市人口增长导致早期城市住房困难。随着移民人口涌入,在城市郊区形成大规模的贫民窟,出现居住条件两极分化现象。在城市拥有自己房子成为中产阶级的梦想。由于拥有自己的房子被认为是成功的象征和安定生活的符号,

---

① Andre Gunder Frank, *ReOrient: Global Economy in Asian Age*, Berkeley: University of California Press, 1998.

所以移居到城市的人们的梦想是在城市中拥有自己的房子。这是经历快速工业化和城市化的社会普遍存在的现象。它造成了房屋供求的差距，导致房价周期性暴涨。

虽然在不同时期造成住宅价格暴涨的原因各不相同，但工业化初期出现的住宅价格暴涨是由从农村移居城市的人口大幅增加造成住宅需求和供应不一致所导致的住宅需求过剩而造成的。在日本，房价在20世纪60年代和70年代暴涨。1950年东京住宅价格达到年收入的1.0倍，1965年暴涨至5.0倍，1980年进一步上涨至7.5倍。[①] 在韩国，为应对住房需求，1975年出现一种新型集体住宅——公寓。此后，公寓作为中产阶层的住宅形态占据重要位置。到2017年，公寓已占据全国住宅的60%以上。从首尔的情况来看，1986年至2000年间住宅价格上涨了138%，进入21世纪以后住宅价格以更快的速度增长，2000年至2008年间房价上涨了200%以上。1986年至2010年间，独户住宅的价格上涨了2倍左右，而公寓价格则上涨了5倍左右，偏爱公寓的现象进一步加强。[②] 中国房价暴涨的路径不同于韩国和日本。到20世纪80年代为止，住房大多还是由工作单位分配的。1994年至1998年公共住房民营化，形成住房市场。[③] 自2003年以来房价开始大幅上涨。由于地域差异较大，北京、上海、深圳、杭州等大城市房价大涨，西南部和西北部地区房价上涨率较低。[④]

自由化与就业体制的变化：20世纪后期东亚出现的重要变化是雇用体制的变化。在新自由主义全球化的潮流中，东亚三国从国家层面主导了雇佣体制的变化。韩国和日本出现了劳动力市场灵活化所带来的非正式职位（临时工）增加的现象，而在中国，随着农村人力移居城市，农民工大规模出现。韩国和日本的情况是，在人口由农村向城市移动已结束的状态下，出现劳动力市场灵活化，并通过把正式职位的劳动人员转化为非正式职位、雇佣非正式职位劳动人员的方

---

① Takatoshi Ito, *The Japanese Economy*, Mass.: The MIT Press, 1992, p. 412.
② 統計廳：『한국의 사회지표』, 2010年，第184頁。
③ James Lee, "From Welfare Housing To Home Ownership: The Dilemma of China's Housing Reform," *Housing Studies* 15 (1), 2000, pp. 61-76.
④ Lixing Li, Xiaoyu Wu, "Housing Price And Entrepreneurship in China," *Journal of Comparative Economics* 42(2), 2014, pp. 436-449.

式,实现了企业的人力管理转换。在中国,随着农村人口向城市的移居和劳动力市场的变化同时出现,农民工这一新型社会群体出现。

宏观层面的经济自由化,表现为对劳动力市场规制的缓和。新自由主义全球化带来的变化大体表现为两种政策。一种是放宽对劳动力地理迁移的限制,各国政府采取了促进国家内劳动力转移和国家间劳动力转移的雇佣政策。在中国,作为从1978年开始的改革开放的一环,政府采取了允许劳动力城乡间转移的政策;而在韩国和日本,政府则采取了允许企业雇用外国劳动者的"外国劳动者政策"。另一种是,在韩国和日本,为促进国内劳动力市场的灵活性,政府在法律上承认雇用非正式职位员工的有关政策。日本于1985年就非正式职位进行了相关法律的立法。韩国则在1997年外汇危机之后的1998年2月,在劳资政委员会达成协议的情况下,允许企业雇用非正式职位的员工。中国在实施改革开放政策后,随着20世纪90年代允许外国资本到中国投资,发生了劳动力从农村向城市的大规模转移。但因户籍制度,农民可以在城市工作,但却无法得到城镇户口。①

在东亚最先将非正式职位雇用予以制度化的日本,非正式职工占全体被雇佣者的比例从1988年的18.3%增至2018年的38.2%,持续增加了20%左右。非正式职工的工资只有正式职工工资的60%—65%,显然存在很大差距。② 在韩国,临时工的比例从1995年的26.4%增至2003年的34.3%,达到这一高度后到21世纪10年代一直保持在32%—33%。韩国非正式职工的比例虽然低于日本,但正式员工与非正式员工之间的工资差距要高于日本,正式员工和非正式员工之间大约有45%左右的薪资差距。③ 在中国,农民工的比例约为全体雇员的三分之一,主要从事制造业、服务业和建筑业等低工资工作。④

日韩的非正式职工和中国的农民工不仅在劳动力市场上处于恶劣的地位,

---

① Yaohui Zhao, "Labor Migration and Earnings Differences: The Case of Rural China," *Economic Development & Cultural Change*, vol. 47, no. 4, 1999, pp. 767-782.
② Japan Institute of Labor Policy and Training (JILPT), *Labor Situation in Japan and Its Analysis: Detained Exposition*, Tokyo: JILPT, 2017, p. 1.
③ Korea Labor Institute (KLI),『2019 KLI 非正規職統計』, Sejong: KLI, 2019.
④ 国家统计局:《2019年农民工监测调查报告》,2020年4月30日发布。

而且脱离了国家的社会安全网(social safety net),具有很多典型的"岌岌可危阶级"(precariat)之属性。"岌岌可危阶级"一词为由斯坦丁(Guy Standing)[1]首次使用的新造语,意指新出现的不稳定的(precarious)工人阶级(proletariat)。在东亚出现的新形态的岌岌可危的劳动阶层已经脱离了社会安全网,因此不能很好地得到社会的保护。从这一点来看,他们可以被视为不稳定的工人阶级。一般来说,在劳动力市场上,正式职工是通过自己的工作和工资来确保生活的稳定,或者在没有达到这种程度时,还可以通过工会的权力或国家的福利政策来得到保护。作为非正式员工的"岌岌可危阶级",其个人或者家庭都很难摆脱贫困。

许多国家所尝试的劳动力市场自由化,导致了如下问题:其一,劳工的工资和社会待遇因其在劳动力市场内地位的不同而出现差异;其二,工资和社会待遇的差异进一步加深了劳工社会地位的差距与其所引发的社会歧视问题。雇佣非正式员工的主要原因,是既可以减少劳动力成本,又可以减少福利支出,进而在市场状况不好的情况下,容易减少对非正式员工的雇佣。[2] 从企业角度看,雇佣非正式员工比雇佣正式员工,具有提高人力管理效率的优点。除必需的业务外,通过公司内部转包或外包,可以减少劳动成本来提高市场竞争力。这样,非正式职工便成为新的雇佣形态。虽然这在西方是回归凯恩斯主义和福利国家以前的雇佣体制,但在东亚,凯恩斯主义和福利国家尚未站稳脚跟,考虑到这一点,这可以说是将"经济增长"作为国家运营第一原则的东亚发展国家的产物。

三、东亚的社会变化

东亚的社会变化也呈现出与西欧截然不同的面貌。东亚国家在推行经济增长政策的同时,实施了限制人口的政策,这导致了低出生率,造成日本、韩国和中

---

[1] Guy Standing, *The Precariat*, London: Bloomsbury Academic, 2011.
[2] Japan Institute of Labor Policy and Training (JILPT), *Labor Situation in Japan and Its Analysis: Detained Exposition*, Tokyo: JILPT, 2017.

国相继出现"人口危机"。人口老龄化和低出生率相遇,导致在人口结构中需要被赡养的老年人口(65岁以上)比例急剧增加。继而,又由于劳动力不足和抚养人口(15—64岁)负担的增加,整个经济停滞。此类人口危机最早出现在日本。韩国和中国虽在时间前后上略有差异,但也陆续出现同样的人口危机。在日本,20世纪70年代初开始,能够维持人口的最低合计出生率开始下降到2.1以下。在韩国,出生率低下始于20世纪80年代初。中国则略晚一些,从20世纪90年代初开始。虽然韩国和中国出生率下降开始得比日本晚,但下降趋势却较之迅速。尤其韩国的出生率显示出极低水平,2018年的合计出生率仅为0.98,是世界最低。[1] 中国的合计出生率在2018年为1.69,远低于人口替代率,因此"人口减少的时代"也即将来到。

虽然东亚三国都经历着低出生率,但出现低出生率及引发人口危机的原因并不相同。从20世纪70年代初开始,日本人口替代率(育龄女性人均生育率)开始下降到2.1以下,同时呈现出未婚率增加与出生率减少。日本的出生率此后持续下降,21世纪初为1.3,达到最低值。低出生率虽然与结婚年龄延迟有关,但同样是不结婚的非婚人口增加导致的结果。在日本,2015年,至50岁为止从未结婚的女性比例为14.1%,男性比例则高达23.4%。[2] 此外,因女性对工作和家庭生活难以兼顾,或女性的高学历化和对经济活动参与的增加,也导致出生率降低。从事工作的女性,其学历越高、劳动收入越高,拥有子女的数目就越少。在日本,结婚和生育常导致女性工作资历中断,处于这样的社会现实,对于高学历的年轻女性来说,生育显然并非最佳选择。[3]

中国的低出生率是中国政府推行的"独生子女"政策的产物。中国政府1979年提出计划生育政策,"提倡一对夫妇生育一个子女"。在此之前,作为前奏,中国曾在20世纪70年代推行"两孩"政策。"独生子女"政策共施行了36

---

[1] 統計廳:『出産統計 報道資料』,2019。
[2] Statistics Bureau, *Statistical Handbook of Japan 2019*, Tokyo: Statistics Bureau of Japan, 2019, p. 18.
[3] Sawako Shirahase, "Women's Economic Status and Fertility: Japan in Cross-national Perspective", in: *The Political Economy of Japan's Low Fertility*, ed. Frances MaCall Rosenbruth, Stanford: Stanford University Press, 2007, pp. 52-53.

年,在 2015 年重新为"两孩"政策取代。"独生子女"政策在实施期间在农村有所放宽,比如在有些地区,第一胎若是女孩,则允许生第二胎。尽管如此,从总体上看,"独生子女"政策作为中国的官方计划生育政策,一直实施到 2015 年。1979 年合计出生率为 2.75,在实施"独生子女"政策后,到 20 世纪 90 年代合计出生率降至 2.0 以下。[1]

韩国的合计出生率在 1984 年跌至 2.0 以下后持续下降,到 2018 年降至 0.98。据调查,韩国低出生率与寿命增加、青年失业增加、住宅价格上涨等有关。由于青年就业困难、住房价格上涨,推迟或放弃结婚的年轻人数量增加;同时由于托儿所和保育设施不足,工作和家庭生活难以兼顾,已婚夫妇不愿多生育子女的趋势上升,导致出生率整体上急剧下降。[2]

东亚三国的家庭结构和家庭生活发生变化,"单身家庭"数量正在迅速增加。在工业化进程中,常见的现象是,核心家庭取代传统大家庭,然而在东亚情况更为严重,单身家庭正在取代核心家庭,成为支配性的家庭形态。家庭结构在短时间内发生如此巨大变化,势必会改变传统的家庭价值,动摇儒家文化的根基。在进入 21 世纪以后,日本单身家庭的比重已超过全体家庭的四分之一,且其比重继续呈现上升趋势。到 2015 年,有超过三分之一的家庭属于单身家庭。韩国和中国的单身家庭比重远低于日本,但其增加速度却远高于日本。2018 年中国单身家庭的比重是 1998 年的近 3 倍。在韩国,其增长速度比中国略慢,但在 2017 年比重也是 2000 年的近 2 倍。特别值得注意的是,伴随青年单身家庭增加将自然出现结婚率和出生率的进一步下降。

---

[1] Susan Greenhalgh, Edwin A. Winckler, *Governing China's Population: From Leninist to Neoliberal Biopolitics*, Stanford: Stanford University Press, 2005, p. 18.

[2] 金承權:「최근 한국사회의 출산율 변화원인과 향후 전망」,『한국인구학』27(2),2004 年,第 1—34 頁;李三植、鄭慶喜:『저출산 원인과 파급효과 및 정책 방안』,한국인구보건연구원,2010 年。

韩国、中国和日本的"单身家庭"占全体家庭的比例

国家	年份				
	2000	2005	2010	2015	2018
韩国	15.5	20.0	23.9	27.2	28.6(2017)
中国	5.89(1998)	8.90(2006)	9.27(2009)	13.1	16.7
日本	27.6	29.5	32.4	34.6	—

资料：韩国，Statistics Korea（2018）人口住宅总调查显示，单身家庭的现状及特点；中国，《中国统计年鉴》（各年度）；日本，Statistical Handbook of Japan（2019）。

新自由主义全球化的结果是，东亚普遍出现了不平等现象。与认为东亚的经济增长是在不平等相对不很严重的情况下实现的认识有所不同，进入 20 世纪 90 年代以来，东亚各国都经历了不平等在短期内急剧恶化的过程。在日本，可支配收入不平等基尼系数从 1972 年的 0.3136 上升到 1984 年的 0.3426，1996 年上升到 0.3636，2011 年达到最高点 0.3791，2017 年较之以前略有下降，降至 0.3721。[①] 2019 年，日本的收入不平等问题在经济合作与发展组织（OECD）成员国中较为显眼。虽然与不平等程度极高的智利（0.46）、墨西哥（0.46）、土耳其（0.40）、美国（0.39）以及不平等程度较高的立陶宛（0.37）、英国（0.36）相比，日本（0.34）的不平等指数略低，但与丹麦（0.26）、挪威（0.26）、芬兰（0.27）、瑞典（0.28）等斯堪的纳维亚国家和欧洲大陆的法国（0.29）、德国（0.29）相比，日本的不平等问题仍然较为突出。

中国的收入不平等现象在进入 20 世纪 90 年代以后开始快速呈现，90 年代后期基尼系数开始超过 0.40。

韩国收入不平等问题也是从 20 世纪 90 年代初开始深化的。1993 年，韩国文民政府上台后，开始推进放宽限制和开放市场的政策，导致了收入不平等的深化。尤以 1997 年外汇危机为节点，失业、非正式员工增加等导致劳动力市场的不平等进一步加剧。同时，人口结构进一步老年化，不婚、未婚、离婚人数增加，单身家庭数量增加，凡此都造成韩国收入不平等现象急剧恶化。[②]

[①] 樋口美雄、石井加代子、佐藤一磨：「日本の所得格差と所得変動：国際比較・時系列比較による動学の視点」，『三田商学研究』59(3)，2016 年，第 67—91 頁。

[②] Kwang-Yeong Shin, "Why does inequality in South Korea continue to rise?," *Korean Journal of Sociology* 48(6), 2014, pp. 31-48.

东亚三国不平等问题的深化有一个共同点，即不平等是随着收入集中到高收入阶层而加深的。从下表可以看出，在韩中日三国，收入最高的10%的阶层在全体收入中的占有率，均呈持续上升趋势。相对而言，韩国是收入集中到收入最高的10%的阶层速度最快的国家。

东亚三国收入最高的10%的阶层在全体收入中的占有率

年份	国家		
	韩国	中国	日本
1995	0.3183	0.3355	0.3553
2000	0.3596	0.3556	0.3813
2005	0.3710	0.4186	0.4243
2010	0.4303	0.4261	0.4157
2015	0.4313	0.4143	—

资料来源：World Inequality Database（2020年5月20日wid.world检索）

从国际比较的角度看，东亚收入集中在收入最高的10%的阶层的现象非常严重。在北欧，收入最高的10%的阶层在全体收入的占有率仅为0.3左右。比如瑞典，从1995年的0.2995到2015年的0.3023，没有太大的变化。欧洲大陆国家高收入阶层的收入集中度也并不高。比如法国，从1995年的0.3171仅仅增加至2015年的0.3313。反而在代表市场资本主义的美国，收入集中于收入最高的10%的阶层的程度更深化了，从1995年的0.4083上升至2019年的0.4678。过去20多年间，东亚三国出现的收入集中到高收入阶层的趋势与在美国出现的趋势类似。换言之，随着收入过分集中于高收入阶层，收入不平等问题全面深化，从而呈现出收入两极化的趋势。

在东亚出现的这种收入不平等加剧现象，均以劳动力市场的变化、人口结构的变化和家族制度的变化为基础。这是东亚从20世纪后半期开始共同经历的社会变化。从社会的角度看，这是导致结婚率下降、低生育、人口老龄化等新的社会问题的核心因素。换言之，不平等深化的问题既是社会变动的产物，同时也是各种社会问题的原因。因此，不平等的深化可以看作是引起社会结构变化的根源。

随着在西欧依次出现的社会经济变化在东亚同时出现，西欧社会没有经历过的新的社会问题正在东亚出现。城市化和不平等问题的深化，很快导致城市公寓价格的暴涨,从而导致婚龄青年们购房越来越困难。在韩国、中国和日本,由于青年就业和购房变得困难,都出现了晚婚的现象。

四、应对社会变化的政策不足

由于东亚国家集中资源发展经济,因而未能很好地应对各种新的社会危险(如失业、贫困、低生育率、老龄化等)。东亚国家被称为"发展型国家"(developmental state)或"生产主义国家"(productivist state),并且它们都将经济政策作为国家的主要政策,对社会政策没有给予足够的关注。为了经济的增长,东亚国家引入了阻止人口增加的政策,并把资源集中到投资上,因此未能积极应对伴随雇佣体制变化而出现的贫困阶层问题和因经济变化而出现的失业与贫困现象。

东亚三国社会政策的共同特点是:第一,消极介入劳动力市场;第二,只针对处在特定状况的社会集团实施"残补式的"(residual)福利;第三,家庭对其家庭成员的福利负责。这三个国家在其 GDP 中用于福利支出的部分都很少。

主要国家 GDP 的福利支出比率对比(2018)

国家	GDP 的福利支出比率	除年金外,GDP 的福利支出比率
日本	21.9	12.5
韩国	10.6	7.6
中国	8.8	—
瑞典	26.1	19.1
德国	25.1	13.8
法国	32.0	18.1
美国	18.9	11.2
巴西	16.7	—
南非	8.7	—

注:韩国数据来源于 2017 年的资料,美国数据来源于 2016 年的资料。
资料:OECD(2019),"Social Spending," in *Society at a Glance 2016:OECD Social Indicators*,OECD Publishing,Paris,p. 105.

面对跟随经济变化而出现的社会变化,东亚三国没能制定出相应的社会政策和制度。其结果是,只有在出现严重问题时,国家才会为应对这些问题而去学习和模仿西方社会的既有经验。经济水平与欧洲相似的日本,除年金以外的福利支出为12.5%,与福利最不发达的美国相似。从中国和韩国的情况来看,福利支出水平与南非并无太大差异,并且低出巴西的福利支出水平很多。东亚在过去半个世纪里实现了令人瞩目的经济增长,但国家的社会政策却连一些发展水平较低的国家的水准都未达到。这是忽视社会变化,只追求经济增长的发展型国家的产物。

艾斯平-安德森(Esping-Andersen)[①]的福利国家类型论,将日本的福利国家类型定为"混合"(hybrid)型,并指出将日本的福利国家类型归为特定类型还为时过早。他认为,目前日本福利国家的特征还未定型。尽管如此,包括日本在内的东亚三国的社会政策有几个共同点。第一个特点是,福利政策是为解决各种问题的对策而登场的。东亚福利制度的混合型特征,是其参照西方国家既有经验的福利政策而出现的结果。东亚国家通过对海外事例的政策性学习与模仿,首先讨论并制定国外所实施的类似政策。

第二个特点是,在东亚,由于福利政策通常是分开引入的,因此未能在综合且统一的行政系统中执行。这是福利管理效率下降的主要原因。例如,在日本,负责幼儿教育的幼儿园由文部省掌管,而负责儿童保育的则是厚生劳动省(日本负责医疗卫生和社会保障的主要部门)。儿童保育和教育没有从制度上综合策划,而是在不同时期以不同契机引入其他制度,从而形成了这种管理体制。在中国,社会保险由人力资源和社会保障部掌管,社会福利由民政部承担。由于东亚的社会福利制度是在不同时期"拼接"(patchwork)式地引入的,因此无法有机统一地运行福利制度,各部门按照不同的原理执行社会政策。

第三个特点是,在东亚,政策是由国家主导制定的。韩国与其他两国虽然略有差异,但从政策形成过程主要由政府主导这一特征来看,还是呈现出了与西方国家的差别。在东亚三国政策的形成过程中,由于必要时缺乏"审议民主"(deliberative democracy),因此对政策的验证还没有到位。

这些特征来源于东亚近代性所具有的双重属性。其一是,东亚三国以东亚

[①] Gosta Esping-Andersen, "Hybrid Or Unique?: The Japanese Welfare Model Between Europe And America," *Journal of European Social Policy* 7(3), 1997, pp. 179-189.

的后发产业化为基础，呈现了追击西方的发展态势。从19世纪的"东道西器论"到20世纪的"改革开放"，其共同点主要是通过追击西方的方式实现经济增长。近代东亚政治家的主导思想是通过学习西方的知识、资本和科学技术等来实现经济的快速增长，并以此来改革落后的社会。但他们却都忽视了西方社会的变化不仅仅发生经济层面，同样在政治和社会层面也发生了变化。

其二是，有许多伴随经济变化而出现的社会与文化上的变化是无法预测的。低出生率和老龄化就是典型的没有充分预测到的变化，家庭形态的变化也是如此，例如离婚率的升高。随着受过高等教育的职业女性的增加，传统的女性观很难继续维持，因此，若男性仍拥有传统的家庭观或女性观，家庭生活会变得困难。

五、结　　语

20世纪后期，经过新自由主义的快速转换，东亚发生了巨大的变化。中国和韩国通过扩大出口，奠定了经济增长的基础，而日本则经历了长期不景气，未能完全摆脱经济慢性通货紧缩的局面。中国和韩国以出口主为主导的经济增长的背后，却隐藏着劳动力市场灵活化和市场中心主义经济政策所带来的后遗症。

从全球化的角度来看，21世纪的东亚正成为世界经济的一个中心。在人口和经济实力层面，东亚已经成为世界经济增长的中心。这个经济中心不仅包括位于东亚的中国和日本，以及已经达到欧洲经济水平的韩国、新加坡，东南亚的印度尼西亚、越南、马来西亚等发展中国家也开始成为这个中心中的一员。东亚与东南亚国家虽然在19世纪时受到西方列强的侵略和统治，但在21世纪，实现了经济的飞跃并主导着世界经济秩序的变化。在欧洲经济长期低迷的情况下，东亚经济快速增长改变了世界经济的结构。

但是，这样的成功又产生了另一个悖论性的课题。21世纪东亚国家面临的历史新现实是西欧社会未曾经历过的情况，因此，东亚国家面对这项具有挑战性的课题时应该独自寻求解决策略。东亚地区出生率降低和老龄化的速度在世界上位居首位，这将带来怎样的连锁反应谁都无法预测。这一系列的变化是东亚三国所追求的经济发展取得成功后出现的。在21世纪,意想不到的"成功的悖论"成为东亚三国的新课题。

随着经济增长,消费水平不断提高,消费文化和大众文化不断发展,过去一代做梦都不敢想的消费和海外旅游等也成了可能。但同时由于不平等的加深、贫困的扩大、低出生率和老龄化,东亚三国未来的前景并不明朗。东亚国家面临着与经济成功同样有挑战性的课题,如由劳动力市场两极化引发的贫富差距、人口结构变化带来的经济困难、老年人口剧增引发的赡养问题、单身家庭增加带来的结婚率和出生率下降、应对这种变化的集体性力量不完善等。

虽然欧洲给东亚国家留下的制度上的经验和教训仍有意义,但东亚正在发生的社会变化是欧洲所没有经历过的新的社会变动。从这一点来看,欧洲的经验能够给东亚国家带来的借鉴也是有限的。东亚社会面临的问题只能由东亚国家自己寻找解决方案,这是新东亚登场的时代性需求。要想建设21世纪世界各地都想效仿的"新的社会经济模式",东亚必须针对这些社会问题制定新的解决方案。另外,由于这是东亚三国共同的课题,所以非常需要建立"东亚连带"来解决这些问题。东亚国家应当跳出由过度的国家主义所造成的紧张和矛盾,提出能够引领世界变化的极具普适性的社会模式。因此,东亚国家应该积极探索解决目前面临的社会问题、开创人类新局面的方法。新东亚的"连带",将成为照亮21世纪东亚和未来世界的灯火。

作者简介:申光荣,韩国中央大学社会学系教授,主要研究领域为不平等、社会文化变动、比较福利国家论等。

译者简介:解英华,中国传媒大学在站博士后。

1880—1930年日本社会福利实践①
——对德国及他国经验的认识与转化

平松英人（李　慧　译）

内容提要：在日本明治与大正时期之间（1880—1930）的现代化与工业化过程中，日本社会对于贫困问题的认识和应对经历了一系列发展变化。在吸收和借鉴他国经验的基础上，政府层面认为应尽可能避免直接向穷人提供援助资金。而在社会层面上，不断面临贫困化威胁的城市中间阶层在地方自发组建各种团体，其中，明治末年和大正初期于大阪大量涌现的町内会最为典型。在这一背景下，大阪府逐渐发展出针对地方贫困救助工作的方面委员制度。这一制度以城市中间阶层为志愿工作的核心承担者，以"自立、自制、自主"为基本原则，对现代日本公民社会的形成具有重要意义。

关键词：日本社会福利　国家扶贫政策　地方贫困救助　公民团体　公民社会

---

① 本次报告文稿以本人2018年在德国出版的博士论文《贫困镜像中的公民形象——科隆与大阪贫困问题及贫困救助的比较》(Hideto Hiramatsu, *Bürger im Spiegelbild der Armut. Armenwesen und Armenfürsorge in den Städten in Köln und Osaka im Vergleich*, München: iudicium, 2018)为基础撰写而成，主体内容可参见此书的第二部分。在此诚挚感谢北京大学德国研究中心各位同仁，尤其是中心主任黄燎宇教授及中心秘书毛明超博士，邀请本人参加第四届中日韩三国德国研究中心学术会议，并将报告稿收录于《北大德国研究》。

一、引言：日本社会问题的出现与对社会问题的认识

本次报告要探讨的是，在日本明治与大正时期之间（这里指 1880—1930 年左右）的现代化与工业化过程中，人们如何认识贫困问题与社会问题，以及这些认识经历了哪些转变。在一个社会中，对社会问题的感知和认识总是受到现存理解模式的极大影响，而这一理解模式又建立在该社会的历史和文化传统之上。对他国经验的真正接收和理解需要经历一个转化过程。这里将以大阪地方贫困救助系统的建立为示例，形象说明这一类转化与转变过程。

与同时代其他学者不同，对于明治与大正时期的著名历史学家、日本社会史研究先驱三浦周行（1871—1931）而言，社会问题绝不是西方国家独有的现象。在他看来，社会问题是社会组织和机构的不完整与不完善导致的结果。尽管出于社会和政治条件的不同，社会问题在特定历史背景下可能呈现出多种形式，但三浦认为，当现有的社会与政治体系经历剧烈变革与遭到强烈质疑时，社会问题往往会以极其尖锐的形式出现。他认为，第一次世界大战之后的日本就处于这样一个社会与政治经历深刻变革的时代，人们对社会问题解决方案的探索正是在这样的背景下进行的。

二、日本的公共贫困救助与埃尔伯费尔德系统

在日本从 19 世纪和 20 世纪之交到 20 世纪二三十年代关于公共贫困救助的争论中，人们反复提及德国的埃尔伯费尔德系统（das Elbefelder System），并认为它是这一领域最突出的参考范例和最重要的标准之一。在这一领域，德国是日本及其他国家的榜样。同时，日本将那些在社会问题和贫困问题方面已经跨越了危机临界点的西方文明国家视为警示。对于世纪之交的日本而言，这些问题尚未造成严重威胁。不过，人们认为，伴随着不断推进的工业化和城市化，

西方文明经历过的社会转型过程中的阴暗面，极有可能会不可避免地在日本出现。在解决贫困问题方面，日本的传统制度似乎愈加无法妥善应对新涌现的社会失调；仅仅依靠所谓的传统制度，例如日本传统的"家"制度，已无法解决新的问题。因此，在消除贫困方面汲取他国经验并将其移植到日本是紧迫而必要的尝试。

在当时，社会问题的研究和社会机构的规划被认为是当务之急，这一点反映在了1897年社会政策学会与1908年中央慈善协会的成立上：社会政策学会是在著名学者的倡议下成立的，其目的是研究社会问题；而中央慈善协会是在内务省的倡议下成立的，其活动始终受到内务省的监督。国家，特别是内务省，深知对新出现的社会问题和贫困问题必须采取有针对性的政治和社会措施。然而，内务省认为，国家应尽可能避免直接提供援助资金。普遍的看法是，日本在建立扶贫机构方面不应犯与英国相同的错误，即由国家直接向穷人提供援助资金。

三、社会问题作为中产阶级问题

明治时期和大正初期对社会问题的争论，主要集中在工人问题和社会底层的贫困问题上。无论公共还是私人社会机构的目的，都在于防止社会失衡的扩大或救助受到影响的社会阶层。工人和社会底层被视为社会政策措施及各种组织和个人慈善活动的对象。而社会上层人士总是作为这些举措的主体或重要参与者出现。与此相对，所谓的中产阶级似乎很少成为时代话题的焦点，尽管在向20世纪迈进时，当时的"平民主义"思想家和民族主义者德富苏峰（1863—1957）已经就西方国家的发展情况提醒人们注意日本出现的新现象，即中产阶级的贫困化。

德富苏峰所说的中产阶级，指的是个体经营者或中级公务员、文员、教师、记者一类的受薪雇员，他们与上层阶级仅在收入水平上有所差别。他认为，除收入水平外，中产阶级和上层阶级在社会义务方面并无巨大区别。德富认为，中产阶级遭受的贫困问题更为严重，其原因在于：一方面，尽管收入水平不断下降，但他们被迫过着与其阶层相匹配的社会生活；另一方面，与工人阶级不同，日本没有保护中产阶级的社会机构及相应措施。毕竟,迄今为止,社会问题大多被认为是工人问题和贫困问题。

在大阪慈善家和地方官员的圈子中,中产阶级的贫困问题也受到关注。大阪一家基金会医院的院长将这部分生活水平勉强维持在温饱线以上或在其上下浮动的人称作"中产阶级穷人",并认为,目前最需要帮助的就是这样一群人:他们的社会地位略高于穷人,享有与社会地位相称的尊敬,却也为了维持相应的声望而挣扎在贫困的边缘或陷入贫困的境地;一旦患病或类似情况发生,就可能出现对个人以及家庭而言的灾难性后果。他还认为,逐年陷入贫困的中产阶级并不在少数,这也是缺乏保护中产阶级的救助措施和社会机构的结果。而与那些已经彻底暴露在道德滑坡危险之中的穷人相比,具备一定能力和技能的中产阶级显然更能在普遍意义上造福社会。因此,他呼吁社会更加深入地研究这一问题。然而,尽管存在着对公众与政策的多方呼吁,要求不断推进中产阶级政策,在社会政策的框架下研究中产阶级问题,但它们显然并未获得社会政策议程的优先考虑。

四、城市公民的社会团体

正如当时的观察者们所设想的那样,在实际历史发展中,城市中产阶级——或者更准确地说城市的中间阶层——既不仅仅是社会政策措施的客体,也不只是救助的对象。为了实现共同目标、保障自身利益,他们在地方上自发组建起各种社会及政治团体。不过,因此就断言这里存在一个成员彼此紧密相连的城市中产阶级,或存在一个休戚与共的命运共同体,也是不准确的。就其经济、社会与职业状况而言,城市的中间阶层,尤其是中小型产业的个体经营者的流动性和多样性远胜于生活在农村及老城住宅区的中产阶级,前者并不那么稳固地居住在一个地点,而后者则依循传统,深深扎根于当地的社会与政治事务之中。尽管如此——或者正因如此——前者与地方性事务和利益联系的紧密程度并不比后者逊色。城市的中间阶层通过经商或行使公民权利参与公共生活,从而与当地的社会和政治产生联系,在大阪郊区这种人口流动性极大的地区同样如此。

在这种情况下,有必要在此简要介绍一下日本民众的社会及政治团体的各种形式,它们对中间阶层的社会化具有重要意义。其中一种形式是所谓的"五人组",即江户时期起用于民众(自我)控制以及统治者施行管理的一种形式。它根植于地方性社会团体,并在明治维新后仍继续存在了一段时间。明治和大正时期产生了与此不同的新的团体和组织。它们自发形成,拥有明确的政治目标或社会目标。大阪的所谓预选体制可以作为第一类的典型代表。有选举权的市民们——其中大多为都市名望家——联合起来组成一个预选团体(yosen dantai)。在大阪的市议员选举或大阪府议会选举中,各预选团体会在商谈之后以报纸广告的形式公开其推荐的候选人。

中间阶层所组成的最著名的社会团体之一是所谓的"町内会"。为实现地方事务的自我管理和自助,在明治末年和大正初期的大阪,涌现出了大量町内会,其中很大一部分由城市的中间阶层自发组建,因此可以将町内会看作其社会化的平台。历史学家原田敬一对战前大阪町内会历史的一份研究表明,从明治维新之后到19世纪80年代期间,五人组的形式也同时存在。① 由于五人组逐渐过时,在个别城区,政府引入了所谓的"卫生协会",以十到三十户家庭为最小单位。根据原田的研究,卫生协会的任务包括防止霍乱等流行病的爆发等,同时也应当承担维护当地安全的职责,例如驱逐乞丐等。卫生协会不总是也并不一定与町内会完全相同,但后来的町内会可以在卫生协会的基础上建立。卫生协会应被视为一个自上而下创建的机构,而大阪町内会的特点是其组建时的自发性、活动的多样性和不受国家公权力管控的存在状况。

町内会的活动几乎涵盖了所有的地方事务,如救济邻里、为地方治安提供警卫服务、迎接和送别服役士兵、维护成员之间的友好关系等。根据原田的研究,1936年的大阪有3600多个町内会,其成员人数约为20万,约占当时城市总人口的三分之一。并不是所有的城市居民都属于一个町内会,也并不是所有的城区都有町内会。直到1937年,市政府才尝试将数量庞大的町内会改组为市政管

---

① 原田敬一:『日本近代都市史研究』,思文閣出版,1997年。

理的辅助机构，纳入行政管控。有趣的是，在此之前，尤其是在城市郊区和新区，已经出现了近乎政府辅助机构的町内会，与区政府、税务局、警察局等官方机构进一步开展各种密切合作。

另有学者大森认为，与五人组、预选团体等传统形式相比，町内会的创新和不同之处主要在于：在第一次世界大战后的城市人口扩张时期，中小型产业个体经营者、地产持有者等城市中间阶层，在尝试以町内会的形式进行自我组织的过程中，倾向于接纳不断增加的城市移民融入其中。町内会与当地成员的利益绑定在一起，以城市中间阶层突出的自我意识为支撑，更加坚定地追求自助和公共福利，因此有别于五人组一类的传统的自我管理形式。①

五、国家扶贫政策的开端与地方贫困救助的改革

在向 20 世纪过渡的过程中，1908 年国家扶贫政策的正式改革是一个重要转折点。它伴随着由国家主导的更为广泛的地方改良政策。国家扶贫政策的主要目的是通过皇室的慈善事业使所有民众成为自立的优秀臣民。地方改良政策是对这些措施的补充，旨在通过促进社区自治使国家受益。两项改革的核心都是促进道德方面的提升，无论是个人道德还是公共道德，以便加强对贫困的预防。在此过程中，国家越来越多地扮演着监督和领导的角色，因为实际的预防和援助措施首先依靠个人进行，然后由家庭、邻里协助，最后由社区实施。国家本身只应在这个链条的末端进行干预，尤其是在财政方面。

鉴于国家不愿担负贫困救助的义务，这项任务就落到了个人和社区身上。19 世纪八九十年代，大阪已有许多私人慈善组织成立，这些组织在很大程度上是由包括妇女在内的宗教（主要是基督教）团体和个人发起的。鉴于人们日益认识到社会问题与底层人民生活条件的不断恶化所带来的危险，大阪府逐渐感到不得不直接参与到贫困救助的事务中来。首先采取行动的是 1912 年被任命为

---

① 大森实：『近代都市社会事業成立期における中間層と民本主義』，ヒストリア，97（1982），第 58—76 頁。

大阪知事的大久保利武（1865—1943）。他是明治政府中资深政治家大久保利通（1830—1878）的第三个儿子。这位拥有博士学位的政治家坚信，除发展工业外，只有建立稳定的地方自治，才能够实现和保障国家的繁荣。

　　大久保经历了大阪成为一个重要的大型工业城市的发展过程，同时也看到了发展的另一面，即激烈竞争带来的日益严重的贫困。对他来说，采取相应措施不仅是道德上的需要，也是社会政策上的需要。扶贫措施的成败也是衡量一个社会文明程度的尺度。在他看来，在大阪，无论公共还是个人的贫困救助工作都还有很大的改进空间。这促使他成立了一个由自己亲自领导的科学工作小组，研究慈善和贫困救助问题。此外，大久保知事还呼吁大阪府的社区代表们努力解决公共贫困救助的核心问题，同时也应关注与"被差别部落"，即传统意义上受到歧视的大阪贫民区居民的相关问题。1913年7月1日，大久保知事在大阪府社区代表大会上就此发表讲话。这次讲话可以理解为大阪府直接参与公共贫困救助工作的全新且重要的开端。尽管大久保同样强调了救助的原则性顺序——首先是自助，然后是家庭、邻里、地方帮助，最后是国家援助——但他也提到了地方在贫困救助方面可能会出现负担过重的危险，因为根据贫困救助中最小社会单位优先的逻辑，国家已经停止了《恤救规则》中相应的国库开支。

　　1936年，日本中央政府颁布《方面委员令》，在1929年所颁布的《救护法》的基础上，在全国范围内将以大阪为典范的方面委员制度正式纳入国家社会政策。多年来，大阪的方面委员们一直与日本其他地区的同事们一起致力于推进新的《救护法》实施，以便取代早先的《恤救规则》——尽管他们的利益和活动更多集中在地方层面。1937年，修订后的《救护法》最终明确规定，地方政府公共贫困救助的施行应由方面委员协助。从此，方面委员制度在法律层面被明确确定为地方管理的辅助体系，并被纳入地方行政管理框架，成为执行国家社会政策的工具。尽管《救护法》的出台受到方面委员的热烈欢迎，但《方面委员令》的颁布仍遭到某些人反对。

　　反对者首先不赞同将方面委员制度纳入地方行政管理体系，他们主张保留其自发性的公民结构与行动原则，反对全国统一的法律规定以及地方行政管理的控制与约束。作为贫困救助工作的承担者，方面委员全心全意、无私奉献地投身于这一志愿工作,替为贫穷所困的同胞谋取福利,他们在这一过程中所展现出的自立、自治和自主是方面委员制度的真正生命活力所在。人们希望实现的,是在尽可能保证最大程度的志愿活动的基础上,将这一制度从私人自发组织发展为一个全面自我管理的机构。公民的志愿活动应继续作为方面委员制度的核心存在。《大阪朝日新闻》的一篇社论肯定了这一观点:"像方面委员会这样的机构,其运转并非受国家权力的管理与监督,而是主要依靠志愿者的无私奉献与热情投入。让这样的制度尽可能保持现状,无疑对我们更加有利。"①

六、结语:地方贫困救助与公民社会的形成

通过参与地方贫困救助工作,城市中间阶层得以首次在更大程度上用实际行动承担社会责任。在此之前,这些责任和行动始终属于上层阶级。由此,城市中间阶层中不仅日益产生一种以促进公共福利为目标的自我理解与自我意识,而且逐渐形成一种集体感,一种从属于超越了早先局限于地方个人利益的、经济自立且政治成熟的城市公民群体的归属感。即使在1945年以前的极端民族主义时期,方面委员制度的基本原则——自立、自治、自主——也在本质上得到保留。1948年的民生委员制度作为日本福利制度的新形式承袭了这些原则。大部分民生委员是从方面委员中招募的,这些人应会继续忠实于久经考验的制度原则。方面委员制度被认为是公民参与社会福利事业的历史起源,对现代日本公民社会的形成具有重要意义。

对于运作和维持公民贫困救助活动而言,自立原则是核心前提之一。它展现了"公民精神"的核心,对战前日本公民社会的形成具有关键意义。贫困救助委员在义务投身地方工作的过程中所完成的一系列沟通协调工作,对城市中间阶层的构建与社会化具有重要意义。在任何两个城市,独立自主的市民所进行的义务工作都具有同样的重要性。这样一来,以志愿岗位为新重点的贫困救助

---

① 大阪府民生委員制度創設七十周年記念事業委員会編:『大阪府民生委員方面委員制度七〇年史』,1989年,第629頁。

工作,既能调动起人们的积极性,又能使自身合法化,因为它引导了比从前更为广泛的圈子参与其中,为实现全社会的共同福祉而采取有力行动。它的作用可以说相当于公民社会的(托克维尔"民主学校"意义下的)"预备学校"。在这所学校中,无论穷人还是贫困救助委员,所有参与者都会被传授有关公民社会价值理念与规范准则的知识。那些不愿意参与学习的人,则会成为社会及政治制裁的对象。

然而,在贫困救助的日常实践中,始终暴露在社会现实中的自立原则仍有待实践检验,其进一步落实有赖于每个贫困救助委员的持续行动。公民生活的理想和实践必须在与他人的对立及区别中被不断认知、反思和明确,不管是向下与穷人,向上与国家,还是与任何一种"非公民"的生活方式和价值观念之间。在既定的政治和社会关系框架之下,这种界定需要不同的目标对象,因为不只是贫穷,就连公民精神本身也是"相对的",只有在反思中才能获得理解。

在地方贫困救助中,当人们就公民价值观与行为准则进行沟通协调时,如果没有这一不断反思的过程,地方贫困救助则要么变成简单的施舍,要么沦为纯粹的社会及政治压迫、制裁机制。在日本,出现后面这一危险情形的可能性极大,因为自由主义思想和原则很少能获得制度性的传播渠道,并且在面对由国家施加的影响时表现得极其脆弱。在公民立场所要求的个人自我管理与国家立场所要求的公民自我管理所形成的紧张关系中,贫困救助委员个人究竟能够在多大程度上贯彻这一反思过程,对当今的公民社会而言依然是一个巨大挑战。

作者简介:平松英人,东京大学德国与欧洲研究中心(DESK)秘书长,助理教授。
译者简介:李慧,北京大学德语系博士生在读。

青年学者·
学术前沿

高识字率的神话

——清末文字改革叙事中的德国形象

赫佳妮

内容提要：本文聚焦晚清文字改革方案中有关德国识字问题的讨论，分析晚清知识界如何在文字改革运动中塑造德国的形象，并借此探讨知识界如何挖掘语言文字的政治内涵，从而将提高汉字识字率与强国富民和宪政改革的目标相互关联。本文认为，在晚清文字改革的叙事中，德国被塑造为一个普遍推行识字教育且识字率极高的国家，并因此成为欧洲强国。据此，晚清文字改革家致力于提高汉字识字率，主张通过使用切音字简化汉字学习，认为只有提高识字率才能彻底改变晚清中国的贫弱。最终，晚清有关"立宪"的叙事改变了"识字"的政治内涵，上述"德国经验"在此背景下应用于中国。在晚清宪政改革背景之下，"识字"不仅关乎语文问题，更意在通过提高识字率将皇帝的臣民改造为国家的公民，实现社会变革。

关键词：识字率 德国 晚清文字改革 叙事

一、引　言

直到 19 世纪早期，欧洲国家仍普遍认为，接受教育的下层民众有可能会成为政府的潜在敌人，威胁社会稳定。① 因此，只有特定阶层才能接受教育，学习读书识字。但是，自19世纪30年代起，欧洲社会对于"识字"的态度开始发生转变，提高识字率成为欧洲社会普遍关注的问题。② 随着对于"识字"的担忧在欧洲渐渐消退，政府、官员、各界精英开始相信推广教育是实现国家富强的必须政策。欧洲国家对学校教育投入更多资金，并相继出台普遍教育法案，识字率逐渐上升。德国，特别是普鲁士，一跃成为当时欧洲识字率最高的地区，在1871年其识字率达85％至90％。③ 类似的情况同样发生在日本和美国。19世纪下半叶，欧美和日本的国家识字率的大幅度提升几乎与其工业化和现代化的进程同时发生。这让更多追求西学的中国人开始关注普通民众的识字问题，并相信高识字率可以促进国家发展和社会进步。

然而，近世学者的研究表明，在19世纪工业化背景下，识字率的提高未必带来国家的富强。哈维·格拉夫在其有关19世纪识字率与社会结构的研究中提出，所谓高识字率可以培育有文化、能理性思考的民众，并促进国家现代化和社会稳定，只不过是一个有关识字率的神话。工业化进程在某种程度上甚至有可能抑制识字率的提高，因为一定数量的人口会因在工厂务工而无法专心向学。并且，社会对于"识字"的界定会受到多种因素的影响，比如种族、民族、性别、职业等，④ 这些都会影响我们对于识字率的计算和考察。

对于晚清中国的识字问题而言亦是如此。学界有关中国识字率、语言文字改革等议题的研究都反映了"识字"这一概念的多样性及其界定标准的复杂性。如白莎在其有关中国语文政治的研究中所言，当代学者在探讨中国的识字问题时，通常将"识字"区分为不同的情况。第一种"识字"，也是最高的层次，是能够阅读汉文经典著作并进行文言写作的"完全识字"。第二种"识字"是在某种情境

---

① Mary Jo Maynes, *Schooling in Western Europe: A Social History*, Albany: State University of New York Press, 1985, pp. 33-34, 54. Paul J. Bailey, *Reform the People: Changing Attitudes towards Popular Education in Early Twentieth-Century China*, Edinburgh: Edinburgh University Press, 1990, pp. 41-42.
② Harvey J. Graff, *The Literacy Myth: Literacy and Social Structure in the Nineteenth-Century City*, New York: Academic Press, 1979, p. 22.
③ Ibid., p. 286.
④ Ibid., pp. 22-29.

下完成某些特定任务的"实用型识字"。不过,在中国如何界定"实用"也是极其复杂的。第三种"识字"是普通人为了维持生活所能够进行的日常识字活动,比如阅读简单的告示、广告等。① 本杰明·艾尔曼在其对中国科举制度的研究中亦将"识字"区分为两种。一种类似于上文所述的"完全识字",另一种是其他情况下的初级识字能力。② 罗友枝也在研究清代中国的大众识字率时指出,应对日常事务和读写经典文学作品所需的识字能力是截然不同的。③ 因此,对于何谓"识字",我们很难给出一个中立客观且普遍适用的定义,只能在特定的情境中才能谈论识字率的意义。

19世纪末20世纪初,晚清各界在危局与变革中尝试寻找新的出路。1898年昙花一现的戊戌变法和清廷在其最后十年推行的新政是两个关键的尝试。本文将在此背景下聚焦晚清语言学家、改革派、报界记者等各界人士对中国和德国识字问题的探讨,分析其如何通过有关德国高识字率的一系列叙事,将提高识字率同汉字切音字改革、普遍教育、国家富强、宪政改革等议题联系起来,并将其叙事中的德国经验付诸晚清中国。相比于以往有关晚清文字改革的研究,本文将更为关注"叙事"的作用,即晚清各界如何建构起切音字有助于提高识字率、高识字率能够促进国富民强的叙事,并挖掘"识字"在清末宪政改革叙事中的政治内涵。以往有关晚清对德国形象认知的研究多关注德国强大的军事力量,本文亦将在非军事的维度上丰富我们对于晚清所塑造的德国形象的认识。

二、有关德国高识字率的叙事

晚清对识字率的关注始于19世纪末,在语言学论著、改革提案、报纸杂志等

---

① Elizabeth Kaske, *The Politics of Language in Chinese Education*, Leiden, Boston: Brill, 2008, pp. 34-36.
② Benjamin Elman, *A Cultural History of Civil Examinations in Late Imperial China*, Berkeley and Los Angeles, California: University of California Press, 2000, pp. xxx-xxxi, 240-250, 276-277, 376.
③ Evelyn Rawski, *Education and Popular Literacy in Ch'ing China*, Ann Arbor: The University of Michigan Press, 1979, pp. 10-17.

多种载体上都可见各界人士对中国和世界其他国家识字情况的评述。卢戆章是晚清中国第一位出版汉字拼音化著作的语言学家,也较早关注中国的识字问题。他二十一岁时前往新加坡学习英文,二十五岁回到厦门,并协助英国传教士马约翰翻译《英华字典》(1833)。① 在其1892年出版的《一目了然初阶》中,卢戆章认为:"欧美文明之国,虽穷乡僻壤之男女,十岁以上,无不读书。"②而德国的情况则尤为突出,"全国每百人中,不读书者一人而已"③。卢戆章自述,他的上述结论来源于他在1891年阅读的一份西文报纸,但是他并未就此给出更多具体信息。④ 当时,晚清报界确有很多关注世界各国识字率的文章,在其叙事中德国是识字率极高的国家。1889年《画图新报》刊载了一篇有关核计世界各国识字率的文章,德国的识字率被认为是当时世界最高的,其不识字者"百人中只有一人。若德国境内之诸小邦,则竟无一人不识字者矣"⑤。1890年的《万国公报》刊载了《大德国:男女好学》一文,介绍了普鲁士人对于读书识字的重视:"德国中之普国,其地方男女尤喜读书,书院极多。盖不读书之人,男难就婚,女难遣嫁也。"⑥

1895年甲午战争中国战败后,晚清学界、政界开始有更多人关注并比较中西各国的识字率,并以各自的方式表达对德国高识字率的崇拜和对中国低识字率的担忧。维新派的代表人物康有为和梁启超主张"开民智",关注下至农民、普通民众、底层人口的智识水平。梁启超在为沈学的《盛世元音》作序时,特别强调了德国和美国的高识字率。如其所述:"德美二国,其民百人中识字者殆九十六七人,欧西诸国称是。"⑦而中国的情况则相差甚远,"中国以文明号于五洲,而百人中识字者,不及二十人"⑧。即便如此,梁启超的估计也已经是当时众多学者官员中对于晚清中国识字率最乐观的了。

更多的语言学家持有更悲观的观点,认为中国的识字率远低于欧洲强国,德

---

① 卢戆章:《〈中国第一快切音新字〉原序》,文字改革出版社编:《清末文字改革文集》,文字改革出版社,1958年,第1页。
② 同上书,第2页。
③ 同上。
④ 同上。
⑤ 《核计识字人数多寡》,《画图新报》1889年第9卷第12期,第19页b。
⑥ 《大德国:男女好学》,《万国公报》1890年第23期,第26页a。
⑦ 梁启超:《沈氏音书序》,《清末文字改革文集》,第7页。
⑧ 同上。

国则作为欧洲高识字率国家的代表经常被汉字改革家在其方案中提及。比如，田廷俊在其《数目代字诀》中认为："吾华四万万众，识文字者，百人中仅得数人。通文义者，千人中未见百人。无怪乎愚而且贫。试观欧墨诸邦，无论妇孺，皆能识字明理。"①陈虬在新字瓯文学堂开学演说中则用更直接通俗的语言说明了中西识字率的差距。在他看来，在英美德法日等国家，"通国算起来，一百人中，那识字的竟有九十多人呢。中国除城镇大地方以外，能晓粗浅文理的，十个人中哪，还挑不出一个，这就差得多了"②。

上述评价，无论乐观与否，作者都未给出明确的资料来源。并且，其叙述也常使用约数，比如"九十多人""数人""几乎无人"。一些文章则使用描述性的语言表达其对识字率的判断，比如概述"妇孺""地方男女"的识字情况。因此，一方面，我们可以看到晚清各界对德国高识字率的赞赏以及对于中国识字状况的担忧。另一方面，他们的数据来源通常宽泛模糊，诸如缺乏精确的数据描述、没有准确的资料来源介绍、未能亲自前往目标国调查等。

相对而言，在清政府开始实行新政并进行教育改革后，有关教育事务的专门刊物和政府官报更精确地评估了当时中外各国的识字率。《教育世界》杂志于1901年在上海创办，专门刊登有关教育的言论并介绍中外教育事务等。1904年该杂志刊载了《比较欧美诸国之识字人数》一文。根据该文统计数据，1840年和1896年欧美主要强国每百人中识字人数如下表所示：

1840年和1896年欧美主要强国每百人中的识字人数③

	英国	法国	德国	意大利	西班牙	荷兰	俄罗斯	奥地利	瑞士	比利时	瑞典挪威	美国
1840	59	47	82	16	14	70	2	21	80	45	80	80
1896	94	95	99	56	42	90	22	69	99	83	90	93

该刊未给出该文的作者信息和数据来源。但是，从其调查结果可以看到，该

---

① 田廷俊：《数目代字诀》，1901年，第1页a—第2页a。
② 陈虬：《新字瓯文学堂开学演说》，《清末文字改革文集》，第41页。
③ 《外国学事：比较欧美诸国之识字人数》，《教育世界》1904年第75期，第3—4页。

文认为德国的识字率在1840年达到82%,在1896达到99%,都是当时识字率最高的国家,且远高于当时除瑞士之外的其他国家。到了1908年,《学部官报》刊载的《德国最近教育制度(续)》对德国识字率给出了更高的评价:德国"不识字者,每千人中,仅有二人也"①。

  上述有关识字问题的探讨,无论数据精确与模糊,都未对"识字率"的定义进行明确解释,即能够阅读多少文字可以被称为"识字",或者能够阅读何种形式的文章可以被称为"识字"。准确地说,晚清学者和后世研究所谓的晚清中国识字率极低,是指能够阅读汉文经典文学作品并娴熟写作的人数极少,因为这需要长时间专门的学习和读写训练,并通过科举考试层层选拔。但是,晚清中国能够通过识字完成特定任务、维持日常生活的人数则并非如晚清叙述中所说的那样少。罗友枝的研究认为晚清中国有大概70%的人可以进行日常的识字活动,比如阅读广告、告示、完成地方税收等工作。②

  与其说晚清语言学家、报界、教育界等科学严谨地研究了中国和德国的识字问题,不如说他们通过对于识字问题的探讨建立起了一个有关德国高识字率和中国低识字率的叙事。他们的目的并非通过合理的方法分析和判定识字率,而是更为关注识字率高低对比的最终论断,并以此为依据提出他们的解决方案,将有关识字率的探讨融入其有关文字、教育、政治改革的方案之中。而我们也只有在具体的情境下才能真正探究晚清中国讨论识字率的意义。

三、对切音字的崇拜

  在有关德国高识字率的叙事中,印欧语系的拼音文字是备受晚清中国欣赏的对象。很多支持汉字改革的晚清语言学家认为拼音文字言文一致的特征使普通民众可以在短时间内学会识字,并将德国等欧洲国家的高识字率归因为拼音文字易读、易写、易学的特征。如卢戆章所言,正是因为欧美国家使用了拼音文

---

① 《德国最近教育制度(续)》,《学部官报》1908年第74期,第1页b。
② Rawski, *Education and Popular Literacy in Ch'ing China*, pp.10-17.

字,即使用"二三十个字母为切音字"①,比如"英美二十六,德法荷二十五"②等等,其识字率才远高于中国。田颋在其为《拼音代字诀》所作序中亦谈及:"欧美各国文字,以音为主,入小学肄习数月,稍谙拼音之法,即能缀通俗之文。是以人无不学,学无不精。"③然而,在汉字拼音化改革的提倡者看来,汉字作为一种历史悠久的表意文字,其学习难度远高于表音文字。会讲汉语的学生只有通过专门的学习才能够阅读书写汉文,对于初学者而言所需时间更长。《官话合声字母》的作者王照认为,按照传统方法,学生至少需要两至三年时间才能完成"四书"的学习。④

提倡汉字改革的晚清语言学家亦将汉字"言文不一致"的情况同欧洲使用拉丁文字和地方语言的历史进行比较。在中世纪欧洲,拉丁文是通用语言文字,广泛应用于官方公文、学术研究、宗教神学等领域。直到17世纪,绝大多数的书籍和外交文件都使用拉丁文书就,而只有能够阅读书写拉丁文才可以被称之为"识字"。如果普通民众平日讲地方语言,如德语、法语,却并未学习阅读书写拉丁文,则仍不能称之为"识字"。随着欧洲国家逐渐在更多领域使用各自地区文字,拉丁文才逐步被取代,但其仍在宗教神学和学术研究等领域保持其影响力。在晚清汉字改革派看来,欧洲国家由此实现了真正的言文一致,即只要会说地方语言,就能够拼读书写,这奠定了这些国家识字率上升的基础。如梁启超所言:"西人既有希腊拉丁之字,可以稽古,以待上才;复有英法德各国方音,可以通今,以逮下学。使徒用希拉古字而不济以今之方音,则西人言文之相离,必与吾同,而识字读书之多,亦未必有以加于中国也。"⑤

在此基础上,以卢戆章、王照等为代表的一批晚清语言学家提出了学习拼音文字、推进汉字切音字改革的方案。在晚清中国,这并不是最早使用切音字的尝试。鸦片战争之后,一些来到中国的欧洲传教士、商人、外交官就尝试使用拉丁

---

① 卢戆章:《〈中国第一快切音新字〉原序》,《清末文字改革文集》,第2页。
② 同上。
③ 田颋:《〈拼音代字诀〉序》,《清末文字改革文集》,第65页。
④ 王照:《出字母书的缘故》,《清末文字改革文集》,第33页。
⑤ 梁启超:《沈氏音书序》,《清末文字改革文集》,第8页。

字母标注汉字的官话和方言读音简化汉字学习。① 直到19世纪末20世纪初,随着对识字问题关注度的上升,一批晚清语言学家才更为积极地推动使用不同形式的字母、符号来进行汉字拼音化,并倡导在学生学习识字的初期使用切音字读本以简化汉字学习。比如卢戆章使用五十五个罗马字母对福建各地方言进行了拼音化以帮助当地学生识字。② 王照使用由汉字简化而来的笔画对汉字进行拼音化标注简写,并基于此出版了多种初级教科书读本,在十三个省份推行达十年,出版六万册。③ 王照认为,按照其切音方法,快则三五天,慢则不到十天,学生即可以自己阅读"四书"。④ 除使用罗马字母和汉字笔画外,晚清语言学家还提出了使用数字、各种类型的速记符号等方式简化汉字书写和拼音化的方案。⑤ 从1892年至1911年,晚清中国出现了至少三十余种切音字改革方案,这项文字改革运动被史家称为"切音运动""简字运动""汉字拉丁化"等。⑥

切音字方案的提出和推广并不仅仅是晚清汉字语言学上的一项尝试,这些切音方案提出者更为关注的是识字率背后的社会问题。在他们看来,学生需要更长的时间才能完成"高难度"的汉字学习,这意味着巨大的资金投入,以致家境贫寒的学生无法承受如此重担,只能辍学。如卢戆章所言:"汉文高深美妙,最难学习,只富贵聪颖子弟能得升堂入室。其余亿兆妇女以及农夫贫寒之辈,皆屏于教育之外。此国所由贫弱,而外人所由鱼肉也。"⑦在晚清国粹派看来,古老的汉字和汉文经典承载与传递中华文明。但是,在提倡汉字改革的语言学家看来,识文断字与否却塑造着中国社会不同阶层之间巨大的鸿沟,反而限制了知识的传播。只有通过切音字改革,实现言文一致,打破汉字学习的壁垒,才能实现识字

---

① 参见 Alexander Wylie, *Memoirs of Protestant Missionaries to the Chinese*, Shanghai: American Presbyterian Mission Press, 1867; Pierre Henri Stanislas d'Escayrac de Lauture, *On the Telegraphic Transmission of the Chinese Characters*, Paris: E. Bière, Rue Saint-Honoré, 1862.

② 倪海曙:《清末汉语拼音运动编年史》,上海人民出版社,1959年,第23—24页。

③ 同上书,第10页。

④ 王照:《出字母书的缘故》,《清末文字改革文集》,第33页。

⑤ 倪海曙:《清末汉语拼音运动编年史》,第9—12页。

⑥ 参见黎锦熙:《国语运动史纲》,商务印书馆,1934年,第2—3页;倪海曙:《清末汉语拼音运动编年史》;John DeFrancis, *Nationalism and Language Reform in China*, Princeton, NJ: Princeton University Press, 1950; Kaske, *The Politics of Language in Chinese Education*, p. 93;王东杰:《声入心通:国语运动与现代中国》,北京师范大学出版社,2019年。

⑦ 卢戆章:《颁行二益》,《北京切音教科书》,1906年,第2页。

率提升和社会改造。如田硕所述德国在初等教育中弃用拉丁文改用德文的情况:"昔德国书籍,多用古文奇字,至俾士麦以其不便小学,改用通行文字,教育因之普及,劝业既成,推功小学,文字所关讵浅鲜哉。"① 在晚清中国,与识字问题相关的讨论不仅是语文问题,也是社会问题。②

四、切音字、识字率与国家富强

1898年,百日维新开始,在"广开言路"的政策下,使用切音字提高汉字识字率的方案第一次被正式纳入清廷的政治议程。工部虞衡司郎中林辂存在其上呈督察院书中力陈切音之法的简便及其对提高识字率的益处。如其所言:"某访闻英、美、德、法各国,知文识理,十人得其八九。我国十不一二,而况民贫财竭,诵读为难,更以艰深繁重之字,责其为学,将何以启中西文明之会耶?"③ 林辂存因此力荐其同乡卢戆章提出的切音字方案,以期"庶几极难之学业,变为极易;而四百兆人民,无不知学,则我国富强,安知不从此致也"④。在都察院代奏几日后,军机处面奉上谕,将林辂存所奏切音字一事着交总理各国事务衙门处理,并调取卢戆章所著之书,详加考察后再行上奏。⑤ 林辂存的上书虽然随着维新变法百日终结后即无下文,但却展现了晚清有关识字率叙事的另一层逻辑,即切音字言文一致及其简单、易学的特征可以迅速提高全民识字率并促进国家富强。如田廷俊所直言,使用拼音文字的欧美国家,"书中之语即口出之言。所以文明富强远胜于我"⑥。

晚清众多倡导切音字改革的语言学家在其著作中也多强调这一点,希望自

---

① 田硕:《〈拼音代字诀〉序》,《清末文字改革文集》,第65页。
② 参见 Benjamin A. Elman, *Classicism Politics and Kinship: The Changzhou School of New Text Confucianism in Late Imperial China*, Berkeley, Calif.: University of California Press, 1990, pp. 22-25, 52-59; John K. Fairbank, *United States and China*, Cambridge, Mass.: Harvard University Press, 1948, p. 43.
③ 林辂存:《上督察院书》,《清末文字改革文集》,第18页。
④ 同上。
⑤ 倪海曙:《清末汉语拼音运动编年史》,第66页。
⑥ 田廷俊:《数目代字诀》,第1页a—第2页a。

己的方案可以得到更多的支持并得以推广。卢戆章在其《一目了然初阶》序言中说明,使用简便的切音字可以让学生将更多的时间投入到其他实学的研修中,因此国家会更加强大。如其所述:"窃谓国之富强,基于格致;格致之兴,基于男妇老幼皆好学识理。其所以能好学识理者,基于切音为字,则字母与切法习完,凡字无师能自读;基于字话一律,则于口遂即达于心;又基于字画简易,则易于习认,亦即易于捉笔,省费十余载之光阴。将此光阴专攻于算学、格致、化学、以及种种之实学,何患国不富强也哉?"① 王炳堃在其为其兄王炳耀所著《拼音字谱》所作序中则更直接表明欧洲国家的发展不在于兵力之强或财力之富,而在于"字学之简易",所以普罗大众皆能识字,"中人之才读书数年便可诵读挥写",因此"通国男女"都可以就学,"学校隆则人才盛,人才盛则国运强,其势然也"②。陈虬在《新字瓯文学堂开学演说》中援引德国等国的例子说明使用切音字国家的人民多能识字,无论其职业为何,都能更出色地完成工作,国家因此更强大。他以极生动具体的语言谈道:"他那里识字的人多,故人人多会自己读书看报。无论做官的、念书的、造机器的,应该用着文字呢。即那种田的农夫,以及泥水木匠哪,亦多能自己刊报著书,所以他们造出来这许多东西,制造一天好一天,销场一年阔一年,利源就兴旺起来了,国家没有不强。此是一定的道理。"③

上述晚清文字改革家尝试通过自己的论述,建立起文字、识字和国家富强之间的逻辑关系。他们假设拼音文字是简单易学的,因而会节省普通学习者的精力和财力。随着更多的人投入到学习中,识字率即可迅速提高。识字的民众能够在其他学科和技能培训上投入更多时间,并将他们所学习的具体知识、技能运用在他们的实际工作中。这会让国家会变得更加富裕强大。简而化之,则如沈学在其《〈盛世元音〉自序》中所言,"切音字为富强之源"④。同时,他们也相信,所谓汉字的"落后"和"繁难"是导致识字率低下以及晚清中国"贫弱"的原因。

戊戌变法百日即宣告失败。1901 年,清廷开始实行新政,以期实现强国利

---

① 卢戆章:《〈中国第一快切音新字〉原序》,《清末文字改革文集》,第 2 页。
② 王炳堃:《〈拼音字谱〉序》,王炳耀《拼音字谱》,1897 年,第 3 页 b—第 4 页 a。
③ 陈虬:《新字瓯文学堂开学演说》,《清末文字改革文集》,第 41 页。
④ 沈学:《〈盛世元音〉自序》,《清末文字改革文集》,第 10 页。

民。有关新政政策的制定和实施为上述语言学家们提倡学习切音字提供了平台。在新政背景下,清廷于1902年和1903年先后颁布了两版《小学堂章程》,"节取欧美日本诸邦之法"①,旨在建立新式教育体系,使更广泛的民众可以接受教育,并强调智力、人才、教育对于国计民生的重要性。② 1903年颁布的《奏定初等小学堂章程》提到,"国民之智愚贤否,关国家之强弱盛衰"③,建立初等小学堂的目的是"以启其人生应有之知识,立其明伦理爱国家之根基,并调护儿童身体,令其发育为宗旨;以识字之民日多为成效"④。在初等小学堂中,中国文字的教学时间是每周四小时,"其要义在使识日用常见之字,解日用浅近之文理,以为听讲能领悟、读书能自解之助,并当使之以俗语叙事,即日用简短书信,以开他日自己作文之先路,供谋生应世之要需"⑤。

可见在新政教育改革的背景之下,提高识字率可以促进国家富强的逻辑已经为清廷所接受。新式教育的目标正呼应了切音字推动者所倡导的"朝厥始维新,以造就人才为急务,势必欲人人识文字通文义也"⑥。但即便如此,清廷并未接受在新式学堂中使用切音文字教学的方案,在学堂教育中仍更为注重读经讲经等经典阅读,种种切音字改革方案通常只能在地方推广。

五、识字率、普遍教育与宪政改革

1905年,清廷宣布将自1906年起废除科举考试。此举为真正意义上推广新式教育和普遍教育铺平了道路。⑦ 同年,卢戆章再次向学部递交了他的切音

---

① 张百熙:《进呈学堂章程折》,舒新城编:《中国近代教育史资料》(上册),人民教育出版社,1961年,第194—197页。
② 同上;《钦定小学堂章程(1902)》,舒新城编:《中国近代教育史资料》(中册),人民教育出版社,1961年,第400—411页;《奏定初等小学堂章程(1903)》,《中国近代教育史资料》(中册),第411—427页。
③ 《奏定初等小学堂章程(1903)》,《中国近代教育史资料》(中册),第412页。
④ 同上书,第411页。
⑤ 同上。
⑥ 田廷俊:《数目代字诀》,第1页a—第2页a。
⑦ Wolfgang Franke, *The Reform and Abolition of the Traditional Chinese Examination System*, Cambridge, Mass.: Harvard University Press, 1960, p.71.

字改革方案,学部将其方案咨送译学馆审定。虽然卢氏的方案仍未被完全接受,但从译学馆对卢氏方案的评价中我们可以看出官方态度的转变。译学馆认为:"文字之难易,又与教化之广狭相为比例:识字难,则游惰不得不多;识字易,则教育自然普及。"①虽然学部认为卢氏方案有若干不完美之处,但是自19世纪末以来有关识字率、切音字、国家富强等一系列问题的讨论,已经让晚清政府开始重新认识识字问题。识文断字不再仅仅是精英、贵族、富人的特权和进阶条件,而是须为民众普遍掌握的必须技能。

在这样的背景下,德国的普遍教育制度与其高识字率的关系成为晚清文字改革叙事的另一个重点。在晚清文字改革家看来,德国高识字率不仅缘于其简便易读的拼音文字,更重要的是根源于其通国普遍实行的强制教育制度,这对于培养学生品格、爱国之心、普通智识等大有裨益。亦有著家直言:"普国之所以能胜法国者,全由其学校。"②在新政教育改革的背景下,大量报刊开始介绍德国的普遍教育制度,比如:"全球各国学堂,德国为第一。规模章程,均称首善。无论贫富,都须入学。"③1908年的《学部官报》则给出了更明确的数据统计:"德国一九百年自满六岁至满十四岁学龄儿童之数九百七十七万人。其入公私立小学校者计八百九十六万,其余八十一万人则有入中学校(满九岁或由十岁入学)、高等女学校(通常满六岁入学)、中学校预科或如中间学校、盲哑学校、疑骇者。不入学校及有废疾之儿童实占少数。"④

德国的初等教育制则受到了格外的关注和赞赏。王照直言,他曾听闻俾斯麦有言,普鲁士之所以能够打败法国,全在于小学教员。⑤新政教育改革以来,多有报纸期刊载文介绍德国小学教育的普遍程度。当时,德国儿童自六岁起至满十四岁为在校年限。⑥据1908年《学部官报》刊文介绍,依据1899—1903年间的数据统计:"德国有公立小学校五万九千三百四十八所,各州面积凡二十万八千

---

① 黎锦熙:《国语运动史纲》,第9页。
② 张竟良:《新编万国教育通考》,明权社,1903年,第76页。
③ 《德国学务》,《启蒙画报》1903年第11期,第23页。
④ 《德国最近教育制度(续)》,第1页a,b。
⑤ 倪海曙:《清末汉语拼音运动编年史》,第84页。
⑥ 《德国最近教育制度》,《学部官报》1908年第73期,第2页a,b。

七百八十平方哩,平均计之,每三平方哩六有小学校一所,其余私立小学之数合各州计之共有六百四十三所,学童四万一千三百二十八人。"① 亦有分析指出德国如何通过立法使国家和地方财政政策大力扶持初等教育②,以及如何通过立法规定"凡父母者,皆有使其子弟入学之责"③,使普遍教育政策得以强制实施。

此外,报刊对于德国初等教育的具体政策,包括学制、学校建设、教员选择、教授准则、科目、学科具体讲授方式、教材等皆有详细的考察和介绍。④ 语文教育和识字训练是其重点关注的话题。1906 年《教育世界》连续三期刊载的《德国小学教育》一文中提供了一份当时德国某小学的课程表,从中可见,国语课程为每日一小时至两小时。⑤ 根据《欧美教育实际》中提供的有关各地小学不同科目的课时信息,则可以看出国语和习字课程为每周八小时至十一小时不等,占据了各级男子女子小学教育每周一半左右的课时。⑥ 对于习字,《德国女子小学状况》有更详细的解释:"每日于晨间习字三小时,习字用习字簿,初用铅笔,渐乃用钢笔。识字先授书写体,渐乃授印刷体。盖德字书写体固较印刷体为易识也。"⑦

如果关注上述文章的发表时间,我们可以看到有关德国普遍教育问题的文章有两个显著的刊载高潮。第一次在 1903 年前后,即晚清新政初期推行新式教育改革之时。但如前文所述,此时科举体系仍然存在,新式教育也多关注经典教学,并非真正意义上的普遍教育。第二次刊发高潮在 1906 年至 1908 年间,更多的报刊全面、细致、准确地介绍了德国的普遍教育制度,特别是其初等教育制度。与此同时,汉字改革学界开始了又一轮有关使用切音字简化汉字学习、提高识字率的讨论,并掀起了积极寻求官方支持的高潮。这是因为提高识字率不仅是强国利民的长期目标,而且成为清廷推行宪政改革的必要且紧迫的条件。清政府

---

① 《德国教育情形》,《学部官报》1908 年第 50 期,第 2 页 a。
② 同上书,第 1 页 a。
③ 同上。
④ 参见《德国强制就学之实施法》,《教育世界》1903 年第 50 期,第 3 页 b;《德国小学教育》,《教育世界》1906 年第 140 期,第 1—16 页;《德国小学教育(续)》,《教育世界》1906 年第 141 期,第 17—22 页;《德国小学教育(续完)》,《教育世界》1906 年第 142 期,第 23—27 页;《德国最近教育制度》,第 1 页 a—第 4 页 b;《德国最近教育制度(续)》,第 1 页 a—第 2 页 b。
⑤ 《德国小学教育(续完)》,第 25 页。
⑥ 小泉又一:《欧美教育实际》,商务印书馆,1908 年,第 25—32 页。
⑦ 《德国女子小学状况》,《教育杂志》1911 年第 3 卷第 12 期,第 131 页。

在1906年宣布开始实行预备立宪,并在1908年颁布了《宪法大纲》。筹办议会、推行地方自治、举行选举是其核心内容。根据《宪法大纲》,"不识文意者"属于"不合选举资格者,不得有选举权和被选举权"①。在所附《逐年筹备事宜清单》中亦说明须由学部组织编写《简易识字课本》,并由学部和各省督抚共同办理建立简易识字学塾,以使更多民众可以符合选举资格。② 并且,《清单》明确了提升识字率的目标,要在1914年达到1‰,1915年达到2‰,1916年达到5‰。③ 自此,识字和宪政改革紧密地联系在一起。劳乃宣在进呈其《简字谱录》时更清楚地分析了宪政实施背景下识字与成为公民的关系。"立宪之国,必识字者乃得为公民。中国乡民,有阖村无一人识字者,或有一二识字之人,视为其村败类,而良民转不识字,将比里连乡无一人能及公民资格,何以为立宪之始基乎。"④

在此背景之下,德国的普遍教育则成为晚清官员相继援引的重要经验,因为是否拥有足够的选民成为宪政改革能否成功的决定性条件。与此同时,学界和政界也再次探讨"识字"的含义。如上文所述,1908年颁布的《宪法大纲》规定只有"识文意"者才可称为有选举资格。但事实上,按照该定义,当年一些地方举行的选举中,只有极少数人才符合选举资格。⑤ 因此,劳乃宣在向学部进呈其切音字方案《简字谱录》时,建议将识简字者亦认可为"可以识字",并进一步建议在学校中广设"简字"一科,使更多民众可以尽快符合参加选举之资格。⑥ 在一些地方对选举资格的解释中,也使用"识文字"代替了"识文意"⑦,即识读单独文字、无须连缀解释即可称为识字。1910年,清廷又宣布将预备立宪年限提前三年,迅速提升识字率成为更紧要的工作,也有更多地方学界政界人士参与到支持推

---

① 《宪政编查馆资政院会奏宪法大纲及议院法选举法要领及逐年筹备事宜折附清单二》,故宫博物院明清档案部:《清末筹备立宪档案史料》,中华书局,1979年,第60页。
② 同上书,第61—62、65页。
③ 同上书,第66—67页。
④ 劳乃宣:《进呈〈简字谱录〉折》,《清末文字改革文集》,第79页。
⑤ Kaske, *The Politics of Language in Chinese Education*, pp. 276-277; Roger R. Thompson, *China's Local Councils in the Age of Constitutional Reform, 1898-1911*, Cambridge, Mass. and London: Harvard University Press, 1995, pp. 139-140;沈怀玉:《清末地方自治之萌芽 1898—1908》,《"中央研究院"近代史研究资料集刊 9》,1980年,第305—308页。
⑥ 劳乃宣:《奏请附设简字科并变通地方自治选民资格由》(1909年),台北故宫博物院图书文献馆,档案号:181725。
⑦ Kaske, *The Politics of Language in Chinese Education*, p. 278.

广切音字以提升识字率的讨论中。①

最终,清廷的预备立宪丰富了"识字"的政治内涵。19世纪末以来,在晚清有关德国识字问题的讨论中,各界人士不约而同认为德国是当时世界识字率极高的国家,甚至于通国男女无人不读书、无人不识字。诚然,19世纪下半叶德国的识字率迅速跃升,遥遥领先于世界绝大多数国家。但是,晚清语言学家、报界、改革派的模糊叙述和抽象描绘更类似于一个有关德国高识字率的神话。在此基础上,他们形成了一个使用简便易学的拼音文字,即可以迅速提高识字率,并实现人人读书、国家富强的叙事逻辑。因此,众多晚清汉字改革家提倡通过使用切音字简化汉字学习、提高汉字识字率,认为只有如此才能彻底改变中国贫弱。新政施行后,教育改革相继实施,但清廷并未完全接受上述叙事逻辑,对于切音字仍持怀疑态度,新式教育也无法称为真正意义上的"普遍"。

但是,在清廷预备立宪的背景下,只有各地拥有足够多的"识字"人口,议会选举和地方自治才能得以实施,所谓"立宪"才能真正实现。在"立宪"的叙事下,对于清王朝而言,提升识字率不仅意在培养有知识的民众,更紧迫的意义在于通过立宪改造中国的政治体制,将皇帝的臣民培育为宪政下的公民,甚至可以为此重新界定"识文意"和"识文字"的含义。自此,19世纪末以来晚清文字改革叙事中的"德国经验"或曰"德国神话"——高识字率、使用拼音文字、言文一致、普遍教育——才真正被移植到中国的教育体系中。1911年7月,学部举办的中央教育会议上通过了《统一国语办法案》,最终肯定了合理使用音标学习汉字并提高识字率的意义,并列陈了选用切音字母的五个标准,即"音韵须准须备,拼音法须合公例,字画须简,形式须美,书写须便"②。对于晚清王朝而言,该法案是其文字改革的尾声;但是对于20世纪中国语文政治史而言,中国的文字改革和革命才刚刚开始。

作者简介:赫佳妮,北京大学国际关系学院助理教授。

---

① 江谦:《质问学部分年筹办国语教育说帖》,《清末文字改革文集》,第116—118页;程先甲等:《陈情资政院提议变通学部筹备清单官话传习所办法用简字教授说帖》,《清末文字改革文集》,第130—132页。

② 《学部中央会议议决统一国语办法案》,《清末文字改革文集》,第143—144页。

德国检警关系考①

李 倩

内容提要: 德国自1877年制定《帝国刑事诉讼规则》起,一直坚持检察机关是刑事侦查的主体。德国警察相对于检察机关而言,一直处于附属性的侦查地位。作为"侦查的手",德国警察要听从检察机关的"指示",执行具体的侦查措施。在纳粹政权的统治之下,德国的刑事司法政治化,警察权极度扩张。第二次世界大战后,根据德国《基本法》,在法治国的要求下,德国的检警关系得以重建,但仍遵循《帝国刑事诉讼规则》和《法院组织法》所规定的侦查模式。此外,德国警察机构不仅承担刑事追诉的职能,而且还肩负预防性的"防止危害"的警察任务,因此在实务中,两者之间也有着模糊地带,需要认真审视。

关键词: 检察机关 警察 检察机关辅助官员 刑事司法的政治化

一、问题的引入

在司法体制改革背景下,近年来检察机关主推"检察引导侦查"司法模式,引起社会各界的广泛关注。实务界观点多认为,推行捕诉一体工作机制后,刑事检

---

① 本文受2019年度国家社会科学基金项目"现代法治视野下侦查行为的起点问题和法律边界研究"(19BFX079)的资助。

察应更突出实质审查、由审查引导侦查。①"检察引导侦查"的模式是侦查监督的向前延伸,是检察机关"提前"行使法律监督权,可以实现检察机关在审前程序中的主导作用。② 另外,检察机关的提前介入应侧重以"监督"来控制警察权的实施。③ 反对者认为,检察机关作为刑事控诉机关,介入引导侦查,是对侦查权的侵犯,是公安机关和检察机关在一定程度上的"联合办案"。在"检察引导侦查"的司法模式之下,一方面,公安机关需要看检察机关的眼色办事,立案不立案、拘不拘、捕不捕皆听命于检察机关;另一方面,亦不利于检察机关对侦查程序实行立案乃至侦查监督的功能。当然,也有学者针对检察机关介入侦查后本身"既当运动员,又当裁判者"的状态提出,"检察引导侦查"要以保障控诉权的有效行使为目标,不宜以强化检察监督的方式构建"检察引导侦查"模式。④

放眼西欧国家,意大利、法国、德国皆推行"检察主导侦查"的侦查模式。而在第二次世界大战中,在纳粹政权的统治之下,德国警察权极度膨胀,法治遭到极大破坏,司法被推到附属性的地位。本文主要以德国为研究对象,探讨德国为何会建构"检察主导侦查"的侦查模式;在第二次世界大战后的长期历史发展过程中,这一模式发生了何种变化;以及在德国现代刑事诉讼制度下,它又有何新的发展。

二、第二次世界大战前的德国检警关系

从1879年到第二次世界大战结束前,德国检察机关与警察之间的关系,均遵循检察机关主导侦查程序这一规则。⑤ 我们看到的仅仅是小范围的法律条文

---

① 王志坤:《刑事检察的重构与调适》,《中国检察官》2019年第4期,第39页。
② 叶燕培:《新形势下侦查监督之价值重构》,《人民检察》2018年第4期,第52页;刘铭:《司法改革新语境下再论检警关系》,《警学研究》2019年第1期,第117、69页。
③ 胡印富、王飞、周梅:《检察机关提前介入侦查问题研究》,《人民检察》2018年第4期,第69页。
④ 张小玲:《审判中心背景下审前侦诉关系之重塑》,《政法论坛》2016年第3期,第138页。
⑤ Große Strafrechtskommission des Deutschen Richterbundes, *Gutachten zum Thema: Das Verhältnis von Gericht, Staatsanwaltschaft und Polizei im Ermittlungsverfahren, strafprozessuale Regeln und faktische (Fehl-?)Entwicklung, im Auftrag des Bundesministeriums der Justiz*, Ergebnisse der Sitzung vom 28. Juli bis 2. August 2008 in Miltenberg, S. 10.

上的更改。比如,1934 年伴随司法权移交给纳粹政府,《法院组织法》第 152 条第 2 款将确定"检察机关辅助官员"范围的权力移交给纳粹政府;但伴随纳粹政府的瓦解,1950 年新规则则规定,州政府拥有此项权力。

1. 刑事警察和检察机关的引入①

在德国"纠问式"刑事诉讼构造中,至 19 世纪前,"刑事追诉"与"判决发现"之间一直被认为无原则区分,故而并不存在检察机关这一设置。② 德国刑事警察和检察机关的设置最初可溯源到法国。在法国大革命的背景下,1808 年,法国率先根据本国法在其警察机构中设置了独立的刑事警察部。与负责"防止危害"任务的行政警察③不同,刑事警察属于"司法警察"范畴,负责"调查犯罪、收集证据、将侦查终结的被指控人送交法院审判"。与此同时,法国还建立了组织独立的检察机关。检察机关后来也演变为维护君主制、维护王室权力的工具。从检察机关由司法部部长管辖的事实也可看出,检察官在很大程度上应被视为政府官员:他们依赖政府的指示,并且维护现行政治方向。④

19 世纪中叶,德国依照法国模式进行刑事诉讼程序改革。1879 年 2 月 1 日,刑事控告程序在整个德国适用,检察机关开始进入德国人的视野。引入的检察机关负有侦查和控诉的双重职能,被视为特殊的司法机构。警察机构并不隶属于检察机关。然而,由于检察机关的建制受到 19 世纪自由主义政治思潮的推崇,因此并未获得政府方面的信任。统治者没法以自己的方式塑造检警关系。政府不愿意也不打算让检察机关取代抑或削弱警察机构的地位,因相对于检察机关,政府对警察可施加更大影响。其结果是,即便在刑事诉讼程序中引入了检察机关,警察仍可在刑事案件中独立行动。于德国而言,其在第二次反法同盟战

---

① 详细内容参见 Eduard Kern, „Staatsanwaltschaft und Kriminalpolizei", *Deutsche Rechts-Zeitschrift*, 1947, S. 327-331, hier S. 328。

② Claus Roxin, Bernd Schünemann, *Strafverfahrensrecht*, 29. Aufl., München: C. H. Beck, 2017, §9 Rn. 1.

③ Franz Gürtler, Helmut Seitz, Martin Bauer, Erich Göhler, *Gesetz über Ordnungswidrigkeiten*, 17. Aufl., München: C. H. Beck, 2017, §53 Rn. 2.《德国违反秩序法》第 53 条第 1 款下规定的行政警察(比如:治安管理机构)只享有一定范围的调查权。

④ Ernst Sigismund Carsten, Erardo Cristoforo Rautenberg, *Die Geschichte der Staatsanwaltschaft in Deutschland bis zur Gegenwart*, Aalen: Nomos, 1971, S. 73.

役中战败,莱茵河西岸被法国吞并。随后,法国统治该地区长达20年之久。因此,19世纪初,法国法适用于莱茵兰(Rheinland)。1810年,莱茵兰首先引入了检察机关这一设置。

此外,在1877年《法院组织法》生效之前,只有在法国占领区的检察机关可指挥警察。在德国其他地区,除了科隆州高等法院所属地区,检察机关只能"请求"警察实施相关侦查措施。

2. 第二次世界大战前检警关系的发展[①]

(1) 有关检警之间工作方式的法律规定

在"德意志第二帝国"时期,整个德国建立了统一的法律体系。首先,1871年的《帝国宪法》使各州拥有了司法权和警察权。由于各州检察机关和警察的设置由州法律决定,因此,在德国不同的州,检察机关和警察机构的组织结构并不一致。唯有在大城市才有独立设置的(与其他警察分离的)隶属于联邦州的刑事警察。其次,1871年的《帝国宪法》、1919年的《帝国宪法》使各州拥有了司法权和警察权。1877年1月颁布的《法院组织法》和《帝国刑事诉讼规则》虽未规定"刑事警察"这一称谓,但设计了"警察和安全部门的官员""警察和安全官员",以及"检察机关的辅助官员"。《法院组织法》第152条规定,州有权将某些警务人员(不仅仅是刑事警察)视为检察机关辅助官员。因此根据《法院组织法》,我们可以把刑事警察理解为是警察机构的一个分支,虽不隶属检察机关,但隶属司法机构。再次,《帝国司法法》于1879年10月1日生效。该法虽冠以"帝国",却并未干扰各州的警察立法。《帝国司法法》规定了检察机关负有调查犯罪事实的任务,即主控侦查程序。而检察机关内部并未设立行政化的执行机构去执行侦查任务。检察机关可发布"指示",要求相关警务人员从事侦查。因此根据《帝国刑事诉讼规则》第161条,检察机关如果需要警察帮助,便面对两个选择:第一,向警察机构"请求帮助",警察机构有义务启动侦查。警察机构随后"自行选择"具体的警务人员从事此项侦查。第二,检察机关委托特定的刑事警官,且可以在

[①] 详细内容参见 Kern, „Staatsanwaltschaft und Kriminalpolizei", S. 328f.

"检察机关辅助官员"中自行委托。只是警察机构并不乐见检察机关自行委托警务人员。因为如此一来,检察机关便可绕开辅助官员所隶属之警察机构的上级领导。警察机构因此一再要求,检察机关一定要提出"请求",方可启动侦查。

在"魏玛共和国"时期,1931年的《普鲁士警察行政法》缩小了警察的干预权。[①] 1933年10月17日,司法部和内政部共同发布命令,规定检察机关及其辅助官员之间的工作模式。检察机关原则上不可自行委托被任命为检察机关辅助官员的警官。检察机关可以向警察机构提出请求,责成警察机构负责人对人选做出决定。检察机关如若基于特殊理由认为应由某名警官执行具体委托,可向警察机构负责人提出请求。它只有在"迫在眉睫的危险"时刻,才能直接要求"检察机关辅助官员"执行具体侦查任务。

(2) 检察机关辅助官员的特殊地位

在警察机构内部,检察机关辅助官员享有特殊法律地位。不同联邦州对"检察机关辅助官员"的范围有不同规定。某些州规定的范围极广,所有警察,从警察局局长到乡村警察,均属检察机关的辅助官员;而在另一些州,检察机关辅助官员的范围相对小得多。相对于普通警察,检察机关辅助官员可以直接接受检察机关的委托,并可听命于侦查法官。亦即,检察机关辅助官员同时隶属警察机构和司法机构,具有双重国家权力属性(既隶属上级行政机关,又受到州检察机关的限制)。

鉴于检察机关辅助官员所处的特殊法律地位,这部分官员也享有特殊法律权力。首先,辅助官员有权直接下令搜查(特别是房屋搜查)和扣押;而普通警察则不享有该项权力,即便在警察序列中某普通警察属于辅助官员的上级领导。比如,负责林务管理的行政领导不得由于林中出现盗窃行为而下令搜查房屋,但其下属林务员——同时身为检察机关辅助官员——则有权实施搜查。其次,上级行政领导亦无权命令下属采取此类措施,上级行政领导的"指示"仅具有建议和催促意义。亦即,即便有上级"指示",检察机关辅助官员对自行发布搜查房屋的命令仍独立负责。

---

① Lisken Hans, „Über Aufgaben und Befugnisse der Polizei im Staat des Grundgesetzes", *ZRP* 1990,15(16).

(3) 警察向检察机关移送侦查结果

根据《帝国刑事诉讼规则》第 163 条,除检察机关,警务人员亦可调查所有具有刑事可罚性的行为,并下达相应命令,以防止案情拖延乃至被掩盖。因此警察有义务出警,也有权采取干预公民基本权利的侦查措施。随后警察要将其侦查结果毫不延迟地移交给检察机关。警察无需考虑是否已取得积极或消极的侦查结果,或无需考虑案件是基于私人控告还是根据其职业经验启动的侦查。

在司法实践中,较大城市的刑事警察逐渐演变为独立的刑事追诉机关,不再属于检察机关的高级官员。在重大案件中,较大城市的刑事警察会直接向检察机关移送案卷,要求其负责侦查;在其他案件中,刑事警察会对有"犯罪嫌疑"的案件侦查到底,直至侦查结束后才向检察机关移送案卷。因此,就侦查环节而言,刑事警察在一定程度上取代了检察机关的主导地位。

警察在将案件移送检察机关后,可继续负责所涉案件的侦查,并且可采取更多措施(不止限于那些"无法推迟"的措施)。但此时警察必须服从检察机关的决定,决不可阻止检察机关。比如,如检察机关决定"中止"此案,警察也必须中止侦查活动,但可继续从事预防性警务工作。当然,这两项工作间有重叠,其界限并不十分清晰。

3. 未曾落实的刑诉草案

在 1900 年后,立法机关也曾起草某些刑诉草案,只是鉴于条件都未得以落实。① 比如 1909 年起草的刑诉草案,曾拟规定检察机关有义务对轻罪和重罪行为自行采取侦查措施。而 1919 年的草案则未规定法院的司法审查,而是希望将启动侦查程序的权力完全集中于检察官手中。在纳粹政权统治时期,司法部 1939 年起草的刑诉草案则保留了传统概念。但很明显,纳粹政权最为重视的莫过于建立一个更为有效打击犯罪的警察国家。与之相应,草案中并未体现检察机关作为公诉人的法律地位以及司法特性;检察机关的司法属性只是被形式化地予以保留。针对普通刑事诉讼程序,草案规定检察机关负有侦查任务,警

---

① Große Strafrechtskommission des Deutschen Richterbundes, *Das Verhältnis von Gericht, Staatsanwaltschaft und Polizei*, S. 11f.

察当对检察机关的工作给予支持。上述刑诉草案虽未得到落实,但从草案的各项规定来看,其制定意图在于强调检察机关对侦查程序的主导作用,突出检察机关的权威性。

三、第二次世界大战中德国警察权的扩充

1. 刑事司法政治化

1933年纳粹夺权后,司法权和警察权全部移交给纳粹政府,德国的司法制度遭到极大破坏,公民的基本权利也遭到侵害。汉堡行政法院于1935年10月7日就如何做出刑事判决表达了自己的意见,这些意见随即成为新的法律原则:在纳粹治下,立法、行政和司法并不处于互相敌对的关系,而仅仅是一个组织中分属不同任务的工种,不可从其他视角出发,用司法来否定国家的政治行为;某一行为或某一议题是否具有政治属性,不取决于法院,而是当由做出该行为的机关决定。① 1936年6月17日,希姆莱受任党卫队帝国长官和德国警察(盖世太保)首领。之后希姆莱按"行政首领"模式构建起自己在党卫军和德国警察中的权力,根据这些建构,他对国家最重要州的警察可行使指挥权。希姆莱还在此期间推行了针对各项警察机构的改革政策。改革后的警察机构呈现出以下特征②:第一,警察集中化;第二,警察非国有化;第三,从其他各类警察中集中力量,组建"国家警察",并在设立国家警察的区域成立专门的"刑事警察";第四,将警察机构纳入党卫军。

这一时期的主流思想是,消除或削弱检警关系的双重性,检察机关无需承担侦查职能。③ 这样就在纳粹治下出现刑事司法政治化,权力高度集中于警察机

---

① Günter Plum, „Staatspolizei und innere Verwaltung 1934-1936", *Vierteljahrshefte für Zeitgeschichte*, 1965, S. 191-224, hier S. 202.
② Ebd., S. 191.
③ Kern, „Staatsanwaltschaft und Kriminalpolizei", S. 330.

构。根据1936年2月10日通过的《秘密国家警察法》,纳粹建立了秘密国家警察(盖世太保)。这同时意味着侦查行为完全与司法脱钩,检察机关完全无法管控警察机构的侦查行为和起诉决定。此时甚至有人提议取消检察机关的司法特征,使其成为完全的警察类机构。① 当然也有少数反对派学者提议,仿效巴登州1933年前的有关规定,设置具有司法性质的刑事警察。②

2. 1879年《巴登州组建刑事警察规则》③

巴登州曾于1879年7月17日发布《巴登州组建刑事警察规则》。该规则第2条规定,在现有国家警察体系中,设置特定警力专门从事刑事侦查工作。相关警察可受检察官、侦查法官和州法院法官委托从事刑侦工作。警察的办公地点往往设置在检察机关内部,便于在出现紧急情况时供检察官差遣。若警察拖延或未充分执行检察官要求的任务,州高级检察官可对其判处最高50马克的罚款。当然,刑事警察也可对此向司法部提出抗告。根据上述规则,巴登州刑事警察的任务是根据检察官指示,处理控告和开展刑侦工作,以及按检察官命令执行诸如逮捕、扣押、搜查等侦查措施。但该规则未涉及刑事警察干预公民权以及是否可独立执行逮捕、扣押、搜查等事项。

巴登州所组建的具有司法属性的刑事警察于1933年被纳粹取缔。州检察机关随后也转化为行政机关,刑事警察客观上再次被纳入警察系统。这说明日后若出现任何侦查工作,检察机关都必须向"巴登州警察"寻求帮助。1947年,南巴登州恢复规定,要求在每名检察官下设置若干刑事警察,但此类"刑事警察"在组织上仍隶属警察而非司法人员编制。

总之,在纳粹治下,警察机构更加独立,其权力得到加强,相比之下司法机关的权限萎缩。换言之,警察的权力被大范围扩大,其中一项便表现为,如有侦查任务,检察机关必须请求警察,由警察启动侦查。

---

① Kern, „Staatsanwaltschaft und Kriminalpolizei", S. 330.
② Ebd.
③ Ebd., S. 329.

四、第二次世界大战后的德国检警关系

总体来看,德国刑事诉讼制度直至今天仍在奉行1877年《帝国刑事诉讼规则》所确定的结构和模式。检察机关和警察之间的关系在很长一段时间内保持不变。

1. 1945年后检警关系的发展

第二次世界大战后随着纳粹政权倒台,警察机构的政治属性开始淡化,而检察机关则保留了其司法属性。对警察机构提交的材料,检察机关可以不受限制地予以审查。检察机关因此成为侦查阶段的主导,并且需要对侦查方向和侦查结果负责。[①] 但由于战后德国分裂为两个国家,检警关系故而也呈现出不同样貌:民主德国建立具有社会主义国家特征的刑事诉讼制度,联邦德国使用原来的刑事诉讼法。直至1990年两德统一,适用于联邦德国的法律制度才得以在统一后的整个德国施行。

1964年,联邦德国发布《刑事诉讼规则修正案》,对刑事诉讼制度造成巨大改变,却并未改变德国检察机关与警察间的关系,而是对"检察机关的任务说明"和"警察侦查行为的授权规范"进行了区分。此外,该修正案对刑事追诉机关"第一次"干预公民基本权利进行了细化,对如何处理在此基础上获得的证据做出了说明。20世纪70年代初,受《警察法》影响,联邦德国一度试图建立多个独立的,或者说在任何情况下均凸出警察主导地位的侦查程序。为此,内政和司法部门于1975年出台了一个涉及检警关系的共同准则;随后,联邦司法部于1978年起草了初稿。然而这个草案未得以跟进。自此,"以警察为主导的侦查程序"淡出,官方改革草案中再未出现涉及该议题的改革意见。

[①] Kern, „Staatsanwaltschaft und Kriminalpolizei", S. 330.

2. 德国统一后检警关系现状

德国自 1990 年统一以来,持续致力于建立一支民主、透明、接受监督、对公民友好的警察队伍,在此前提下便不再强调警察是侦查程序的中心。当代德国的检警关系在法治国的要求下得到良性发展。

(1) 刑事侦查的主体

检察机关成为德国主要的刑事侦查机关。按《德国刑事诉讼规则》第 160 条和第 161 条规定,检察机关负有澄清事实真相和刑事追诉的义务。在刑事诉讼中,一旦有人提出刑事指控,或通过其他途径提出怀疑有人犯罪,检察机关便必须就是否提起公诉、如何调查事实真相等事宜做出决定。第 161 条还规定了检察机关各种侦查权限。然而鉴于此处亦存在比例原则要求,检察机关在采取侦查行为前,必须要断定对犯罪的调查是可接受、恰当和必要的。

(2) 对"检察机关辅助官员"的进一步解释

在考察德国检警关系问题时,文献中会不断出现"检察机关辅助官员"这一概念。根据《法院组织法》第 152 条第 1 款,"检察机关辅助官员"必须遵照检察官的指示采取侦查措施。根据笔者考察,在德国,事实上除检察官外,其他所有隶属刑事追诉机关的公务员和雇员均属这个范畴。随着德国第一部《司法现代化法案》于 2004 年 10 月 1 日生效,上述概念由"检察机关调查员"一词取代,它包括来自警察、税务和海关调查部门、许多其他有权采取调查措施的部门,以及某些可在紧急状态下采取强制措施的部门的人员。不同的州对"检察机关调查员"的范围有不同的法律规定。比如在北莱茵-威斯特法伦州,1996 年 4 月 30 日和 2016 年 2 月 16 日的《检察机关调查员条例》两次修订了"调查员"的范围。目前该州的"检察机关调查员"还包括了联邦金融管理部门、林业和狩猎管理部门某些公务员和雇员群体。

如上文所述,从传统意义来讲,检察机关不设有独立的执行机关,其内部工作人员数量很少,并不像其他行政机关,设置很多独立的司法职员。因此检察机关被称之为"没有手的脑袋"。① 因此,为确保其执行力,立法者将属于内政部的警察机构划拨供其差遣,从事具体侦查行为。警察机构随之也"功能性地"从属于检察机关。按 2006 年的统计,全德共有检察官 5000 人,而警察在 1998 年就达到 270000 人。② 因此,检察官需要警察在刑事追诉事项上予以支持。这样警察就可区分为作为"检察机关调查员"的警察和"担任其他警察职责"的警察。③ 相对于"普通"警察,作为"检察机关调查员"的警察有权采取诸如搜查、扣押、逮捕等强制性刑事干预措施。

因此,警察一方面需要承担一般性的"防止危害(预防犯罪)"的警察任务,另一方面还需承担压制性的刑事追诉的职能。④ 检察机关对警察有"指示权",但仅在刑事诉讼范围内。除在采取特别严重侵犯公民基本权利的侦查措施时警察需要特别授权外,在实施其他侦查行为时,根据"一般授权条款"(《德国刑事诉讼规则》第 163 条第 1 款),警察无需等待检察机关的指示便可自行采取行动。⑤ 需要指出的是,虽然检察机关根据《德国刑事诉讼规则》第 161 条第 1 款第 2 句可以向警察发布"指示",但警察相对于检察机关的附属性只体现在功能上,原则上警察仍隶属各州的内政部。与此同时,第 161 条第 1 款还规定了刑事侦查行为的起点:只有在出现"初步怀疑"时,警察方具有刑事追诉的义务,启动侦查程序。可见尽管警察机构具有组织上的独立性,但警察的刑侦行为始终需要与检察机关的要求保持一致。

(3) 面临"迫在眉睫的危险"时侦查行为的启动

检察官以及"检察机关调查员"在面临"迫在眉睫的危险"时,可不经法官发布令状直接下令采取相应的侦查行为。例如,根据《德国刑事诉讼规则》第 98 条第 1 款第 1 句规定,在面临"迫在眉睫的危险"时,检察官以及"检察机关调查员"可下令扣押;第 100b 条第 1 款第 2 句规定,在面临"迫在眉睫的危险"时,检察官

---

① Roxin, Schünemann, *Strafverfahrensrecht*, §9 Rn. 16.
② Ebd., Rn. 22 Fn. 20.
③ Ebd., Rn. 16.
④ Ebd.
⑤ Lutz Meyer-Goßner, Bertram Schmitt, *Strafprozessordnung, mit GVG und Nebengesetzen*, 57. Aufl., München: C. H. Beck, 2014, §163 Rn. 1.

以及"检察机关调查员"可下令对被指控人进行电信监视和记录。

对于"迫在眉睫的危险"的理解,主流观点采谨慎态度,认为刑事追诉机关对"是否存在迫在眉睫的危险"没有裁量和判断空间。① 联邦宪法法院曾对"迫在眉睫的危险"做出解释:如需立即采取措施、不等待法官的司法令状,则必须有具体事实表明非此将会对侦查造成危险②;脱离于个案的推测不构成"迫在眉睫的危险"③。据此,比如当具体事实证明非此将造成证据灭失或证据价值受到侵害时,便可视为"迫在眉睫的危险"。在司法实务中,对警察而言,往往需要对性犯罪、抢劫、谋杀案件等做出快速反应,以确保公共生活免受犯罪嫌疑人的继续侵犯。

除检察机关及其调查员,根据《德国刑事诉讼规则》第165条和第21条,侦查法官亦可在面临"迫在眉睫的危险"时,主动下令实施侦查行为(检察机关尚未申请)。侦查法官因此也被称为"紧急状态下的检察官"④。

(4)侦查法官的"事先"审查和"事后"限制

在考察德国检警关系时不可忽略"侦查法官"这一设置。一般来说,侦查法官可根据检察官或被指控人的申请,参与刑事调查。一旦区法院的法官被任命为侦查法官,根据《德国刑事诉讼规则》第162条第2款,他便开始负责审查侦查行为和刑事强制性措施"是否可被接受"(审查侦查行为是否符合比例,但无需审查侦查行为是否具有合目的性和必要性)。由于检察机关是侦查程序的主导,侦查法官仍需根据《德国刑事诉讼规则》第167条,将案件进一步受理的权限留给检察机关。如果不考虑是否存在"迫在眉睫的危险",侦查法官对侦查行为的审查权不受限制。当然,检察官可对侦查法官的审查决定提出抗告。

侦查法官在面临"迫在眉睫的危险"时,可直接下令启动侦查行为并对侦查行为予以"事先"审查,除此之外,侦查法官还可对侦查行为予以"事后"限制。如果警察或检察机关提出"存在迫在眉睫的危险,需立即采取某一措施",

---

① Meyer-Goßner, Schmitt, *Strafprozessordnung, mit GVG und Nebengesetzen*, §98 Rn. 7.
② BVerfG NJW 2007, 1345 (1346).
③ BVerfG NJW 2001, 1121 (1123).
④ Roxin, Schünemann, *Strafverfahrensrecht*, §9 Rn. 29.

侦查法官需要在一定期限内做出是否同意的决定。比如《德国刑事诉讼规则》第100b条第1款第3句规定，对于检察机关在有"迫在眉睫的危险"状态下发布的电信监视和记录的命令，如在三日内未取得侦查法官的确认，则失去法律效力。

五、余　　论

无论如何，根据合法性原则，德国检察机关都有义务调查任何可疑犯罪。它可以决定：是否启动侦查程序；侦查程序是否终结；在审前程序中决定证据是否可信、可采；是否提起公诉（除自诉案件外）。因此，检察机关被称为"侦查程序的主人"。然而相对于检察机关而言，警察有更加丰富的侦查技巧和经验，有优秀的法医知识和设备。伴随打击有组织犯罪的浪潮，警方引入了先进监控技术和设备，许多领域的侦查活动开始隐蔽化，这都会导致德国侦查程序警察化的无法避免。[1] 因此作为一名优秀的检察官，应尽可能从节省警察资源的角度看待侦查过程，避免不必要地消耗警察机构的物力和人力资源。德国统计数据显示，就已完成的侦查程序，约有70%有余的案件，因罪行较轻或证据不足而作不起诉处理。当然这并不意味警察工作的失误。[2] 诚如罗可信（Roxin）教授所言，法治国家中，通过检察机关来实现对警察行为的控制是必要的，但很显然，若妄想仅凭检察机关对警察行为的严密控制来保障被指控人的权利还远远不够；引入证据禁止制度、加强被指控人的辩护权，仍是未来改革的重点。[3]

另外，虽然在侦查过程中，检察机关需对侦查行为从法律角度给以必要性确认，警察随后予以实施，二者要尽可能保持一种最佳合作状态，但是考虑到德国警察在侦查阶段所做的工作，我们不能把警察简单看作检察机关的辅助官员。

---

[1] Roxin, Schünemann, *Strafverfahrensrecht*, §9 Rn. 22.
[2] Michael Ackermann, „Wie arbeiten Staatsanwaltschaft und Polizei zusammen? Gespräch mit Oberstaatsanwalt Boris Bochnick und Oberkommissar Erik Manke", in: *Was macht die Staatsanwaltschaft?*, Landeszentrale für politische Bildung Hamburg, 2017, S. 24.
[3] Roxin, Schünemann, *Strafverfahrensrecht*, §9 Rn. 23.

警察不仅仅是检察机关的侦查助手,在检察机关委托或寻求帮助时承担压制性的刑事追诉功能,而且还需承担预防犯罪的任务。当检察机关认为没有刑事追诉的必要,而案件事实情况又符合《违反秩序法》第 53 条第 1 款第 3 句的规定时,那么警察则应根据便宜主义原则,将案卷转交主管行政机构。① 反之,如果警察认为没有刑事追诉必要,意欲主动终结侦查行为,则最好事先告知检察机关征得检察机关同意,即便此时无案卷需要移送。② ——这与我国目前极力推行的大案要案中"检察引导侦查"的模式相符。

在此最令人担忧的问题在于,警察在个案中往往将自己的行为倾向性地解释为"预防性措施",而规避检察机关的审查及刑事诉讼法所规定的严格的适用条件。这便引申出另一个可探讨问题:警察的刑事侦查行为何时启动? 此外,由于《德国刑事诉讼规则》规定警察在"迫在眉睫的危险"时可对犯罪嫌疑人采取侦查措施,这样,虽然《德国刑事诉讼规则》第 163 条第 1 款第 2 句对警察"第一次"干预公民基本权利进行了限制,但由于"迫在眉睫危险"条款的存在,事实上警察仍然不受约束。有学者甚至提出,在实际操作中警察才是侦查程序的主人。也就是说,事实上常常在不存在"迫在眉睫的危险"的情况下,或不仅仅在"第一次"干预公民基本权利的时候,警察便可启动相应侦查行为。③ 对如此悖论无疑需要予以特别关注。

作者简介:李倩,德国柏林自由大学法学博士,天津大学法学院副教授,研究方向为刑事法学。

---

① Meyer-Goßner, Schmitt, *Strafprozessordnung, mit GVG und Nebengesetzen*, § 163 Rn. 12.
② Gürtler, Seitz, Bauer, Göhler, *Gesetz über Ordnungswidrigkeiten*, § 53 Rn. 11.
③ Große Strafrechtskommission des Deutschen Richterbundes, *Das Verhältnis von Gericht, Staatsanwaltschaft und Polizei*, S. 14f.